普通高等教育经管类专业系列教材

ERP供应链管理系统原理与实验

（用友U8 V10.1） 新税制 微课版

王新玲 主编　　白祎花 副主编

清华大学出版社

北京

内 容 简 介

本书以突出实战为主导思想，以一个企业单位的经济业务为原型，重点介绍信息化环境下企业各项供应链业务的处理流程。本实验教程为读者贴身定做了二十几个实验，并提供了实验准备账套和结果账套。每个实验既环环相扣，又可独立运作，适应不同层次教学的需要。

本书共分为 8 章，分别介绍系统管理、企业应用平台、供应链管理初始化、采购管理、销售管理、库存管理、存货核算和供应链管理系统期末处理的基本原理，并以实验的方式介绍以上供应链管理各子系统的使用方法。

本书既可作为本科及高职院校会计与经济管理等相关专业的教材，也可作为企业人员自学 ERP 供应链管理的参考书。

图书在版编目(CIP)数据

ERP 供应链管理系统原理与实验：用友 U8 V10.1：新税制：微课版 / 王新玲主编. —北京：清华大学出版社，2021.3（2022.1重印）

普通高等教育经管类专业系列教材

ISBN 978-7-302-57753-9

Ⅰ. ①E… Ⅱ. ①王… Ⅲ. ①企业管理—供应链管理—计算机管理系统—高等学校—教材 Ⅳ. ①F274-39

中国版本图书馆 CIP 数据核字(2021)第 050875 号

责任编辑：刘金喜
封面设计：常雪影
版式设计：孔祥峰
责任校对：成凤进
责任印制：沈 露

出版发行：清华大学出版社
  网 址：http://www.tup.com.cn，http://www.wqbook.com
  地 址：北京清华大学学研大厦 A 座 邮 编：100084
  社 总 机：010-62770175 邮 购：010-62786544
  投稿与读者服务：010-62776969，c-service@tup.tsinghua.edu.cn
  质 量 反 馈：010-62772015，zhiliang@tup.tsinghua.edu.cn
印 装 者：三河市铭诚印务有限公司
经 销：全国新华书店
开 本：185mm×260mm 印 张：20 字 数：462 千字
版 次：2021 年 5 月第 1 版 印 次：2022 年 1 月第 2 次印刷
定 价：68.00 元

产品编号：089189-02

前　言

2018 年 9 月，《用友 U8 供应链管理系统原理与实验(U8 V10.1) (微课版)》面市。国家于 2019 年 6 月进行了增值税税率改革，为了让教程内容反映新的会计政策，让企业案例更贴近现实应用，因此全面更新增值税变动的部分，也修订了原教程中的个别疏漏。

本书与原书的编写理念相同，共分 8 章和 1 个附录，分别是系统管理、企业应用平台、供应链管理初始化、采购管理、销售管理、库存管理、存货核算和供应链管理系统期末处理，涵盖了 U8 供应链管理的核心子系统，并附赠实验操作微课视频(具体内容可扫描附录中的二维码或下载观看)。每一章内容均按学习目标、案例导入、理论知识、实践应用和巩固提高展开。

本书每章逻辑结构说明如下。

每章结构项	子项	作用
学习目标		明确学员学习本章后应掌握的知识和应学会的技能
案例导入		以企业最为关注的问题作为切入点，引出本章内容
理论知识	了解系统	阐释本章所介绍子系统的主要功能、数据关系和应用流程
	主要业务类型及处理	系统主要业务类型及业务处理方法
	重点、难点解析	对本章中不易理解的重点和难点问题加以辅导
实践应用	系列实验设计	以企业案例作为实验资料，通过详细的操作指导引导学员完成业务处理
巩固提高		以客观题和实操题两种类型的题型对本章内容掌握程度进行检验

从以上逻辑框架可以看出，本书的案例导入、理论知识、实践应用和巩固提高形成一个完整的闭环，从多个层面支持了学习者对原理的基本把握、整体流程的掌控和实践能力的提升。

同样，本书也提供了全方位的教学支持，主要包括 4 部分内容：用友 U8 V10.1 教学版安装程序、实验账套、授课 PPT 和操作视频。

本书既可以作为用友 ERP 认证培训教材，又可以作为普通高等院校本科和高职院校经管类如会计专业、物流专业、信管专业等相关课程用书，也为企业人员自学 ERP 供应链管理提供了读物。本书的使用对象是高等院校经济管理专业的学生和教师、希望了解会计信息化的广大企业的业务人员。

本书由王新玲(天津财经大学)担任主编，白祎花担任副主编。此外，参与编写的人员还有郑连香、王腾、王贺雯等。本书在编写过程中得到了用友新道科技有限公司的大力支持，在此表示衷心的感谢。

服务邮箱：476371891@qq.com。

编　者

2020 年 11 月

教学资源使用说明

为便于教学和自学，本教程提供了以下资源：

- 用友 U8 V10.1 软件(教学版)
- 实验账套备份
- 实验操作微课视频
- PPT 教学课件

上述资源分类存放在百度网盘上，读者可通过扫描下方二维码，把链接地址推送到自己的邮箱来获得百度网盘链接地址。

读者也可通过扫描本书中的微课视频二维码，在移动终端上播放微课视频。

读者若因链接问题出现资源无法下载等情况，请致电 010-62784096，也可发邮件至服务邮箱：476371891@qq.com。

任课教师可加入"会计信息化教师俱乐部"QQ 群(群号：228595923)，进行会计信息化教学交流。

目　录

第 1 章

系 统 管 理

学习目标

知识目标：

- 了解 U8 系统管理的作用和主要功能
- 理解角色、用户的作用及其相互关系
- 理解账套、账套库的作用及其相互关系
- 区分系统管理员和账套主管的工作性质及权限
- 了解系统管理中系统安全管理的相关内容
- 掌握企业建账的工作过程

能力目标：

- 掌握如何建立企业核算账套
- 掌握增加用户及为用户设置功能权限
- 掌握如何进行账套的输出和引入

案例导入

北京华盛商贸有限公司(简称：华盛商贸)是一家商贸企业，主营电脑、电话、手环三大系列产品。公司位于北京市海淀区中关村南一街 9 号，法人代表为华正军。

2020 年 10 月，企业管理层通过商议，决定通过信息化建设提升企业的管理水平，进而提升企业的竞争力。根据拟定的企业信息化规划，决定首先从业务管理信息化入手，并同时配置与业务有密切关联的财务子系统，以实现财务业务一体化管理。经过慎重选型，华盛商贸购买了用友网络科技股份有限公司 U8 V10.1(以下简称用友 U8)的采购管理、销售管理、库存管理、存货核算、应收款管理、应付款管理和总账 7 个子系统，并准备于 2021 年 1 月 1 日正式启用 U8 系统进行财务业务一体化核算与管理。

目前用友服务人员已经在华盛商贸的服务器和客户端中安装了用友 U8 系统，并做好了客户端和服务器之间连接的配置。

理论知识

1.1 了解用友 U8 供应链管理

用友网络科技股份有限公司是亚太地区领先的企业管理软件提供商，提供面向不同企业规模、不同行业的信息化解决方案。用友 U8 是面向中型及成长型企业的互联网应用平台，能够帮助企业实现精细化管理，实现产业链协同。

用友 U8 提供财务管理、供应链管理、生产管理、客户关系管理、人力资源管理、办公自动化和商业智能集成化功能。供应链管理是用友 U8 管理软件的重要组成部分，它是以企业购销存业务环节中的各项活动为对象，记录各项业务的发生，有效跟踪其发展过程，为财务核算、业务分析、管理决策提供依据。它突破了会计核算软件单一财务管理的局限，实现了从财务管理到企业财务业务一体化全面管理，实现了物流、资金流管理的统一。

用友 U8 供应链管理主要包括合同管理、采购管理、委外管理、销售管理、库存管理、存货核算、售前分析、质量管理等。考虑到教学学时限制及企业实际应用的普及度，本书重点介绍采购管理、销售管理、库存管理和存货核算四个子系统。由于应付与付款是采购完整流程的构成部分，应收与收款是销售完整流程的构成部分，同时业务处理的结果是通过存货核算系统、应收款系统和应付款系统传递给总账子系统，因此，我们把 U8 财务会计中的应收款管理、应付款管理和总账也作为财务业务一体化应用的必要组成部分。

1.1.1 用友 U8 供应链管理各子系统的主要功能

华盛商贸选购的采购管理、销售管理、库存管理、存货核算、应收款管理、应付款管理和总账这 7 个子系统的功能各不相同，在此先简单介绍各模块的主要功能，以建立初步印象，各模块的详细功能将在后续章节中逐一介绍。

1. 采购管理

采购管理帮助企业对采购业务的全部流程进行管理，提供请购、订货、到货、检验、入库、开票、采购结算的完整采购流程，支持普通采购、受托代销、直运等多种类型的采购业务，支持按询价、比价方式选择供应商，支持以订单为核心的业务模式。企业还可以根据实际情况进行采购流程的定制，既可选择按规范的标准流程操作，又可按最简约的流程来处理实际业务，方便企业构建自己的采购业务管理平台。

2. 销售管理

销售管理帮助企业对销售业务的全部流程进行管理，提供报价、订货、发货、开票的完整销售流程，支持普通销售、委托代销、分期收款、直运、零售、销售调拨等多种类型的销售业务，支持以订单为核心的业务模式，并可对销售价格和信用进行实时监控。企业可以根据实际情况进行销售流程的定制，构建自己的销售业务管理平台。

3. 库存管理

库存管理主要是从数量的角度管理存货的出入库业务，能够满足采购入库、销售出库、产成品入库、材料出库、其他出入库、盘点管理等业务需要，提供多计量单位使用、仓库货位管理、批次管理、保质期管理、出库跟踪、入库管理、可用量管理等全面的业务应用。通过对存货的收发存业务处理，及时动态地掌握各种库存存货信息，对库存安全性进行控制，提供各种储备分析，避免库存积压占用资金，或材料短缺影响生产。

4. 存货核算

存货核算是从资金的角度管理存货的出入库业务，掌握存货耗用情况，及时准确地把各类存货成本归集到各成本项目和成本对象上。存货核算主要用于核算企业的入库成本、出库成本和结余成本，反映和监督存货的收发、领退和保管情况；反映和监督存货资金的占用情况，动态反映存货资金的增减变动、提供存货资金周转和占用分析，以降低库存，减少资金积压。

5. 应收款管理

应收款管理主要用来核算和管理客户往来款项，记录、审核企业在日常销售活动中所形成的各项应收信息，及时收回欠款。应收款核算和管理可以明细到产品、地区、部门和业务员，可以从多个维度对应收账款进行统计分析。

6. 应付款管理

应付款管理主要用来核算和管理供应商往来款项，记录、审核企业在日常采购活动中所形成的各项应付信息，及时付清货款。应付款核算和管理可以明细到产品、地区、部门和业务员，可以从多个维度对应付账款进行统计分析。

7. 总账

总账能够完成从填制凭证、审核到记账、结账完整的账务处理过程，输出各种总分类账、日记账、明细账和有关辅助账。

1.1.2　用友 U8 供应链管理各子系统之间的相互联系

用友 U8 中各个子系统服务于企业的不同层面，为不同的管理需要服务。子系统本身既具有相对独立的功能，彼此之间又具有紧密的联系。

U8 供应链管理的 7 个子系统之间的数据关系如图 1-1 所示。

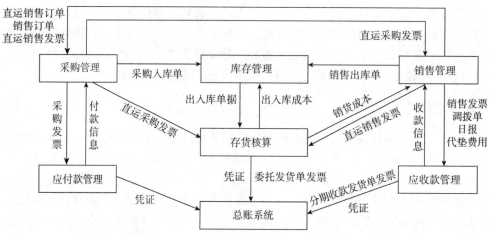

图 1-1   U8 供应链管理各模块间的数据关系

1.1.3   企业的应用模式

以上各个模块既可以独立应用，也可以与其他模块集成使用。举例来说，如果只购买了采购管理模块，那么企业可以在采购管理系统中录入采购订单、采购入库单、采购发票等。如果企业既购买了采购管理，也购买了库存管理，那么在采购管理中只处理采购订单和采购发票，采购入库在库存管理中办理。

1.2   系统管理概述

系统管理是用友 U8 中一个特殊的模块。如同建造高楼大厦要预先打牢地基一样，系统管理的作用是对整个 U8 系统的公共任务进行统一管理，U8 中任何其他模块的运行都必须以此为基础。因此，华盛商贸财务业务一体化的信息化也必须以此为起点。

1.2.1   系统管理的主要功能

系统管理的主要功能包括以下几个方面。

1. 账套管理

账套是一组相互关联的数据。每一个独立核算的企业都有一套完整的账簿体系，把这样一套完整的账簿体系建立在计算机系统中就是一个账套。每一个企业也可以为其独立核算的下级单位建立核算账套。换句话讲，在用友 U8 中，可以为多个企业(或企业内多个独立核算的部门)分别立账，且各账套数据之间相互独立、互不影响，从而使资源得到充分的利用，系统最多允许建立 999 个企业账套。

账套管理功能一般包括建立账套、修改账套、删除账套、引入/输出账套等。

2. 账套库管理

账套库和账套是两个不同的概念。账套是账套库的上一级，账套是由一个或多个账套库组成的。一个账套对应一个经营实体或核算单位，账套中的某个账套库对应这个经营实体的某年度区间内的业务数据。例如，华盛商贸建立"333 账套"并于 2021 年启用，然后在 2022 年年初建 2022 年的账套库，则"333 华盛商贸"账套中有两个账套库，即"333 华盛商贸 2021 年"和"333 华盛商贸 2022 年"；如果连续使用也可以不建新库，直接录入 2022 年数据，则"333 华盛商贸"账套中就只有一个账套库，即"333 华盛商贸 2021—2022 年"。

设置账套和账套库两层结构的好处是：第一，便于企业的管理，如进行账套的上报，跨年度区间的数据管理结构调整等；第二，方便数据备份的输出和引入；第三，减少数据的负担，提高应用效率。

账套库管理包括账套库的建立、引入、输出，账套库初始化和清空账套库数据。

3. 用户及权限管理

为了保证系统及数据的安全，系统管理提供了权限管理功能。通过限定用户的权限，一方面可以避免与业务无关的人员进入系统，另一方面可以对 U8 系统所包含的各个模块的操作进行协调，以保证各负其责，流程顺畅。

用户及权限管理包括设置角色、设置用户及为用户分配功能权限。

4. 系统安全管理

对企业来说，系统运行安全、数据存储安全是非常重要的，U8 系统管理中提供了三种安全保障机制。第一，在系统管理界面，可以监控整个系统运行情况、随时清除系统运行过程中的异常任务和单据锁定；第二，可以设置备份计划，让系统自动进行数据备份，当然在账套管理和账套库管理中可以随时进行人工备份；第三，可以管理上机日志，上机日志对系统所有操作都进行了详细记录，为快速定位问题原因提供了线索。

1.2.2 系统管理的应用流程

为了帮助大家快速掌握系统管理的应用，我们以图示的方式总结初次使用系统管理的应用流程，如图 1-2 所示。

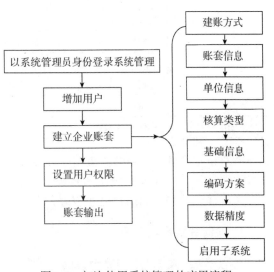

图 1-2 初次使用系统管理的应用流程

1.3 重点难点解析

1.3.1 谁能使用系统管理

鉴于系统管理模块在用友 U8 中的重要地位,系统对系统管理模块的使用予以严格控制。系统仅允许以两种身份注册进入系统管理:一种是以系统管理员的身份;另一种是以账套主管的身份。系统管理员和账套主管无论是工作职责还是在 U8 中的权限都是不同的。

1. 系统管理员和账套主管的职责

在企业中,系统管理员主要负责信息系统安全,具体包括数据存储安全、系统使用安全和系统运行安全。对应的具体工作包括监控系统日常运行、网络及系统维护、防范安全风险、数据备份、系统用户权限管理等内容。系统管理员的工作性质偏技术,其不能参与企业的实际业务处理工作。

账套主管是企业中某业务领域的业务主管,如财务主管。其要根据企业发展需要及业务现状,确定企业会计核算的规则、U8 各个子系统参数的设置,组织企业业务处理按规范流程运行。账套主管是 U8 中权限最高的用户,拥有所有子系统的操作权限。

2. 系统管理员和账套主管在 U8 中的权限

系统管理员和账套主管的工作性质不同,在 U8 中拥有的权限也就不同。两者权限对比如表 1-1 所示。

表 1-1 系统管理员和账套主管的权限对比

U8 系统	功能细分	系统管理员	账套主管
系统管理	账套:建立、引入、输出	√	
	账套:修改		√
	账套库		√
	权限:角色、用户	√	
	权限:权限	√	√
	视图	√	
企业应用平台	所有业务系统		√

需要特别强调的是,虽然两者都有为用户赋权的权限,但权限范围还是有很大差别的。系统管理员可以为 U8 系统中所有账套中的任何用户赋予任何级别的权限;而账套主管只能对其所登录的账套的用户赋予权限,并且不能赋予某用户账套主管权限。

3. 如何登录系统管理

无论登录用友 U8 中的哪个模块,其登录界面都是相同的,如图 1-3 所示。

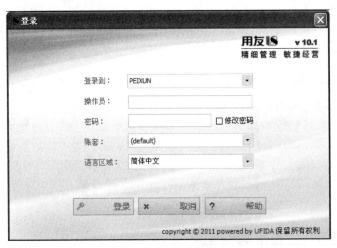

图1-3　登录界面

从图1-3中可见，登录系统时，要回答以下几个问题。

(1) 登录到哪个应用服务器？

"登录到"文本框中为U8应用服务器的名称或IP地址。在教学环境中以单机方式应用时，应用服务器即为本机；企业信息化应用模式下，U8安装完成后要进行应用服务器和数据服务器、客户端和应用服务器的互联。

(2) 什么人登录系统？

与手工方式下通过签字盖章等方式明确责任人的方式不同，在信息系统中是通过登录系统时的"操作员+密码"来认定用户身份的，因此，在登录界面的"操作员"文本框中，需要输入在系统中已经预先建立的操作员编号或操作员姓名和对应密码，当该操作员在系统中进行业务处理时，系统会自动记录其姓名，以此明确经济责任。

(3) 登录到哪个企业账套？

由于U8系统支持多账套，每一个账套都代表不同的企业，因此操作员登录时需要从"账套"下拉列表中选择自己所属的企业。

1.3.2　角色与用户

企业开始应用U8管理业务之前，首先要确定企业中哪些人员可以操作系统，并对操作人员的操作权限进行限定，以避免无关人员对系统进行非法操作；同时也可以对系统所包含的各个功能模块的操作进行协调，使得流程顺畅，并保证整个系统和会计数据的安全。

1. 角色管理

角色是指在企业管理中拥有某一类职能的组织，这个组织可以是实际的部门，也可以是由拥有同一类职能的人构成的虚拟组织。例如，实际工作中最常见的会计和出纳两个角色，他们既可以是同一个部门的人员，也可以分属不同的部门，但工作职能是一样的。我们在设置了角色后，就可以定义角色的权限，当用户归属某一角色后，就相应地拥有了该角色的权限。设置角色的优点在于可以根据职能统一进行权限的划分，方便授权。

2. 用户管理

用户是指有权登录系统，并对系统进行操作和查询的企业人员，即通常意义上的"操作员"。每次注册登录系统，都要进行用户身份的合法性检查。用户和角色的设置可以不分先后顺序，但对于自动传递权限来说，首先应该设定角色，然后为角色分配权限，最后进行用户的设置。这样在设置用户的时候，选择其归属哪一个角色，其就会自动拥有该角色的权限(包括功能权限和数据权限)。一个角色可以拥有多个用户，一个用户也可以分属于多个不同的角色。

1.3.3   如何建立企业核算账套

为了方便操作，用友 U8 中设置了建账向导，用来引导用户完成建账。建立企业账套时，需要向系统提供以下表现企业特征的信息，归类如下。

1. 账套信息

账套信息包括账套号、账套名称、账套启用日期及账套路径。

用友 U8 支持建立多个企业账套，因此必须设置账套号作为区分不同账套数据的唯一标识。

账套名称一般用来描述账套的基本特性，可以用核算单位简称或该账套的用途来命名。账套号与账套名称是一一对应的关系，共同代表特定的核算账套。

账套路径用来指明账套在计算机系统中的存放位置。为方便用户，应用系统中一般预设一个存储位置，称其为默认路径，但允许用户更改。

账套启用日期用于规定该企业用计算机进行业务处理的起点，一般要指定年、月。启用日期在第一次初始设置时设定，一旦启用便不可更改。在确定账套启用日期的同时，一般还要设置企业的会计期间，即确认会计月份的起始日期和结账日期。

2. 单位信息

核算单位基本信息包括企业的名称、简称、地址、邮政编码、法人、通信方式等。

在以上各项信息中，单位全称是必填项，因为发票打印时要使用企业全称，其余情况则全部使用企业的简称。

3. 核算信息

账套基本信息包括记账本位币、行业性质、企业类型、账套主管、编码方案、数据精度等。

记账本位币是企业必须明确指定的，通常系统默认为人民币，很多软件也提供以某种外币作为记账本位币的功能。为了满足多币种核算的要求，系统都提供设置外币及汇率的功能。

企业类型是区分不同企业业务类型的必要信息，选择不同的企业类型，系统在业务处理范围上会有所不同。

行业性质表明企业所执行的会计制度。从方便使用的角度出发，系统一般内置不同行业的一级科目供用户选择，在此基础上，用户可以根据本单位的实际需要增设或修改必要的明细核算科目。

4. 编码方案

编码方案是对企业关键核算对象进行分类级次及各级编码长度的指定，以便于用户进行分级核算、统计和管理。可分级设置的内容一般包括科目编码、存货分类编码、地区分类编码、客户分类编码、供应商分类编码、部门编码和结算方式编码等。编码方案的设置取决于核算单位经济业务的复杂程度以及其核算与统计要求。

5. 数据精度

数据精度是指定义数据的小数保留位数。在会计核算过程中，由于各企业对数量、单价的核算精度要求不一致，有必要明确定义主要数量、金额的小数保留位数，以保证数据处理的一致性。

以上账套参数确定后，应用系统会自动建立一套符合用户特征要求的账簿体系。

1.3.4　如何保证数据安全

所有输入用友 U8 系统中的数据都存储在 SQL Server 数据库管理系统中。

企业实际运营中，存在很多不可预知的不安全因素，如火灾、计算机病毒、误操作、人为破坏等，任何一种情况的发生对系统及数据安全的影响都是致命性的。如何在意外发生时将企业损失降至最低，是每个企业共同关注的问题。因此，系统必须提供一个保存机内数据的有效方法，可以定期将机内数据备份出来存储到不同的介质上。备份数据一方面用于意外发生时恢复数据之用；另一方面，对于异地管理的公司，还可以解决审计和数据汇总的问题。

用友 U8 提供了两种方式用于备份数据，即设置自动备份计划和账套输出。

1. 设置自动备份计划

设置自动备份计划是一种自动备份数据的方式。利用该功能，可以实现定时、自动输出多个账套的目的，有效地减轻了系统管理员的工作量，保障了系统的数据安全。

以系统管理员或账套主管的身份登录系统管理，执行"系统"|"设置备份计划"命令即可设置自动备份。系统管理员既可以对账套设置自动备份计划，也可以对年度账设置自动备份计划。账套主管只能对年度账设置自动备份计划。

2. 输出账套

账套输出是一种人工备份数据的方式。只有系统管理员具有账套输出的权限。账套输出之后在指定路径下形成两个文件：UFDATA.BAK 和 UfErpAct.Lst。这两个文件不能直接打开，只能通过系统管理中的账套引入功能引入 U8 中，才能正常查询。

实践应用

实验一　系统管理

实验目的

1. 理解用友 U8 系统管理的主要功能。
2. 掌握企业建账的工作过程。
3. 熟练掌握增加用户、建立账套、为用户设置权限、输出和引入账套的操作。

实验内容

1. 增加用户。
2. 建立企业账套。
3. 设置用户权限。
4. 账套输出。

实验准备

已正确安装用友 U8 V10.1 软件。

实验资料

1. 增加用户

华盛商贸目前相关业务负责人如下：①周健为主管财务和业务的副总；②王东为往来会计和成本会计；③肖潇为销售主管；④张炎为采购主管；⑤管虎为仓储主管。根据企业目前的岗位分工情况，整理与 U8 供应链系统相关的用户信息，如表 1-2 所示。

表 1-2　用户及其权限表

编号	姓名	用户类型	认证方式	口令	所属部门	所属角色
101	周健	普通用户	用户+口令(传统)	1	总经办	账套主管
201	王东	普通用户	用户+口令(传统)	2	财务部	无

编号	姓名	用户类型	认证方式	口令	所属部门	所属角色
301	肖潇	普通用户	用户+口令(传统)	3	销售部	无
401	张炎	普通用户	用户+口令(传统)	2	采购部	无
501	管虎	普通用户	用户+口令(传统)	4	仓储部	无

2. 账套信息

1) 建账信息

账套号：333；账套名称：华盛商贸；启用会计期：2021年1月1日。

2) 单位信息

单位名称：北京华盛商贸有限公司

单位简称：华盛商贸

单位地址：北京市海淀区中关村南一街9号

法人代表：华正军

企业税号：100080170266888

3) 核算类型

该企业记账本位币：人民币(RMB)；企业类型：商业；行业性质：2007年新会计制度科目；账套主管：周健；按行业性质预置会计科目。

4) 基础信息

该企业有外币核算，进行经济业务处理时，需要对存货、客户、供应商进行分类。

5) 分类编码方案

- 科目编码级次：4-2-2-2
- 客户分类编码级次：2-2
- 供应商分类编码级次：2-2
- 存货分类编码级次：2-2
- 部门编码级次：1-2
- 收发类别编码级次：1-2
- 结算方式编码级次：1-2

6) 数据精度

该企业对存货数量、存货单价、开票单价、件数、换算率等小数位数约定为2位。

7) 系统启用

2021年1月1日，该企业启用333账套的"销售管理""采购管理""库存管理"和"存货核算"。

3. 分配权限

根据华盛商贸内部控制制度及U8中功能权限的设计，整理的用户权限如表1-3所示。

表 1-3　用户权限

编号	姓名	所属角色	需要给用户设置的权限
101	周健	账套主管	自动拥有 U8 中所有账套的操作权限
201	王东	无	财务会计中的总账、应收款管理、应付款管理、存货核算
301	肖潇	无	公共单据、公共目录设置、销售管理
401	张炎	无	公共单据、公共目录设置、采购管理
501	管虎	无	公共单据、公共目录设置、库存管理

4. 输出账套

将账套输出至"D:\333 华盛商贸\1-1 系统管理"文件夹中。

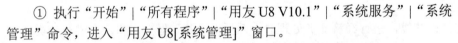

实验要求

以系统管理员 admin 的身份，进行增加用户、建立账套、权限分配、输出账套操作。

操作指导

1. 以系统管理员的身份登录系统管理　(微课视频：WZ0101)

① 执行"开始"|"所有程序"|"用友 U8 V10.1"|"系统服务"|"系统管理"命令，进入"用友 U8[系统管理]"窗口。

② 执行"系统"|"注册"命令，打开"登录"系统管理对话框。

③ 系统中预先设定了一个系统管理员 admin，系统管理员初始密码为空。单击"登录"按钮，以系统管理员身份进入系统管理。系统管理界面最下行的状态栏中显示当前操作员是 admin，如图 1-4 所示。系统管理界面中显示为黑色的菜单项即为系统管理员在系统管理中可以执行的操作。

提示：

系统管理员 admin 的初始密码为空。为保证系统运行的安全性，在企业实际应用中应及时为系统管理员设置密码。设置系统管理员密码为"super"的操作步骤是：在系统管理员登录系统管理对话框中选中"修改密码"复选框，单击"登录"按钮，打开"设置操作员密码"对话框，在"新密码"和"确认新密码"文本框中均输入"super"。最后单击"确定"按钮，返回系统管理。在教学过程中，由于多人共用一套系统，为了避免由于他人不知道系统管理员密码而无法以系统管理员身份进入系统管理的情况出现，建议不要给系统管理员设置密码。

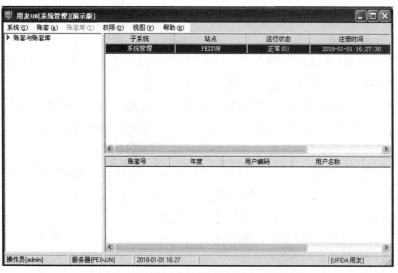

图 1-4 以系统管理员的身份进入系统管理

2. 增加用户 (微课视频：WZ0102)

只有系统管理员才能进行增加用户的操作。

① 以系统管理员的身份登录系统管理，执行"权限"|"用户"命令，打开"用户管理"对话框。

② 单击"增加"按钮，打开"操作员详细情况"对话框，如图 1-5 所示。

图 1-5 "操作员详细情况"对话框

- 编号：用户编号在 U8 系统中必须唯一，即使是不同的账套，用户编号也不能重复。本例输入"101"。
- 姓名：准确输入该用户的中文全称。用户登录 U8 进行业务操作时，此处的姓名将会显示在业务单据上，以明确经济责任。本例输入"周健"。
- 用户类型：有普通用户和管理员用户两种。普通用户指登录系统进行各种业务操作的人；管理员用户的性质与 admin 相同，他们只能登录系统管理进行操作，不能登录企业应用平台处理业务。本例选择"普通用户"。
- 认证方式：提供用户+口令(传统)、动态密码、CA 认证、域身份验证 4 种认证方式。"用户+口令(传统)"是 U8 默认的用户身份认证方式，即通过系统管理中的用户管理来设置用户的安全信息。本例采取系统默认。
- 口令：设置操作员口令时，为保密起见，输入的口令字在屏幕上以"*"号显示。本例设置口令为"1"。
- 所属角色：系统预置了账套主管、预算主管、普通员工 3 种角色。可以执行"权限"|"角色"命令增加新的角色。本例选择所属角色为"账套主管"。
③ 单击"增加"按钮，依次设置其他操作员。设置完成后单击"取消"按钮退出。

提示:

- 在"操作员详细情况"对话框中，蓝色字体标注的项目为必输项，其余项目为可选项。这一规则适用于 U8 所有界面。
- 在增加用户时可以直接指定用户所属角色，如周健的角色为"账套主管"。由于系统中已经为预设的角色赋予了相应的权限，因此，如果在增加用户时就指定了相应的角色，则其就自动拥有了该角色的所有权限。
- 如果已设置用户为"账套主管"角色，则该用户也是系统内所有账套的账套主管。
- 如果定义了用户所属角色，则不能删除该用户，必须先取消用户所属角色才能删除用户。只要所设置的用户在 U8 系统中进行过业务操作，也不能被删除。
- 如果用户使用过 U8 系统后从单位离职，应在用户管理窗口中单击"修改"按钮，再在"修改用户信息"对话框中单击"注销当前用户"按钮，最后单击"修改"按钮返回系统管理。此后该用户无权再进入 U8 系统。

3. 建立账套 （微课视频：WZ0103）

只有系统管理员可以建立企业账套。建账过程在建账向导的引导下完成。

1) 新建空白账套

以系统管理员的身份注册进入系统管理，执行"账套"|"建立"命令，打开"创建账套—建账方式"对话框。选择"新建空白账套"，单击"下一步"按钮，打开"创建账套—

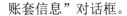

账套信息"对话框。

2) 账套信息

- 已存账套：系统将已存在的账套以下拉列表框的形式显示，用户只能查看，不能输入或修改，目的是避免重复建账。
- 账套号：账套号是该企业账套的唯一标识，必须输入，且不得与机内已经存在的账套号重复。账套号可以输入 001 和 999 之间的 3 个字符，本例输入账套号"333"。
- 账套名称：账套名称可以输入核算单位的简称，必须输入，进入系统后它将显示在正在运行的软件的界面上。本例输入"华盛商贸"。
- 账套语言：系统默认选中"简体中文"选项。从系统提供的选项中可以看出，U8 还支持繁体中文和英文作为账套语言，但简体中文为必选。
- 账套路径：用来确定新建账套将要被放置的位置，系统默认的路径为"C:\U8SOFT\Admin"，用户可以人工更改，也可以单击 按钮进行参照选择输入。
- 启用会计期：指开始使用 U8 系统进行业务处理的初始日期，必须输入。系统默认为计算机的系统日期，更改为"2021 年 1 月"。系统自动将自然月份作为会计核算期间。
- 是否集团账套：不选择。
- 建立专家财务评估数据库：不选择。

输入完成后，账套信息如图 1-6 所示。单击"下一步"按钮，打开"创建账套—单位信息"对话框。

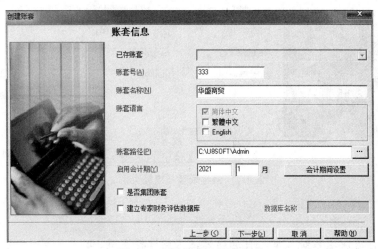

图 1-6 创建账套—账套信息

3) 单位信息

- 单位名称：必须输入企业的全称。企业全称在正式发票中使用，其余情况下全部使用企业简称。本例输入"北京华盛商贸有限公司"。
- 单位简称：用户单位的简称，最好输入。本例输入"华盛商贸"。

其他栏目都属于任选项,参照所给资料输入即可。

输入完成后,单击"下一步"按钮,打开"创建账套—核算类型"对话框。

4) 核算类型

● 本币代码:必须输入。本例采用系统默认值"RMB"。

● 本币名称:必须输入。本例采用系统默认值"人民币"。

● 企业类型:系统提供了工业、商业、医药流通 3 种类型。如果选择"工业",则系统不能处理受托代销业务;如果选择"商业",则系统不能处理产成品入库、材料领用出库业务。本例选择"商业"。

● 行业性质:用户必须从下拉列表中选择输入,系统将按照所选择的行业性质预置科目。本例采用系统默认"2007 年新会计制度科目"。

● 账套主管:从下拉列表中选择"[101] 周健"。

● 按行业性质预置科目:如果希望系统预置所属行业的标准一级科目,则选中该复选框。本例选择"按行业性质预置科目"。

输入完成后,核算类型的信息如图 1-7 所示。单击"下一步"按钮,打开"创建账套—基础信息"对话框。

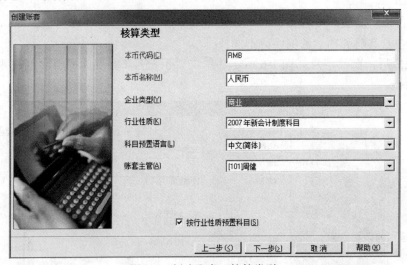

图 1-7 创建账套—核算类型

✍ 提示:

● 行业性质决定系统预置科目的内容,必须选择正确。

● 如果事先增加了用户,则可以在建账时选择该用户为该账套的账套主管。如果建账前未设置用户,建账过程中可以先选一个操作员作为该账套的账套主管,待账套建立完成后再到"权限"功能中进行账套主管的设置。

● 如果选择了按行业性质预置科目,则系统根据所选择的行业类型自动装入国家规定的一级科目及部分二级科目。

5) 基础信息

如果单位的存货、客户、供应商相对较多，可以对它们进行分类核算。如果此时不能确定是否进行分类核算，也可以建账完成后由账套主管在"修改账套"功能中重新设置。

按照本例要求，分别选中"存货是否分类""客户是否分类""供应商是否分类"和"有无外币核算"复选框。单击"下一步"按钮，打开"创建账套—准备建账"对话框。

提示:

- 是否对存货、客户及供应商进行分类将会影响其档案的设置。有无外币核算将会影响基础信息的设置及日常能否处理外币业务。

- 如果基础信息设置错误，可以由账套主管在修改账套功能中进行修改。

6) 准备建账

单击"完成"按钮，弹出系统提示"可以创建账套了么？"，如图1-8所示。单击"是"按钮，系统依次进行初始化环境、创建新账套库、更新账套库、配置账套信息等工作，这需要一段时间才能完成，要耐心等待。完成以上工作后，打开"编码方案"对话框。

图1-8 创建账套—准备建账

7) 分类编码方案

为了便于对经济业务数据进行分级核算、统计和管理，系统要求预先设置某些基础档案的编码规则，即规定各种编码的级次及各级的长度。

按资料所给内容修改系统默认值，修改结果如图1-9所示，单击"确定"按钮，再单击"取消"按钮，打开"数据精度"对话框。

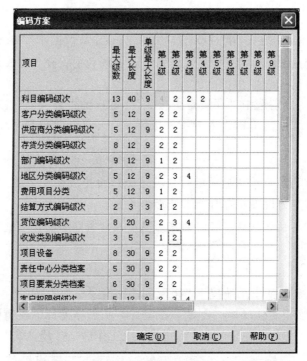

图 1-9　编码方案

提示：

- 编码方案的设置，将会直接影响基础信息设置中相应内容的编码级次及每级编码的位长。
- 科目编码级次中第 1 级科目编码长度根据建账时所选行业性质自动确定，此处显示为灰色，不能修改，只能设定第 1 级之后的科目编码长度。
- 删除编码级次时，必须从最后一级向前依次删除。

8) 数据精度定义

数据精度涉及核算精度问题。涉及购销存业务环节时，会输入一些原始单据，如发票、出入库单等，需要填写数量及单价。数据精度定义是确定有关数量及单价的小数位数的，本例采用系统默认。单击"确定"按钮，系统显示"正在更新单据模板，请稍等"信息提示。

9) 完成建账

完成单据模板的更新后，系统弹出"华盛商贸：[333]建账成功！您可以现在进行系统启用的设置，或以后从[企业应用平台—基础信息]进入[系统启用]功能。现在进行系统启用的设置？"信息提示框，单击"是"按钮，打开"系统启用"对话框。

单击"SA 销售管理"前的复选框，弹出"日历"对话框，选择"2021-01-01"，如图 1-10 所示。单击"确定"按钮，系统弹出"确实要启用当前系统吗？"信息提示框，单击"是"按钮返回。同理,启用采购管理、库存管理和存货核算。

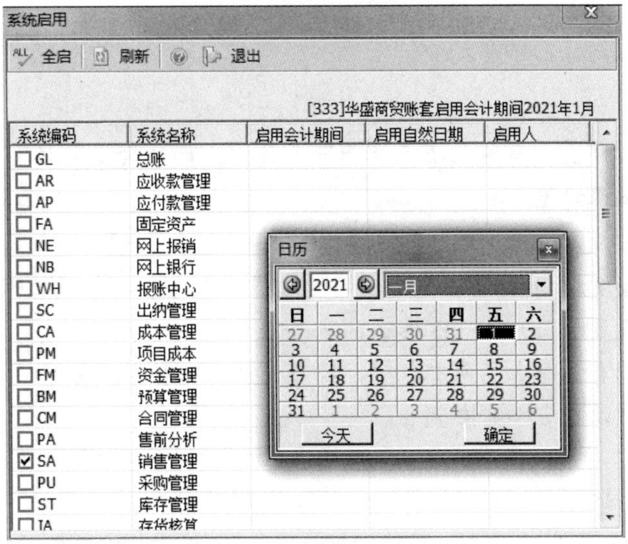

图 1-10 "系统启用"对话框

![系统启用对话框]

提示:

- 如果选择"是"按钮,则可以直接进行"系统启用"的设置;也可以单击"否"按钮先结束建账过程,之后再在企业应用平台的基础信息中进行系统启用设置。
- 建账完成后,编码方案、数据精度、系统启用项目可以由账套主管在"企业应用平台"|"基础设置"|"基本信息"选项中进行修改。

单击"退出"按钮,系统弹出"请进入企业应用平台进行业务操作!"信息提示框,单击"确定"按钮返回。

4. 设置用户权限 (微课视频: WZ0104)

设置用户权限的工作应由系统管理员或该账套的账套主管在系统管理的权限功能中完成。在权限功能中既可以对角色赋权,也可以对用户赋权。如果在设置账套时已经选择了该账套的主管,则此时可以查看;否则,可以在权限功能中设置账套主管。如果在设置用户时已经指定了该用户的所属角色,并且该角色已经被赋权,则该用户已经拥有了与所选角色相同的权限;如果在设置用户时并未指定该用户所属的角色,或虽已指定该用户所属的角色,但该角色并未进行权限设置,则该用户的权限应直接在权限功能中进行设置,或者应先设置角色的权限再设置用户并指定该用户所属的角色,则角色的权限就自动传递给用户了。

1) 查看周健是否为 333 账套的账套主管

① 在系统管理中,执行"权限"|"权限"命令,打开"操作员权限"窗口。

② 在"账套主管"右边的下拉列表中选中"[333]华盛商贸"账套。

③ 在左侧的操作员列表中，选中"101 周健"，查看"账套主管"复选框是否为选中状态。

✍ **提示:**

- 只有系统管理员才有权设置或取消账套主管，而账套主管只有权对所辖账套的操作员进行权限设置。
- 设置权限时应注意分别选中"账套"及相应的"用户"。
- 如果此时查看到 333 账套主管前的复选框为未选中状态，则可以单击该复选框将其选中，设置该用户为 333 账套的账套主管。
- 账套主管拥有该账套的所有权限，因此无须为账套主管另外赋权。
- 一个账套可以有多个账套主管。

2) 为王东赋权

① 在"操作员权限"窗口中，选中"201 王东"，单击"修改"按钮。

② 在右侧窗口中，选中"财务会计"中的"总账""应收款管理""应付款管理"复选框和"供应链"中的"存货核算"复选框，如图 1-11 所示。

③ 单击"保存"按钮返回。

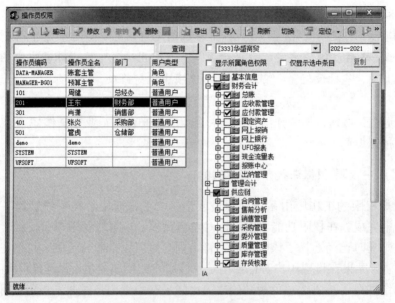

图 1-11　为王东赋权

3) 为肖潇赋权

① 在"操作员权限"窗口中，选中"301 肖潇"，单击"修改"按钮。

② 在右侧窗口中，选中"基本信息"中的"公共单据""公共目录设置"和"供应链"中的"销售管理"复选框。

③ 单击"保存"按钮返回。

自行练习为张炎、管虎赋予相应权限。

5. 账套输出 （微课视频：WZ0105）

① 在 D 盘中新建"333 华盛商贸"文件夹，再在"333 华盛商贸"文件夹中新建"1-1 系统管理"文件夹。

② 由系统管理员登录系统管理，执行"账套"|"输出"命令，打开"账套输出"对话框。

③ 从"账套号"的下拉列表中选择"[333]华盛商贸"，在"输出文件位置"选择"D:\333 华盛商贸\1-1 系统管理\"，如图 1-12 所示。

④ 单击"确认"按钮，系统进行账套数据输出，完成后，弹出"输出成功"信息提示框，单击"确定"按钮返回。

图 1-12　账套输出

提示：

- 只有系统管理员有权进行账套输出和引入。账套输出后在指定的文件夹内输出两个文件：一个是账套数据文件 UFDATA.BAK；另一个是账套信息文件 UfErpAct.Lst。

- 利用账套输出功能还可以进行"删除账套"的操作，方法是：在"账套输出"对话框中选中"删除当前输出账套"复选框，单击"确认"按钮，系统在删除账套前同样要进行账套输出，当输出完成后系统提示"真要删除该账套吗？"，单击"是"按钮则可以删除该账套。

- 正在使用的账套可以进行账套输出而不允许进行账套删除。

- 备份账套时应先建立一个备份账套的文件夹，以便将备份数据存放在目标文件夹中。

巩固提高

判断题：

1. 数据库管理系统是运行 U8 系统必需的系统软件。 　　　　　　　　（　　）

2. 可以在 U8 中管理多个企业账套。 　　　　　　　　（　　）

3. 账套主管只能在建立账套时由系统管理员指定。 　　　　　　　　（　　）

4. 只有以账套主管的身份登录系统管理才能进行创建账套的工作。　　　(　　)

5. 账套一旦建立，便不能删除。　　　(　　)

6. 一个账套，可以指定多个账套主管。　　　(　　)

选择题：

1. 系统管理员无权进行以下哪种操作？(　　)

　　A. 建立账套　　　　B. 修改账套　　　C. 删除账套　　　D. 引入账套

2. 以下哪一项是区分不同账套的唯一标识？(　　)

　　A. 账套号　　　　　B. 账套名称　　　C. 单位名称　　　　D. 账套主管

3. 关于输出账套，以下说法错误的是(　　)。

　　A. 必须选择要备份的账套　　　　B. 必须由系统管理员登录系统管理

　　C. 本月所有系统必须已结账　　　D. 必须选择输出的路径

4. 增加操作员时，必须输入的项目包括(　　)。

　　A. 操作员编号　　　　　　　　　B. 操作员姓名

　　C. 操作员口令　　　　　　　　　D. 操作员所属部门

5. 关于账套主管，以下说法正确的是(　　)。

　　A. 可以增加用户　　　　　　　　B. 可以为本账套的用户设置权限

　　C. 自动拥有本账套所有权限　　　D. 可以删除自己所管辖的账套

6. 如果要给王莉赋予账套主管的权限，以下哪种方法是可行的？(　　)

　　A. 在建立用户时，由系统管理员指定王莉为账套主管角色

　　B. 由王莉建立账套，其便自动成为该账套的账套主管

　　C. 在建立账套时，由系统管理员指定王莉为该账套的账套主管

　　D. 在权限中由系统管理员指定王莉为该账套的账套主管

问答题：

1. 系统管理中有哪些主要功能？

2. 能登录系统管理的人员有哪些？

3. 账套和账套库之间有何联系？

4. 角色和用户之间有何关联？

5. U8 系统提供了哪些保障系统安全的手段？

6. 企业账套中包含哪些重要信息？

实操题：

1. 以系统管理员的身份查看当日上机日志的内容。

　　路径提示：视图—上机日志。

2. 以系统管理员的身份引入 333 账套。

　　路径提示：账套—引入。

第2章

企业应用平台

学习目标

知识目标：

- 了解企业应用平台的作用和主要功能
- 理解系统启用的含义及启用要求
- 了解基础设置包括哪些内容
- 理解各项基础档案的意义

能力目标：

- 掌握在企业应用平台中启用 U8 子系统的方法
- 能够根据企业实际情况，整理并建立各项基础档案，包括机构设置、财务信息设置、往来单位设置等
- 能够根据企业实际业务情况，进行单据设计

案例导入

华盛商贸的信息化目标是实现财务业务一体化管理，先期企业账套建立过程中已经启用了采购管理、销售管理、库存管理和存货核算 4 个主要业务模块。由于采购业务与应付款管理、销售管理与应收款管理密不可分，而所有业务发生最终都要反馈到企业账务系统即 U8 总账，因此，企业账套需要同时启用应收款管理、应付款管理和总账 3 个模块。

正式开始供应链业务处理之前，需要在 U8 中输入业务处理时必须用到的一些基础档案，如部门、人员、客户、供应商、凭证类别、会计科目等。这些基础档案为 U8 中各个模块所共用。

企业目前的业务管理比较粗放，在将手工业务向信息化平台迁移的过程中，华盛商贸希望能够借助信息系统的固有优势精细管理，为决策提供更多有价值的信息。

理论知识

2.1 了解企业应用平台

顾名思义，企业应用平台是用友 U8 的集成应用平台，是用户、合作伙伴访问 U8 系统的唯一入口。

按照不同的用途，企业应用平台中划分了 3 个功能组：系统服务、基础设置和业务工作。这 3 个功能组的主要功能如图 2-1 所示。

图 2-1 企业应用平台的主要功能

2.1.1 系统服务

系统服务主要是为系统安全正常运行而设的，主要包括系统管理、服务器配置、工具和权限。

系统管理提供了从企业应用平台启动系统管理模块的通道；服务器配置用于配置 U8 应用服务器的位置；工具为 U8 与外部系统接口、U8 数据传输提供了便捷的处理方式；权限中可以对数据权限进行控制设置、数据权限和金额权限的分配、功能权限转授和工作任务委托。

2.1.2 基础设置

基础设置主要是设置用友 U8 各模块公用的基本信息、基础档案和单据设置等。

1. 基本信息

在基本信息中，企业可以对建账过程中设定的会计期间、编码方案和数据精度进行修改，还可以进行 U8 子系统的启用设置。

系统启用是指设定在用友 U8 中各个子系统开始使用的日期。只有设置为启用的子系统才可以登录。

2. 基础档案

每个企业选购的是 U8 中不同的子系统，这些子系统共享基础档案信息，基础档案是 U8 系统运行的基石。企业在启用新账套之始，应根据本单位的实际情况及业务需求，进行基础档案的整理工作，并正确地录入系统。

设置基础档案的前提是先确定基础档案的分类编码方案。基础档案的设置必须要遵循分类编码方案中所设置的级次及各级编码长度的规定。按照基础档案的用途不同，系统将基础档案划分为机构人员、客商信息、存货、财务、业务、收付结算等类别。

由于企业基础数据之间存在前后承接关系(如必须在设置客户分类的基础上再设置客户档案)，因此，基础档案的设置应遵从一定的顺序。

3. 单据设置

单据是企业经济业务发生的证明，如代表货物发出的销售发货单、代表材料入库的采购入库单和购销业务中的专用发票等。单据设置包括单据格式设置、单据编号设置和单据打印控制。

2.1.3　业务工作

业务工作中集成了登录用户拥有操作权限的所有功能模块，它们分类归属于各功能组中。企业应用平台为企业用户提供了进入用友 U8 的唯一入口。

本章主要讲述基础设置。基础设置中重点讲述基础档案设置。

2.2　基础设置概述

2.2.1　系统启用

1. 理解系统启用

系统启用是指设定在 U8 系统中各个子系统开始使用的日期。用友 U8 管理软件分为财务会计、管理会计、供应链、生产制造、人力资源、集团应用、决策支持和企业应用集成等功能组，每个功能组中又包含若干模块，它们中大多数既可以独立运行，又可以集成使用，但两种用法的数据流程是有差异的。一方面企业可以按照企业信息化规划及本身的管理特点选购不同的子系统；另一方面企业也可以采取循序渐进的策略，有计划地先启用一些模块，一段时间之后再启用另外一些模块。系统启用为企业提供了选择的便利，它可以表明企业在何时点、启用了哪些子系统。只有设置了系统启用的模块才可以登录。

2. 系统启用的方法

系统启用有两种方法：一是由系统管理员在系统管理中创建企业账套完成时进行系统启用设置；二是如果在建立账套时未设置系统启用，则由账套主管在企业应用平台的基本信息中进行系统启用的设置。

2.2.2 基础档案

1. 基础档案的作用

企业建账完成后只是在数据库管理系统中为华盛商贸建立了一个新的数据库，用来存放企业即将录入的各种业务数据。当经济业务发生时，企业要进行正确的记录和计量，需要用到很多基础档案信息，如收款要涉及客户、报销要涉及部门和人员、录入凭证要用到凭证类型和会计科目等。因此，企业必须事先将这些公共的基础信息建立到企业账套中，才能开始日常业务处理。

2. 基础档案的整理

结合企业的业务实际和 U8 软件的要求，华盛商贸需要整理的基础档案包括机构人员、客商信息、存货、财务、业务和收付结算等。

2.2.3 单据设计

1. 单据格式设计

不同企业各项业务处理中使用的单据可能存在细微的差别，用友 U8 管理软件中预置了常用单据模板，允许用户对各单据类型的多个显示模板和多个打印模板进行设置，以满足企业个性化的单据格式需求。

2. 单据编号设置

单据编号是单据的标识，U8 系统默认单据采取流水编号。如果企业根据业务需要有特定的编号规则，则可以设置为手工编号方式。

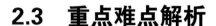

2.3　重点难点解析

2.3.1　手工状态基础档案与 U8 中基础档案的比较

相对于手工管理环境，作为一个财务与业务集成管理的信息系统，U8 中的基础档案包含了更为丰富的管理信息。下面以客户档案为例进行简要说明。

客户档案是企业的一项重要资源，手工管理方式下，客户信息一般散落在业务员手中，业务员所掌握的客户信息一般包括客户名称、联系人、电话等基本信息。企业建立会计信息系统时，需要全面整理客户资料并录入系统，以便有效地管理客户、服务客户。客户信息包括以下几个方面的内容。

- 基本信息：包括客户编码、客户名称、客户简称、税号、开户银行、银行账号等。
- 联系信息：包括地址、邮编、联系人、电话、发货地址、发货方式、发货仓库等。
- 信用信息：包括价格级别、信用等级、信用额度、付款条件、应收余额等。
- 其他信息：包括分管部门、分管业务员、停用日期等。

我们看到，与客户相关的信用等级、信用额度是与赊销管理相关的控制信息；发货仓库、发货方式是销售发货必需的信息；开户银行、银行账号和税号是给客户开具销售发票必需的基本信息。

2.3.2　计量单位及其换算率

在企业实际的经营活动中，不同部门对某种存货会采用不同的计量方式，例如，大家熟悉的可口可乐，销售部对外发货时用箱计量，听装的每箱有 24 听，2L 瓶装的每箱有 12 瓶。

U8 中的计量单位组类别包括 3 种：无换算率、固定换算率和浮动换算率。

无换算率计量单位组中的计量单位都以单独形式存在，即相互之间没有换算关系，全部为主计量单位。

固定换算率计量单位组中可以包括多个计量单位：一个主计量单位，多个辅计量单位。主辅计量单位之间存在固定的换算率，如 1 箱=24 听。

浮动换算率计量单位组中只能包括两个计量单位：一个主计量单位，一个辅计量单位。

主计量单位作为财务上的计量单位，换算率自动置为 1。每个辅计量单位都可和主计量单位进行换算。数量(按主计量单位计量)＝件数(按辅计量单位计量)×换算率。

实践应用

实验一 基础档案设置

📢 实验目的

1. 理解用友 U8 中基础档案的作用。
2. 掌握系统启用的方法。
3. 掌握各类基础档案的设置方法。

📢 实验内容

1. 在企业应用平台中启用 U8 子系统。
2. 设置基础档案。
3. 账套输出。

📢 实验准备

1. 将系统日期更改为"2021-01-01"。
2. 引入"1-1 系统管理"账套数据。

📢 实验资料

1. 启用总账系统

由账套主管在企业应用平台中启用总账、应收款管理和应付款管理系统，启用日期为 2021-01-01。

2. 基础档案—机构人员

1) 部门档案(如表 2-1 所示)

表 2-1 部门档案

部门编码	部门名称
1	总经办
2	财务部
3	销售部
4	采购部
5	仓储部

2) 人员档案(如表 2-2 所示)

表 2-2 人员档案

人员编码	人员姓名	性别	雇佣状态	人员类别	行政部门	是否业务员	是否操作员
101	周健	男	在职	正式工	总经办	是	否
201	王东	男	在职	正式工	财务部	是	否
301	肖潇	女	在职	正式工	销售部	是	否
401	张炎	男	在职	正式工	采购部	是	否
501	管虎	男	在职	正式工	仓储部	是	否

3. 基础档案—收付结算

1) 结算方式

1 现金支票;2 转账支票;3 商业承兑汇票;4 银行承兑汇票;5 电汇;6 现金结算;7 其他。

2) 付款条件(如表 2-3 所示)

表 2-3 付款条件

付款条件编码	信用天数	优惠天数 1	优惠率 1	优惠天数 2	优惠率 2	优惠天数 3	优惠率 3
01	30	10	4	20	2	30	0
02	60	20	2	40	1	60	0
03	60	30	2	45	1	60	0

3) 本单位开户银行

编码:01;银行账号:110001015678;开户银行:中国工商银行北京分行。

4. 基础档案—客商信息

1) 客户分类(如表 2-4 所示)

表 2-4 客户分类

客户分类编码	客户分类名称
01	超市卖场
02	综合商场
03	专营店
04	零散客户

2) 供应商分类(如表 2-5 所示)

表 2-5 供应商分类

供应商分类编码	供应商分类名称
01	平板电脑
02	智能电话
03	运动手环

3) 客户档案(如表 2-6 所示)

表2-6 客户档案

所属类别	客户编码	客户名称	客户简称	所属分类码	税号	分管部门	专管业务员	信用额度(万元)	付款条件	所属银行	开户银行	银行账号	默认
客户	001	北京优品商业集团	优品	01	010111177788	销售部	肖潇	100	01	中国建设银行	中国建设银行北京分行	11007788	是
	002	郑州丹尼斯购物中心	丹尼斯	02	410102666888	销售部	肖潇	200	02	中国工商银行	中国工商银行郑州分行	21338899	是
	003	青岛百信商贸有限公司	百信	03	370202833881	销售部	肖潇	10	03	中国银行	中国银行青岛分行	12345678	是
	004	上海隆盛贸易公司	隆盛	02	310000599993	销售部	肖潇	30		中国建设银行	中国建设银行上海分行	22117788	是
	005	天津百乐汇商业集团	百乐汇	01	120103324838	销售部	肖潇	50		中国工商银行	中国工商银行天津分行	55770099	是
	006	零散客户	散户	04		销售部	肖潇						

4) 供应商档案(如表 2-7 所示)

表2-7 供应商档案

所属类别	供应商编码	供应商名称	供应商简称	所属分类码	税号	开户银行	银行账号	税率	分管部门	专管业务员
供应商	001	上海耀华科技股份有限公司	耀华	01	310210322118	中国工商银行上海分行	21118899	13%	采购部	张炎
	002	北京致安科技有限公司	致安	02	010105588996	中国建设银行北京分行	02106688	13%	采购部	张炎
	003	天津康泰电子科技有限公司	康泰	03	120103998877	中国建设银行华苑支行	11055899	13%	采购部	张炎

5. 基础档案—存货

1) 计量单位组及计量单位(如表 2-8 所示)

表 2-8　计量单位组及计量单位

计量单位组编码及名称	计量单位组类别	计量单位
01 自然单位	无换算率	01 千米
02 换算 1 组	固定换算率	02 部　　主计量单位 03 箱　　1 箱=20 部
03 换算 2 组	固定换算率	04 个　　主计量单位 05 盒　　1 盒=10 个

2) 存货分类和存货档案(如表 2-9 所示)

表 2-9　存货分类和存货档案

存货分类(一级)	存货分类(二级)	存货编码及名称	规格	计量单位组	主计量单位	采购默认单位	库存默认单位	税率	属性	参考成本(元)	参考售价(元)
01 商品	0101 电脑	001 华星 128G	9.7 英寸	换算 1 组	部	箱	箱	13%	内销、外购	2500	3000
		002 华星 32G	9.7 英寸	换算 1 组	部	箱	箱	13%	内销、外购	2000	2350
		003 华晨 128G	8 英寸	换算 1 组	部	箱	箱	13%	内销、外购	2000	2400
		004 华晨 32G	8 英寸	换算 1 组	部	箱	箱	13%	内销、外购	1300	1600
		D01 游戏本		换算 1 组	部	箱	箱	13%	内销、外购	4500	6000
	0102 电话	005 视频电话		换算 1 组	部	箱	箱	13%	内销、外购	1800	2200
		006 录音电话		换算 1 组	部	箱	箱	13%	内销、外购	220	260
		007 无绳电话		换算 1 组	部	箱	箱	13%	内销、外购	100	136
	0103 手环	008 防水手环		换算 2 组	个	盒	盒	13%	内销、外购、	200	230
		009 普通手环		换算 2 组	个	盒	盒	13%	内销、外购、	100	130
02 劳务	0201 运输费	011 运输费 9		自然单位	千米			9%	内销、外购、应税劳务		

注：参考成本和参考售价均为不含税价。

6. 基础档案—财务

1) 设置凭证类别

华盛商贸凭证类别采用"记账凭证"分类方式。

2) 会计科目(如表 2-10 所示)

表 2-10　会计科目

会计科目编码	会计科目名称	辅助核算	备注
1001	库存现金	日记账	修改
1002	银行存款		
100201	工行人民币户	日记账、银行账	增加
1121	应收票据	客户往来	修改
1122	应收账款	客户往来	修改
1123	预付账款	供应商往来	修改
1321	受托代销商品		修改科目名称
1901	待处理财产损溢		
190101	待处理流动资产损溢		增加
190102	待处理固定资产损溢		增加
2201	应付票据	供应商往来	修改
2202	应付账款		
220201	一般应付款	供应商往来	增加
220202	暂估应付款		增加
2203	预收账款	客户往来	修改
2221	应交税费		
222101	应交增值税		增加
22210101	进项税额		增加
22210103	进项税额转出		增加
22210105	销项税额		增加
2314	委托代销商品款		修改科目名称
4104	利润分配		
410415	未分配利润		增加

7. 基础档案—业务

1) 仓库档案(如表 2-11 所示)

表 2-11　仓库档案

仓库编码	仓库名称	核算方法
01	电脑仓	移动平均法
02	电话仓	全月平均法
03	代销仓	先进先出法

2) 收发类别(如表 2-12 所示)

表 2-12　收发类别

一级编码和名称	二级编码和名称	一级编码和名称	二级编码和名称
1 入库	101 采购入库	2 出库	201 销售出库
	102 受托代销入库		202 委托代销出库
	103 盘盈入库		203 盘亏出库
	104 其他入库		204 其他出库

3) 采购类型和销售类型(如表2-13所示)

表 2-13　采购类型和销售类型

采购类型			销售类型		
名称	入库类别	是否默认值	名称	出库类别	是否默认值
01 商品采购	采购入库	是	01 普通销售	销售出库	是
02 代销采购	受托代销入库		02 委托销售	委托代销出库	

4) 费用项目分类及费用项目(如表2-14所示)

费用项目分类：1无分类。

表 2-14　费用项目分类及费用项目

费用项目编码	费用项目名称
01	运输费
02	手续费
03	包装费

5) 非合理损耗类型

非合理损耗类型编码：01。

非合理损耗类型名称：运输部门责任。

实验要求

以账套主管"101 周健"的身份进行系统启用和基础档案设置。

操作指导

1. 以账套主管的身份登录企业应用平台，启用总账系统 (微课视频：**WZ020101**)

① 执行"开始"|"所有程序"|"用友 U8 V10.1"|"企业应用平台"命

令,打开"登录"对话框。

② 录入操作员"101"(或"周健"),密码"1",从"账套"的下拉列表中选择"[333] (default)华盛商贸",如图 2-2 所示。单击"登录"按钮,进入"企业应用平台"窗口,如图 2-3 所示。

图 2-2 以账套主管的身份登录企业应用平台

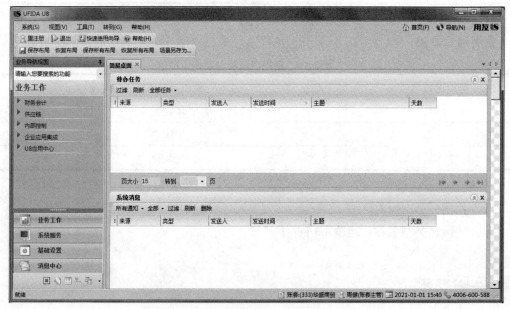

图 2-3 企业应用平台

③ 在"基础设置"选项卡中,执行"基本信息"|"系统启用"命令,打开"系统启用"窗口。

④ 选中"GL 总账"前的复选框,弹出"日历"对话框。选择"日历"对话框中的"2021年1月1日"。单击"确定"按钮,系统弹出"确实要启用当前系统吗?"信息提示框,单击"是"按钮,完成总账系统的启用。

⑤ 同理,启用应收款管理和应付款管理系统,启用日期为"2021-01-01",完成后如图 2-4 所示。

图 2-4　在企业应用平台中启用 U8 子系统

提示：

- 只有账套主管才有权在企业应用平台中进行系统启用。
- 各子系统的启用时间必须晚于或等于账套的启用时间。

2. 设置机构人员

1) 设置部门档案

在会计核算中，通常会将数据按部门逐级进行分类和汇总，下一级将自动向有隶属关系的上一级进行汇总。在业务管理中，设置部门档案的作用：一是用于记录业务负责部门；二是可以按照部门进行信用额度的控制；三是可以按照部门进行查询及业绩统计。

① 在"基础设置"选项卡中，执行"基础档案"|"机构人员"|"部门档案"命令，进入"部门档案"窗口。

② 单击"增加"按钮 ，录入部门编码"01"、部门名称"总经办"。

③ 单击"保存"按钮。以此方法依次录入其他的部门档案，完成后如图 2-5 所示。

提示：

- 部门档案窗口下方显示"*.**"，表示在编码方案中设定部门编码为 2 级，第 1 级 1 位，第 2 级 2 位。输入部门编码时需要遵守该规定。
- 由于此时还未设置"人员档案"，因此部门中的"负责人"暂时不能设置。如果需要设置，必须在完成"人员档案"设置后，再回到"部门档案"中以修改的方式补充设置。

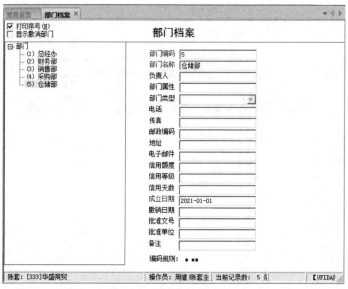

图 2-5 设置部门档案

2) 设置人员档案 (微课视频：WZ020102)

人员档案主要用于记录本企业职工的个人信息。在业务管理中，设置人员档案的作用：一是用于记录业务负责人；二是可以按照个人进行信用额度的控制；三是方便按照个人进行查询及业绩统计。企业全部的人员均需在此建立档案。

① 在"基础设置"选项卡中，执行"基础档案"|"机构人员"|"人员档案"命令，进入"人员列表"窗口。

② 单击左侧窗口中"部门分类"下的"(1)总经办"。单击"增加"按钮，按实验资料输入人员信息。单击"保存"按钮。

③ 同理，依次输入其他人员档案，完成后如图 2-6 所示。

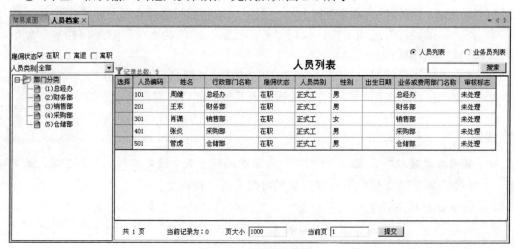

图 2-6 设置人员档案

提示：

- 人员编码必须唯一，行政部门只能是末级部门。
- 如果该员工需要在其他档案或单据的"业务员"项目中被参照，则需要选中"是否业务员"复选框。
- 是否操作员是设定该人员是否可操作 U8 产品。这有两种可能：一种是在系统管理中已经将该人员设置为用户，此处无须再选中该选项；另一种是该人员没有在系统管理中设置为用户，那么此处可以选中"是否操作员"复选框，系统会将该人员追加到用户列表中，人员编码自动作为用户编码和用户密码，所属角色为普通员工。
- 人员档案建立完成后，再次打开部门档案补充部门负责人信息。

3. 设置收付结算

1) 结算方式

结算方式用来建立和管理用户在经营活动中对外进行收付结算时所使用的结算方式。它与财务结算方式一致。银企对账时，结算方式也是系统自动对账的一个重要参数。

在企业应用平台"基础设置"中，执行"基础档案"│"收付结算"│"结算方式"命令，进入"结算方式"窗口。按要求输入企业常用的结算方式，如图 2-7 所示。

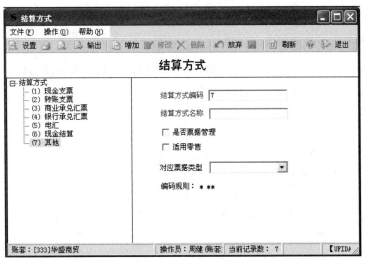

图 2-7　结算方式

 提示：

设置了"是否票据管理"标记的结算方式在填制凭证环节中出现时，系统会对未进行支票登记的票据提示进行登记。

2) 付款条件　**(微课视频：WZ020103)**

付款条件即现金折扣，用来设置企业在经营过程中与往来单位协议规定的收、付款折扣优惠方法。这种折扣条件一般可以表示为"2/10,1/20,*n*/30"等，其含义是客户在 10 天内付款，可以得到 2%的现金折扣；在 20 天内付款，可得到 1%的现金折扣；超过 20 天付款，则按照全额支付货款。

执行"收付结算"|"付款条件"命令，打开"付款条件"窗口。按实验资料输入全部付款条件，结果如图 2-8 所示。

序号	付款条件编码	付款条件名称	信用天数	优惠天数1	优惠率1	优惠天数2	优惠率2	优惠天数3	优惠率3	优惠天数4	优惠率4
1	01	4/10, 2/20, n/30	30	10	4.0000	20	2.0000	30	0.0000	0	0.0000
2	02	2/20, 1/40, n/60	60	20	2.0000	40	1.0000	60	0.0000	0	0.0000
3	03	2/30, 1/45, n/60	60	30	2.0000	45	1.0000	60	0.0000	0	0.0000

图 2-8　付款条件

提示：

- 付款条件编码必须唯一，最大长度为 3 个字符。
- 每一种付款条件可以同时设置 4 个时间段的优惠天数与相应的折扣率。
- 付款条件一旦被引用，便不能进行修改和删除。

3) 开户银行

"开户银行"用于设置本企业在收付结算中对应的各个开户银行信息。系统支持多个开户银行和账号。在供应链管理系统中，如果需要开具增值税专用发票，则需要设置开户银行信息。同时，在客户档案中还必须输入客户的开户银行信息和税号信息。

执行"收付结算"|"本单位开户银行"命令，打开"本单位开户银行"窗口。按实验资料输入开户银行信息。

提示：

- 开户银行编码必须唯一，最大长度为 3 个字符。
- 银行账号必须唯一，最大长度为 20 个字符。
- "暂封标识"用于标识银行的使用状态。如果某个账号临时不用，可以设置暂封标识。

4. 设置客商信息

1) 设置客户分类

客户或供应商分类是指按照客户或供应商的某种属性或某种特征，将客户或供应商进行分类管理。如果建账时选择了客户/供应商分类，则必须先进行分类，才能增加客户/供应商档案。如果建账时没有选择客户/供应商分类，则可以直接建立客户/供应商档案。

① 在"基础设置"选项卡中，执行"基础档案"|"客商信息"|"客户分类"命令，进入"客户分类"窗口。

② 单击"增加"按钮，按实验资料输入客户分类信息。单击"保存"按钮。

③ 同理，依次录入其他的客户分类，结果如图 2-9 所示。

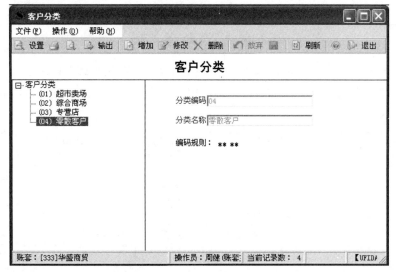

图 2-9　设置客户分类

同理，设置供应商分类信息。

2) 设置客户档案　**(微课视频：WZ020104)**

客户档案主要用于设置往来客户的基本信息，便于对客户及其业务数据进行统计和分析。

① 在"基础设置"选项卡中，执行"基础档案"|"客商信息"|"客户档案"命令，进入"客户档案"窗口。窗口分为左右两部分，左窗口显示已经设置的客户分类，单击鼠标选中某一客户分类，则在右窗口中显示该分类下所有的客户列表。

② 单击"增加"按钮，进入"增加客户档案"窗口。窗口中共包括 4 个选项卡，即"基本""联系""信用"和"其他"，用于对客户不同的属性分别归类记录。

③ 在"基本"选项卡中，按实验资料输入"客户编码""客户名称""客户简称""所属分类""税号"等信息，如图 2-10 所示。

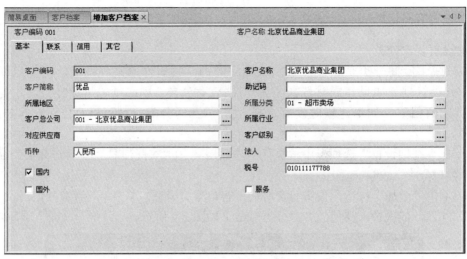

图 2-10　客户档案—基本选项卡

④ 在"联系"选项卡中，输入"分管部门"和"专管业务员"信息。

⑤ 在"信用"选项卡中，选中"控制信用额度"复选框，录入信用额度和付款条件，如图 2-11 所示。

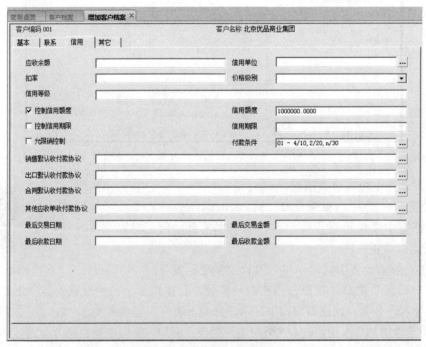

图 2-11　客户档案—信用选项卡

⑥ 单击"银行"按钮，进入"客户银行档案"窗口。录入客户开户银行信息，如图 2-12 所示。

⑦ 单击"保存"按钮。以此方法依次录入其他的客户档案。

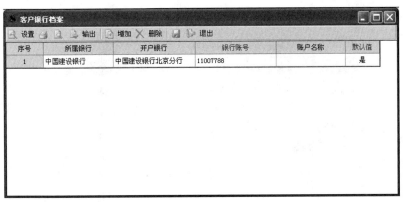

图 2-12　客户银行档案

提示：

- 如果此处不输入税号，之后无法向该客户开具增值税专用发票。
- 之所以设置"分管部门""专管业务员"，是为了在应收应付款管理系统填制发票等原始单据时能自动根据客户显示部门及业务员信息。
- 如果企业使用金税系统，由于由 U8 系统传入金税系统的发票不允许修改客户的银行信息，因此，需要在 U8 客户档案中正确录入客户银行信息。

3) 设置供应商档案

供应商档案主要用于设置往来供应商的档案信息，以便对供应商及其业务数据进行统计和分析。供应商档案设置的各栏目内容与客户档案基本相同，其不同之处在于"其他"选项卡中的两项内容。

- 单价是否含税，是指该供应商的供货价格中是否包含增值税。
- 对应条形码，是指对该供应商所供货物进行条形码管理时，在存货条形码中需要输入对应的供应商信息。

操作略。

提示：

- 在录入供应商档案时，供应商编码及供应商简称必须录入。
- 供应商是否分类应在建立账套时确定，此时不能修改，如需修改，只能在未建立供应商档案的情况下，在系统管理中以修改账套的方式进行修改。

5. 设置存货

1) 设置存货分类

如果企业存货较多，可以按一定方式对存货进行分类管理。存货分类是指按照存货固有的特征或属性，将存货划分为不同的类别，以便于分类核算和统计。

在"基础设置"选项卡中，执行"基础档案"|"存货"|"存货分类"命令，进入"存货分类"窗口。按实验资料输入存货分类信息，如图 2-13 所示。

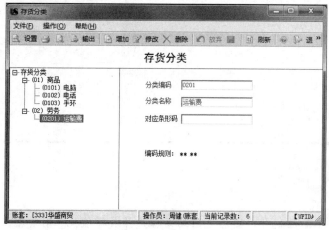

图 2-13 设置存货分类

 提示：

在企业日常购销业务中，经常会发生一些劳务费用，如运输费、装卸费等，这些费用也构成企业存货成本，并且它们一般具有与其他存货不同的税率。为了能够正确反映和核算这些劳务费用，一般我们在存货分类中单独设置一类，如"应税劳务"或"劳务费用"。

2) 设置计量单位组和计量单位 **(微课视频：WZ02010501)**

企业的存货种类繁多，不同的存货具有不同的计量单位；同一种存货用于不同业务，其计量单位也可能不同。例如，对于某种药品，采购、批发销售可能用"箱"作为计量单位，而库存和零售的计量单位则可能是"盒"，财务上可能按"板"计价。因此，在基础设置中，需要定义好存货的计量单位。

存货计量单位可以分为"无换算""固定换算"和"浮动换算"3 类。"无换算"计量单位一般是指自然单位、度量衡单位等。"固定换算"计量单位是指各个计量单位之间存在着不变的换算比率，这种计量单位之间的换算关系即为固定换算率，这些单位即为固定换算单位。例如，1 盒＝4 板，1 箱＝20 盒等。"浮动换算"计量单位则指计量单位之间无固定换算率，这种不固定换算率称为浮动换算率，这些单位也称为浮动换算单位。例如，透明胶带可以以"卷""米"为计量单位，1 卷大约等于 10 米，则"卷"与"米"之间存在浮动换算率关系。无论是"固定换算"还是"浮动换算"关系的计量单位之间，都应该设置其中一个单位为"主计量单位"，其他单位以此为基础，按照一定的换算率进行折算。一般来说，将最小的计量单位设置为主计量单位。上述固定换算单位"板""盒""箱"，可以将"板"设置为主计量单位；浮动换算单位"卷""米"，则应将"米"设置为主计量单位，每组中主计量单位以外的单位称为辅计量单位。

① 在企业应用平台基础设置中，执行"基础档案"|"存货"|"计量单位"命令，进

入"计量单位"窗口。

② 单击"分组"按钮，进入"计量单位组"窗口。

③ 单击"增加"按钮，录入计量单位组编码"01"、计量单位组名称"自然单位"，从"计量单位组类别"栏的下拉列表中选择"无换算率"，再单击"保存"按钮。输入全部计量单位组后，如图 2-14 所示。单击"退出"按钮，退出计量单位组窗口。

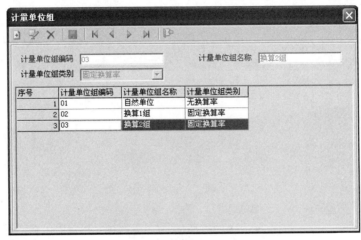

图 2-14　设置计量单位组

④ 选中"(01) 自然单位<无换算率>"计量单位组，单击"单位"按钮，进入"计量单位"窗口。

⑤ 单击"增加"按钮，输入计量单位编码、计量单位名称、所属计量单位组、换算率等信息。单击"保存"按钮，保存计量单位信息，如图 2-15 所示。退出自然单位组计量单位的设置。

⑥ 选中"(02) 换算 1 组<固定换算率>"计量单位组，单击"单位"按钮，进入"计量单位"窗口。单击"增加"按钮，输入计量单位编码"02"，计量单位名称"部"，单击"保存"按钮。

✎ **提示：** ---

● 在每组中设置的第一个计量单位默认为主计量单位。

● 通常将最小的计量单位作为主计量单位。

----

⑦ 再输入计量单位编码"03"，计量单位名称"箱"，在"换算率"文本框中输入"20"，单击"保存"按钮。

⑧ 选中"(03) 换算 2 组<固定换算率>"计量单位组，单击"单位"按钮，进入"计量单位"窗口。单击"增加"按钮，输入计量单位编码"04"，计量单位名称"个"，单击"保存"按钮。

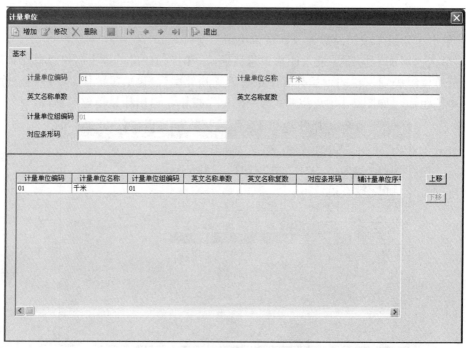

图 2-15 自然单位组的计量单位

⑨ 再输入计量单位编码"05",计量单位名称"盒",在"换算率"文本框中输入"10",单击"保存"按钮,如图 2-16 所示。

⑩ 单击"退出"按钮,退出换算 2 组计量单位的设置。

图 2-16 换算 2 组的计量单位

提示：

- 先建立计量单位组，再建立计量单位。
- 主计量单位的换算率为1，每个辅计量单位都是和主计量单位进行换算。
- 固定换算组的每一个辅计量单位对主计量单位的换算率不能为空。
- 被存货引用后的主、辅计量单位均不允许删除，但可以修改辅计量单位的使用顺序及其换算率。如果在单据中使用了某一计量单位，该计量单位的换算率就不允许再修改。
- 浮动换算组可以修改为固定换算组。浮动换算的计量单位只能包括两个计量单位。同时，其辅计量单位换算率可以为空，在单据中使用该浮动换算率时需要手工输入换算率，或通过输入数量、件数，由系统自动计算出换算率。

3) 存货档案

存货档案主要是对企业全部存货目录的设立和管理，包括随同发货单或与发票一起开具的应税劳务，也应设置在存货档案中。存货档案可以进行多计量单位设置。

① 在企业应用平台"基础设置"中，执行"基础档案"|"存货"|"存货档案"命令，进入"存货档案"窗口。

② 单击"增加"按钮，进入"增加存货档案"窗口。在"基本"选项卡中，按实验资料输入各项信息，如图2-17所示，单击"保存"按钮。

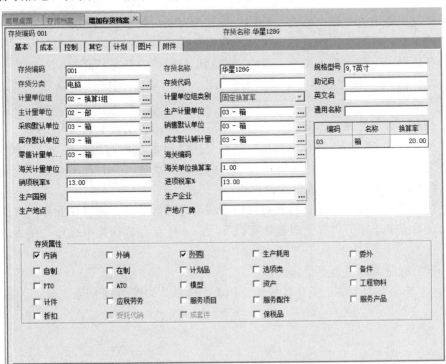

图2-17 存货档案—基本选项卡

存货档案窗口中有 7 个选项卡，即"基本""成本""控制""其他""计划""图片"和"附件"，用于对存货不同的属性分别归类。

"基本"选项卡中主要记录企业存货的基本信息，其中"蓝色字体"项为必填项。

- 存货编码：存货编码必须唯一且必须输入，最大长度为 30 个字符，可以用 0～9 或字母 A～Z 表示。
- 存货代码：必须唯一，最大长度为 30 个字符，非必填项。可以用"存货分类码+存货编码"构成存货代码。
- 存货名称：存货名称必须输入。
- 计量单位组和主计量单位：可以参照输入。根据已选的计量单位组，带出主计量单位。如果要修改，则需要先删除该主计量单位，再输入其他计量单位。
- 采购、销售、库存默认单位和成本默认辅计量单位：设置各子系统默认时使用的计量单位。
- 税率：指该存货的增值税税率。销售该存货时，此税率为专用发票或普通发票上该存货默认的销项税税率；采购该存货时，此税率为专用发票、运费发票等可以抵扣的进项发票上默认的进项税税率。税率不能小于零。目前，交通运输业已全部完成营业税改增值税改革。改革后交通运输业一般纳税人增值税税率为 9%，小规模纳税人增值税税率为 3%。为了区别发票来源不同造成的税率差异，在存货档案中可以分别设置"9%运费"和"3%运费"。
- 存货属性：系统为存货设置了 24 种属性，其目的是在输入单据参照存货时缩小参照范围。具有"内销""外销"属性的存货可用于销售订单、发货单、出库单、销售发票等销售单据；具有"外购"属性的存货可用于采购订单、采购入库单等采购单据；具有"生产耗用"属性的存货可用于材料出库单；具有"自制"属性的存货可用于产成品入库单；具有"在制"属性的存货是指正在制造过程中；具有"应税劳务"属性的存货可以抵扣进项税，是指可以开具在采购发票上的运输费等应税劳务。
- 折扣：即折让属性。若选择，则在采购发票和销售发票中输入折扣额。
- 受托代销：若选择，则该存货可以进行受托代销业务(同时应设置为外购属性)处理。受托代销业务只有在建账时选择"商业"核算类型，并且在采购管理中确定"是否受托代销业务"后才能选择使用。
- 成套件：若选择，则该存货可以进行成套件管理业务。成套件业务只有在库存管理系统中选择了"有无成套件管理"后，才能在存货档案中选择"是否成套件"业务。
- 同一存货可以设置多个属性。

"成本"选项卡中主要记录与存货计价相关的信息，如图 2-18 所示。

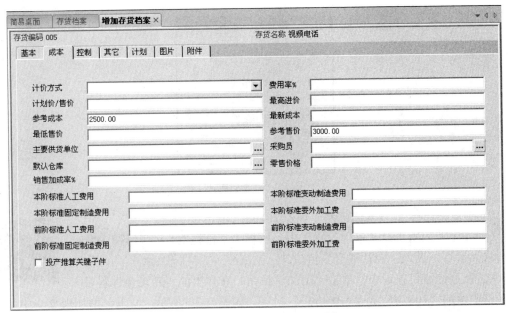

图 2-18　存货档案—成本选项卡

- 计划价/售价是指工业企业使用计划价核算存货，商业企业使用售价核算存货，通过仓库、部门、存货设置计划价/售价核算。在单据录入时显示存货的计划价或售价。
- 如果在存货系统中选择"按存货"核算，则此处必须对每一个存货记录设置计价方式。计价方式一经使用，不能修改。
- 如果需要选择"主要供货单位"和"默认仓库"，则应该先建立"供应商档案"和"仓库档案"。

"控制"选项卡中主要记录与生产、库存相关的信息。

- "是否批次管理"选项和"是否保质期管理"选项需要在"库存系统"中设置了"是否有批次管理"和"是否有保质期管理"后才可以选择。
- 如果企业有零出库业务，则不能选择"出库跟踪入库"。

"其他"选项卡中主要记录与业务环节无关的一些辅助信息。

6. 设置财务

1) 设置凭证类别

① 在企业应用平台"基础设置"中，执行"基础档案"|"财务"|"凭证类别"命令，进入"凭证类别预置"对话框。

② 在"凭证类别预置"对话框中，选中"记账凭证"单选按钮，如图 2-19 所示。

③ 单击"确定"按钮，进入"凭证类别"窗口。最后，单击"退出"按钮。

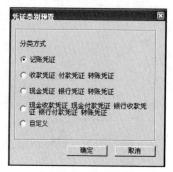

图 2-19　凭证类别

2) 设置会计科目　**(微课视频：WZ020106)**

① 在企业应用平台"基础设置"中，执行"基础档案"|"财务"|"会计科目"命令，进入"会计科目"窗口。

② 在会计科目窗口中，单击"增加"按钮，在弹出的"新增会计科目"对话框中增加"100201 工行人民币户"科目，如图 2-20 所示。同理，增加表 2-9 中备注栏标注为"增加"的科目。

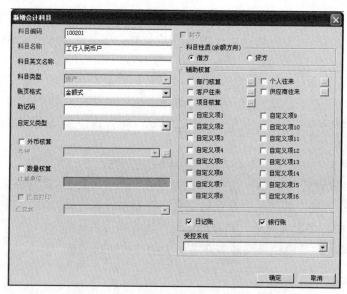

图 2-20　增加会计科目

③ 在会计科目窗口中，双击"1121 应收票据"，打开"会计科目_修改"对话框。单击"修改"按钮，选择"客户往来"复选框，单击"确定"按钮。同理，修改其他科目的辅助核算属性。

7. 设置业务

1) 设置仓库档案

仓库是用于存放存货的场所，要对存货进行核算和管理，首先应对仓库进行管理。因此，设置仓库档案是供应链管理系统的重要基础工作之一。此处设置的仓库可以是企业实际拥有的仓库，也可以是企业虚拟的仓库。

在企业应用平台"基础设置"中，执行"基础档案"|"业务"|"仓库档案"命令，进入"仓库档案"窗口。按实验资料设置企业仓库。全部仓库档案的设置结果如图 2-21 所示。

序号	仓库编码	仓库名称	部门名称	仓库地址	电话	负责人	计价方式	是否货位管理	资金定额
1	01	电脑仓					移动平均法	否	
2	02	电话仓					全月平均法	否	
3	03	代销仓					先进先出法	否	

图 2-21　设置仓库档案

提示：

- 仓库编码、仓库名称必须输入。
- 仓库编码必须唯一，最大长度为 10 个字符。
- 每个仓库必须选择一种计价方式。系统提供 6 种计价方式，工业企业为计划价法、全月平均法、移动平均法、先进先出法、后进先出法和个别计价法；商业企业为售价法、全月平均法、移动平均法、先进先出法、后进先出法和个别计价法。

2) 设置收发类别

收发类别是为了使用户对企业的出入库情况进行分类汇总、统计而设置的，用以标识材料的出入库类型。用户可以根据企业的实际情况进行灵活设置。

在企业应用平台"基础设置"中，执行"基础档案"|"业务"|"收发类别"命令，进入"收发类别"窗口，按实验资料输入收发类别信息。全部收发类别的设置结果如图 2-22 所示。

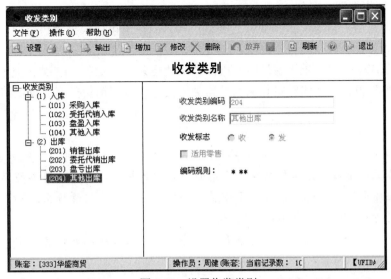

图 2-22　设置收发类别

3) 设置采购类型

采购类型是用户对采购业务所做的一种分类，是采购单据上的必填项。如果企业需要按照采购类别进行采购统计，则必须设置采购类型。

在企业应用平台"基础设置"中，执行"基础档案"|"业务"|"采购类型"命令，进入"采购类型"窗口，按实验资料输入采购类型信息。全部采购类型的设置结果如图 2-23 所示。

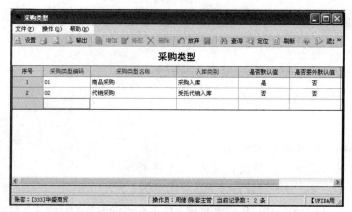

图 2-23　设置采购类型

 提示：

● 入库类别是指设定在采购系统中填制采购入库单时，输入采购类型后，系统默认的入库类别。

● 是否默认值是指设定某个采购类型作为填制单据时默认的采购类型，只能设定一种类型为默认值。

4) 设置销售类型

销售类型是用户自定义销售业务的类型，其目的在于可以根据销售类型对销售业务数据进行统计和分析。

在企业应用平台"基础设置"中，执行"基础档案"|"业务"|"销售类型"命令，进入"销售类型"窗口，按实验资料输入销售类型信息。全部销售类型的设置结果如图 2-24 所示。

提示：

● 出库类别是指设定在销售系统中填制销售出库单时，输入销售类型后，系统默认的出库类别。出库类别以便于销售业务数据传递到库存管理系统和存货核算系统时进行出库统计和财务制单处理。

● 是否默认值是指设定某个销售类型作为填制单据时默认的销售类型，只能设定一种类型为默认值。

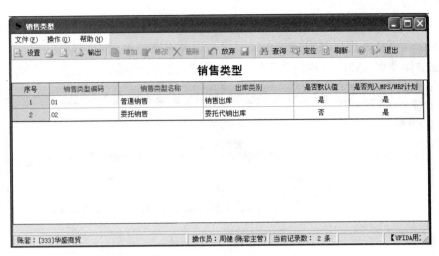

图 2-24　设置销售类型

5) 设置费用项目

费用项目主要用于处理在销售活动中支付的代垫费用、各种销售费用等业务。

① 在企业应用平台"基础设置"中，执行"基础档案"|"业务"|"费用项目分类"命令，进入"费用项目分类"窗口。设置一个"无分类"，结果如图 2-25 所示。

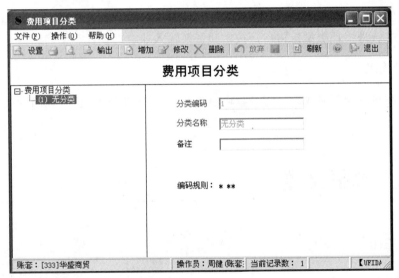

图 2-25　费用项目分类

② 执行"业务"|"费用项目"命令，进入"费用项目"窗口，按实验资料输入费用项目信息。全部费用项目的设置结果如图 2-26 所示。

6) 非合理损耗类型

在企业的采购业务中，由于运输、装卸等原因，采购的货物会发生短缺毁损，企业应根据不同情况，做出相应的账务处理。属于定额内合理损耗的，应视同提高入库货物的单位成本，不另做账处理；运输部门或供货单位造成的短缺毁损，属于定额外非合理损耗的,应根据不同情况分别进行账务处理。因此,企业应在此时先设置好本企业可能发生的非合理损耗类型以及对应的入账科目,以便采购结算时根据具体的业务选择相应的非合理损耗类型,并由存货核算系统根据结算时记录的非合理损耗类型自动生成凭证。

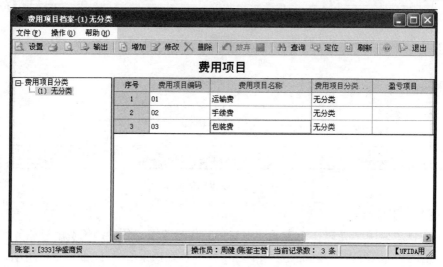

图 2-26　费用项目

在企业应用平台"基础设置"中,执行"基础档案"|"业务"|"非合理损耗类型"命令,进入"非合理损耗类型"窗口,按实验资料输入非合理损耗类型信息。

8. 账套输出

基础档案设置全部完成后,将账套输出至 D:\"333 华盛商贸"\"2-1 基础档案设置"文件夹中。

实验二　单据设置

📢 实验目的

1. 掌握单据格式设计的方法。
2. 掌握单据编号的设置方法。

📢 实验内容

1. 单据格式设计。
2. 单据编号设计。
3. 账套输出。

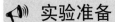 实验准备

引入"2-1 基础档案设置"账套数据。

实验资料

1. 设计采购单据格式

为单据"采购订单""到货单""采购专用发票"增加表体栏目"换算率""采购单位"和"件数"。

2. 设计库存单据格式

为单据"采购入库单"增加表体栏目"换算率""库存单位"和"件数"。

3. 设置发票编号方式

设置销售专用发票和采购专用发票编号方式为"完全手工编号"。

4. 账套输出

单据设置全部完成后，将账套输出至"2-2 单据设计"文件夹中。

实验要求

以账套主管"101 周健"的身份进行单据设计。

操作指导

1. 单据格式设计　(微课视频：WZ020201)

由于企业的部分存货采用多计量单位制，因此，需要在有关的单据中增加可以分别进行主、辅计量核算的项目内容。

① 在"基础设置"选项卡中，执行"单据设置"|"单据格式设置"命令，进入"单据格式设置"窗口。

② 执行"U8 单据目录分类"|"采购管理"|"专用发票"|"显示"|"专用发票显示模板"命令，窗口右侧显示系统内置的"专用发票"格式。

③ 单击"表体项目"按钮(或单击鼠标右键，选择快捷菜单中的"表体项目")，打开"表体"对话框。

④ 选中"换算率""采购单位"和"件数"复选框,如图 2-27 所示。

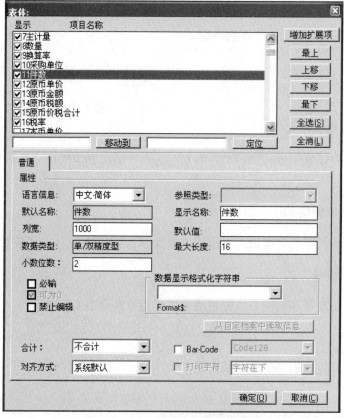

图 2-27　表体项目(采购专用发票)

⑤ 单击"确定"按钮,再单击"保存"按钮。

⑥ 同理,为"采购订单"和"到货单"增加表体项目"换算率""采购单位"和"件数"。

按照上述方法,设置库存管理模块中的"采购入库单"格式。在采购入库单显示模板的表体项目中增加"库存单位""件数"和"换算率"。

2. 单据编号设置　(微课视频:WZ020202)

发票编号既可以由 U8 系统统一编号,也可以由用户自行编号。用户进行手工编号或修改编号前,需要先进行单据设置,否则,只能由系统编号,用户不能修改。

① 在企业应用平台中,打开"基础设置"选项卡,执行"单据设置"|"单据编号设置"命令,打开"单据编号设置"对话框。

② 选择"编号设置"选项卡,执行"销售管理"|"销售专用发票"命令,单击"修改" 按钮,选中"完全手工编号"复选框,如图 2-28 所示。

③ 单击"保存"按钮,保存设置,再单击"退出"按钮。

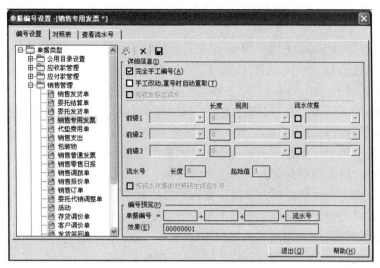

图 2-28 "销售专用发票"单据编号设置

④ 按照上述方法,设置采购专用发票"完全手工编号"。

提示:

- "完全手工编号"是指用户新增单据时,不自动带入用户设置的单据流水号,单据号为空,用户可以直接输入单据号,此种方式主要应用于企业的某种单据号之间无关联或不连续的情况下,如采购发票等。
- "手工改动,重号时自动重取"有推式生单功能的单据,由于生成的单据号都为空,应将这些单据显示给用户,以便输入单据号后进行保存。
- "按收发标志流水"是指对于入库、出库单按照流水方式编号。

3. 账套输出

单据设置全部完成后,将账套输出至"2-2 单据设计"文件夹中。

巩固提高

判断题:

1. 只有账套主管才有权限在企业应用平台中启用总账系统。 ( )
2. 从系统安全考虑,操作员应定期更改自己的密码。 ( )
3. 部门档案中的负责人信息只能从已经建立的人员档案中进行选择。 ( )
4. 建立人员档案时,人员编码必须唯一,人员姓名不可重复。 ( )
5. 不设置客户的税号,则不能给该客户开具销售专用发票。 ( )
6. 业务单据可以由系统自动编号,也可以手工编号。 ( )

选择题：

1. 必须先建立以下哪项档案，才能建立人员档案？（　　）
　　A. 本单位信息　　　B. 部门档案　　　C. 职务档案　　　D. 岗位档案
2. 在企业应用平台中，可以对以下哪项账套信息进行修改？（　　）
　　A. 会计期间　　　　B. 编码方案　　　C. 账套主管　　　D. 数据精度
3. 关于总账的启用日期，以下哪一种说法是正确的？（　　）
　　A. 总账启用会计期必须小于等于账套的启用日期
　　B. 总账启用会计期必须小于等于系统日期
　　C. 总账启用会计期必须大于等于账套的启用日期
　　D. 总账启用会计期必须大于等于系统日期
4. 在 U8 系统管理中为用户设置的权限称为（　　）。
　　A. 功能权限　　　　B. 数据权限　　　C. 金额权限　　　D. 操作权限
5. 如果在人员档案中选择该员工是操作员，则该员工的哪些信息被记录在用户列表中？（　　）
　　A. 人员编码　　　　B. 人员姓名　　　C. 行政部门　　　D. 性别
6. 某种药品按盒销售，每盒中有 2 板，每板有 16 粒，1 大盒=10 盒，则财务计量单位为（　　）。
　　A. 板　　　　　　　B. 盒　　　　　　C. 大盒　　　　　D. 粒

问答题：

1. 企业应用平台的作用是什么？
2. U8 子系统启用有哪些方法？
3. 客户档案中的客户全称和客户简称各用于哪种情况？
4. 存货属性的作用是什么？
5. 为什么要单独设置应税劳务存货分类？
6. 购销业务中发生的运输费如何设置才能满足一般纳税人 11%的税率、小规模纳税人 3%的税率的要求？

实操题：

1. 市面上售卖的香烟，1 条=10 包，如何设置计量单位组和计量单位，体现这种换算关系？
2. 设置"采购询价单"单据编号方式为"手工改动，重号时自动重取"。

第 3 章

供应链管理初始化

知识目标：

- 了解供应链管理初始化的作用和主要内容
- 理解系统选项的作用
- 了解自动凭证科目设置的原理
- 了解供应链管理系统期初数据的构成、各相关子系统期初数据对账关系

能力目标：

- 掌握 U8 供应链管理各子系统选项设置
- 掌握与供应链管理业务相关的自动凭证科目设置
- 掌握供应链管理各子系统期初数据的录入

案例导入

经过前期的培训和动员，华盛商贸各业务部门积极性很高，很期待使用 U8 管理业务提升效率。目前大家有两个问题存疑：第一，U8 并不是针对我们企业定制的，我们在采购、销售、存货管理方面的需求它是否可以满足呢？第二，各部门目前都存在已经手工办理完成的业务，还有一些正在办理过程中的业务，是不是只有新发生的业务才需要在 U8 系统中处理，原有的已经发生的业务还沿用手工处理方式直至处理完成呢？

U8 属于通用管理软件。为了适合各行各业不同的管理需求，通用软件中预置了大量的参数(也称选项)，软件越通用其内置的参数选项就越多。不同的企业正是通过选择不同的参数来确定本单位应用 U8 的方式。因此，在开始使用 U8 之前，需要进行系统参数的设置。

为了保持业务的连续性和完整性，以启用日期 2021-01-01 为界，截止到该日期已经

全部办理完成的业务无须再录入 U8 系统；正在办理过程中未完成的业务，如已经给客户发货但未收款的业务、已经办理采购入库但未收到发票因而未付款的业务等，需要按照业务单据逐笔录入 U8 系统中以便后续处理。该日期之后发生的新业务全部在 U8 系统中处理。

理论知识

3.1　了解 U8 供应链管理初始化

3.1.1　供应链管理初始化的意义

用友 U8 是一个通用管理软件，适用于各行各业的企业内部购销存业务管理。而不同企业所属行业不同，管理模式不同，具体业务也存在一定差异。供应链管理初始化就是由企业用户根据自身的行业特性、管理需求和业务特征，通过在 U8 供应链各子系统中选择合适的选项确定企业的个性化应用方案；通过设置与业务活动相关联的财务核算科目，以便在业务活动发生的同时生成相应的财务核算凭证；通过将企业截止到 U8 启用日期未完工的业务采用一定的记录方法录入供应链管理各子系统，以确保业务活动记录的完整性和连续性。以上几项活动为企业利用 U8 供应链管理进行业务管控做好了基础铺垫。

供应链管理初始化工作具有决定性意义，设置完成后，随着外部政策和内部管理需求的变化而调整即可。

3.1.2　供应链初始化的工作流程

供应链管理涉及的子系统比较多，初始化需要遵从一定的顺序，如图 3-1 所示。

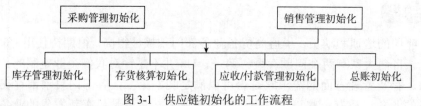

图 3-1　供应链初始化的工作流程

如果先进行应收/付款管理初始化，再进行总账初始化，那么总账中客户往来辅助核算和供应商往来辅助核算科目的期初数据可以从应收/付款系统导入。如果先进行总账初始化，再进行应收/付款管理初始化，那么可以利用应收/付款管理系统中期初对账功能验证应收/应付明细与总账相关科目的数据一致性。

3.2　供应链管理初始化概述

　　在第 2 章中，已经录入了购销存业务核算需要用到的基础档案，如存货、仓库、收发类别等，并根据企业实际进行了单据设置。那么，在开始日常的购销存业务处理之前，还需要做好哪几方面的准备工作呢？这就是本章供应链管理初始化要介绍的主要内容，主要包括选项设置、初始设置和期初余额录入。

3.2.1　选项设置

　　一般来说，为了满足不同行业企业的应用，通用软件中会预置大量选项供企业选择，企业应该经过充分的调研，对本行业本企业的生产经营特点进行具体深入的分析，在用友 U8 中正确设定系统选项，从而确定企业个性化应用方案。

　　为了帮助大家理解系统选项的重要性，在表 3-1 中对选项类型及作用举例说明以加深大家对选项的认识和理解。

表 3-1　系统选项的类型及作用举例

选项类型	选项举例	所属子系统	说明
决定 企业业务范围	启用受托代销	采购管理	企业有相应业务则选中选项，没有则不选
	有零售日报业务？有直运销售业务	销售管理	
	有无组装拆卸业务？有无形态转换业务	库存管理	
决定 企业应用流程	普通业务必有订单	采购管理	采购订货是必需环节
	普通销售必有订单	销售管理	销售订货是必需环节
	库存生成销售出库单	库存管理	销售出库单在库存管理系统生成
	单据审核后才能记账	存货核算	单据审核是必需环节
决定 业务控制时点	采购预警设置	采购管理	提前预警天数
	信用检查点：单据保存还是单据审核	销售管理	信用检查时点
	采购入库审核时改现存量	库存管理	现存量更新时点
决定 业务控制类型	允许超订单到货及入库	采购管理	
	允许超订量发货、控制仓库权限	销售管理	
	全月平均/移动平均单价最高或最低控制	存货核算	

（续表）

选项类型	选项举例	所属子系统	说明
决定 业务核算方法	商业版费用是否分摊到入库成本	采购管理	入库成本核算
	报价含税	销售管理	报价是无税价还是含税价
	暂估方式：月初回冲、单到回冲、单到补差	存货核算	暂估入库处理

3.2.2 初始设置

除以上介绍的选项外，在存货核算、应收款管理和应付款管理系统中还要进行初始设置。初始设置主要包括两类内容：一是设置与业务活动相关的会计核算科目；二是设置业务管理的精度。

1. 设置自动凭证科目

在财务业务一体化集成应用模式下，购销业务在采购管理、销售管理、库存管理处理后，最终要通过存货核算系统、应收款管理系统和应付款管理系统生成业务相关财务核算凭证传递给总账，以确保业务发生的同时财务上就得到反映。这就需要在存货核算、应收款管理和应付款管理中根据业务类型预先设置好凭证模板，即设置与不同业务对应的财务入账科目。

2. 设置业务管理精度

如为了对应收账款进行账龄分析，及时评估客户信用，并按一定比例估计坏账，需要设置账龄区间；另外也可以将客户按照欠款余额与其授信额度的不同比例划分为不同类型，这通过设置报警级别实现。以上账龄区间设置和报警级别设置就是从某种维度上设置企业业务管理精度。

3.2.3 期初余额录入

目前企业各业务部门都存在手工已经办理完成的业务，还有一些正在办理过程中的业务，用友 U8 需要哪些数据作为系统初始数据呢？为了保持业务的连续性和完整性，以启用日期 2021-01-01 为界，截止到该日期已经全部办理完成的业务无须再录入 U8 系统；正在办理过程中未完成的业务，如已经给客户发货但未收款的业务、已经办理采购入库但未收到发票因而未付款的业务等，需要按照业务单据逐笔录入 U8 系统中以便后续处理。该日期之后发生的新业务全部在 U8 系统中处理。

1. 录入期初数据

为了帮助企业快速、准确地准备好供应链管理系统需要的期初数据。表 3-2 中对供应链管理各子系统期初数据的内容及操作要点进行了梳理。

表 3-2　供应链管理系统期初数据的内容及操作要点

系统名称	操作	内容	说明
采购管理	录入	期初暂估入库 期初在途存货	暂估入库是指货到票未到 在途存货是指票到货未到
	期初记账	采购期初数据	没有期初数据也要执行期初记账，否则不能开始日常业务
销售管理	录入并审核	期初发货单 期初委托代销发货单 期初分期收款发货单	已发货、出库，但未开票 已发货未结算的数量 已发货未结算的数量
库存管理	录入(取数) 审核	库存期初余额 不合格品期初	库存和存货共用期初数据 未处理的不合格品结存量
存货核算	录入(取数) 记账	存货期初余额 期初分期收款发出商品余额	
应收款管理	录入	期初销售发票 期初应收单 期初预收款	已开票未收款的销售业务 其他应收未收的业务 预收客户货款业务
应付款管理	录入	期初采购发票 期初应付单 期初预付款	已收到发票尚未付款的业务 其他应付未付业务 预付供应商货款业务
总账	录入	基本科目及辅助账科目余额	

2. 期初审核记账

期初数据录入后，需要进行期初审核记账才能划定与日常业务的分界线。在采购管理和存货核算中体现为记账，在销售管理和库存管理中体现为审核。

期初数据的录入要遵从一定的顺序，如前面图 3-1 所示。

3.3　重点难点解析

3.3.1　自动凭证科目的设置原理

利用 U8 科目设置功能，可以在业务发生的同时快速、准确地生成财务核算凭证，提高效率和质量。企业业务类型繁杂，每种业务核算入账科目不同，如何正确设置自动凭证科目呢？我们通过一个简例来说明。

企业销售业务有多个环节，如接受客户订单、开具发货单、从仓库办理出库、开具销售发票、发运给客户，直至收到客户货款。在整个销售过程中，有些活动不涉及资金运动，如接受客户订单、开具发货单等。确认销售的依据是销售发票，确认存货出库的依据是出库单，确认已经收到客户货款的依据是收款单。如表 3-3 所示，通过科目设置自动生成 3

个环节业务凭证的原理。

表 3-3　自动凭证科目的设置原理

销售环节及业务单据	凭证内容	自动科目设置
出库—销售出库单	借：主营业务成本 　贷：库存商品	在存货核算系统中，根据收发类别中的销售出库设置存货对方科目为"主营业务成本"；根据出库仓库设置存货科目为"库存商品"
开票—销售发票	借：应收账款 　贷：主营业务收入 　　销项税额	在应收款管理系统中设置应收科目、收入科目、税金科目
收款—收款单	借：银行存款 　贷：应收账款	在应收款管理系统中设置应收科目和结算方式对应科目

3.3.2　业务数据与财务数据的平衡关系

会计核算是以货币为计量单位，运用会计方法，对经济活动进行连续、系统、全面的记录、分类、汇总、分析，形成会计信息，因此企业的财务数据不是孤立的，是企业业务活动的记录和反映。以本例为例，U8 供应链管理各子系统初始数据之间的关联如表 3-4 所示。

表 3-4　U8 供应链管理各子系统初始数据之间的关联

子系统	期初业务类型及业务单据	关联总账科目	对账
采购管理	暂估入库—期初采购入库单 在途存货—期初采购发票 代销入库—期初采购入库单(受托代销)	原材料、暂估应付款 在途物资、一般应付款 受托代销商品、受托代销商品款	
销售管理	期初发货单、期初分期收款发货单 期初委托代销发货单	库存商品 发出商品、库存商品	
库存管理 存货核算	按仓库录入的期初数据	库存商品	库存与存货对账
应收款管理	期初销售发票、期初应收单 期初预收款	应收账款 预收账款、银行存款	与总账对账
应付款管理	期初采购发票、期初应付单 期初预付款	应付账款 预付账款	与总账对账

实验一　业务子系统初始化

实验目的

1. 了解供应链各子系统初始化的主要内容。
2. 掌握系统选项设置的方法。
3. 掌握自动凭证科目设置的方法。
4. 掌握供应链各子系统期初数据的录入方法。

实验内容

1. 采购管理系统初始化。
2. 销售管理系统初始化。
3. 库存管理系统初始化。
4. 存货核算系统初始化。
5. 账套输出。

实验准备

1. 将系统日期更改为"2021-01-01"。
2. 引入"2-2 单据设计"账套数据。

实验资料

1. 采购管理系统初始化

1) 选项设置

业务及权限控制：启用受托代销、允许超订单到货及入库。

公共及参照控制：单据默认税率设置为"13%"。

2) 期初数据

暂估入库一笔：

2020 年 12 月 8 日，从上海耀华科技股份有限公司购入华星 128G 平板电脑 60 部，不含税单价为 2500 元，入电脑仓，发票未到，月末暂估入库。

受托代销入库一笔:

2020 年 12 月 10 日,天津康泰电子科技有限公司委托代销防水手环,收到防水手环 100 个,单价为 200 元,普通手环 150 个,单价为 100 元,入受托代销仓。

3) 进行采购期初记账

2. 销售管理系统初始化

1) 选项设置

销售管理选项设置如表 3-5 所示。

表 3-5　销售管理选项

选项卡	选项设置
业务控制	有零售日报业务
	有委托代销业务
	有分期收款业务
	有直运销售业务
	销售生成出库单
	报价不含税
其他控制	新增发货单参照订单生成
	新增退货单参照发货单生成
	新增发票参照发货单生成

2) 期初数据

期初发货一笔:

2020 年 12 月 12 日,从电脑仓向北京优品商业集团发出华星 32G 平板电脑 50 部,不含税单价为 2350 元。

期初分期收款发出商品一笔:

2020 年 12 月 15 日,向郑州丹尼斯购物中心发出华星 128G 平板电脑 20 部,不含税单价为 3000 元。

3. 库存管理系统初始化

1) 选项设置

库存管理选项设置如表 3-6 所示。

表 3-6　库存管理选项

选项卡	选项设置
通用设置	有组装拆卸业务
	有受托代销业务
	采购入库审核时改现存量
	销售出库审核时改现存量
	其他出入库审核时改现存量

选项卡	选项设置
专用设置	自动带出单价的单据包括销售出库单、其他出库单和调拨单
预计可用量控制	不允许超预计可用量出库
预计可用量设置	出入库检查预计可用量

2) 期初数据

库存管理系统期初结存如表 3-7 所示。

表 3-7　库存管理系统期初结存

仓库名称	存货编码和名称	规格	数量	单价(元)	金额(元)	合计
01 电脑仓	001 华星 128G	9.7 英寸	150	2500	375 000	4 125 000
	002 华星 32G	9.7 英寸	260	2000	520 000	
	003 华晨 128G	8 英寸	130	2000	260 000	
	004 华晨 32G	8 英寸	900	1300	1 170 000	
	D01 游戏本		400	4500	1 800 000	
02 电话仓	005 视频电话		300	1800	540 000	677 000
	006 录音电话		500	220	110 000	
	007 无绳电话		270	100	27 000	
03 代销仓	008 防水手环		370	200	74 000	118 000
	009 普通手环		440	100	44 000	
合　　计						4 920 000

4. 存货核算系统初始化

1) 选项设置

存货核算系统选项设置如表 3-8 所示。

表 3-8　存货核算系统选项设置

选项卡	选项设置
核算方式	核算方式：按仓库核算 暂估方式：单到回冲 销售成本核算方式：销售发票 委托代销成本核算方式：按发出商品核算 零成本出库选择：参考成本
控制方式	结算单价与暂估单价不一致调整出库成本

2) 科目设置

① 存货科目。存货科目设置如表 3-9 所示。

表 3-9　存货科目

仓库编码及 名称	存货科目编码及 名称	分期收款发出商品 科目编码及名称	委托代销发出商品 科目编码及名称	直运科目编码及 名称
01 电脑仓	1405 库存商品	1406 发出商品	1406 发出商品	1402 在途物资
02 电话仓	1405 库存商品	1406 发出商品	1406 发出商品	
03 代销仓	1321 受托代销商品			

② 对方科目。对方科目设置如表 3-10 所示。

表 3-10　对方科目

收发类别编码及名称	对方科目编码及名称	暂估科目编码及名称
101 采购入库	1402 在途物资	220202 暂估应付款
102 受托代销入库	2314 受托代销商品款	2314 受托代销商品款
103 盘盈入库	190101 待处理流动资产损溢	
201 销售出库	6401 主营业务成本	
202 委托代销出库	6401 主营业务成本	
203 盘亏出库	190101 待处理流动资产损溢	

③ 税金科目。"商品"存货大类税金科目为"22210101 进项税额"、进项税额转出科目为"22210103 进项税额转出"。

④ 非合理损耗类型科目。非合理损耗类型"01 运输部门责任"对应的会计科目为"190101 待处理流动资产损溢"。

3) 期初数据

存货核算系统与库存管理系统期初数据一致，如表 3-7 所示。

实验要求

以账套主管"101 周健"的身份进行供应链管理业务子系统初始化设置。

操作指导

1. 采购管理系统初始化

1) 选项设置

① 在企业应用平台中，打开"业务工作"选项卡，执行"供应链"|"采购管理"命令，进入采购管理系统。

② 执行"设置"|"采购选项"命令，打开"采购系统选项设置"对话框。

③ 在"业务及权限控制"选项卡中，选中"启用受托代销"和"允许超订单到货及入

库"复选框，其他选项保持系统默认设置。

④ 单击"公共及参照控制"选项卡，修改单据默认税率为"13"，如图 3-2 所示。

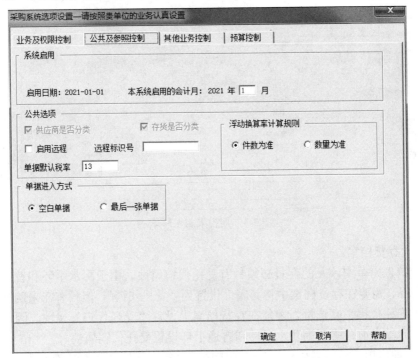

图 3-2　采购选项—"公共及参照控制"选项卡

⑤ 单击"确定"按钮，保存并退出采购选项设置。

提示：

可以在采购管理系统设置启用受托代销业务，也可以在库存管理中设置。在其中一个系统的设置同时改变在另一个系统的选项。

2) 录入采购期初数据

在启用采购管理系统之前，已经收到货物但尚未收到对方开具的发票，对于这种情况，可以按暂估价先办理入库手续，待以后收到发票，再进行采购结算。对于已经收到受托代销单位的代销货物，但尚未实现销售的也是同样道理，需要实现销售之后才能办理结算。因此，对这些已经办理入库手续的货物，必须录入期初入库信息，以便将来及时进行结算。

(1) 期初暂估入库处理。　**(微课视频：WZ03010101)**

① 在采购管理系统中，执行"采购入库"|"采购入库单"命令，进入
"期初采购入库单"窗口。

② 单击"增加"按钮，按实验资料要求录入暂估入库信息，入库类别为"采购入库"，具体信息如图 3-3 所示。

③ 单击"保存"按钮。

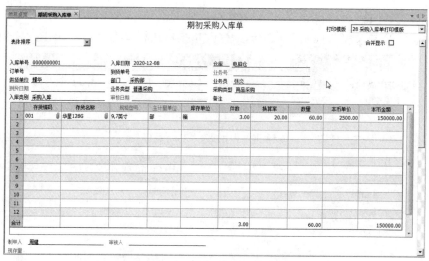

图 3-3　期初采购入库单

(2) 修改存货档案。

受托代销入库单中涉及的存货必须具有受托代销属性。由于防水手环和普通手环属于受托代销商品,需要在存货档案中将其属性设置为"受托代销",但只有在采购管理系统中选中"启用受托代销"复选框,才能在存货档案中设置"受托代销"属性。因此,在录入受托代销入库单之前,需要为防水手环和普通手环设置受托代销属性。

① 在企业应用平台"基础设置"选项卡中,执行"基础档案"|"存货"|"存货档案"命令,进入"存货档案"窗口。

② 选中窗口左边的"运动手环"存货分类,再选中右侧"存货档案"窗口中的"008防水手环"所在行,单击"修改"按钮,进入"修改存货档案"窗口。

③ 选中"受托代销"复选框,如图 3-4 所示。

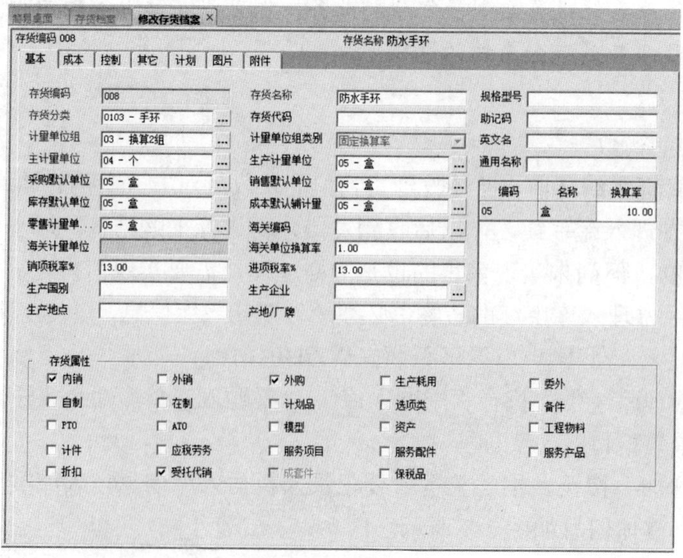

图 3-4　修改存货档案

④ 单击"保存"按钮，保存对存货档案的修改。

⑤ 单击"下一张"按钮，打开"修改存货档案"的"009 普通手环"对话框。重复上述步骤，保存存货档案信息。

⑥ 关闭退出。

(3) 期初受托代销入库单的录入。　(微课视频：WZ03010102)

① 执行"采购入库"|"受托代销入库单"命令，进入"期初采购入库单"窗口。

② 单击"增加"按钮，按实验资料要求录入期初受托代销入库信息，入库类别选择"受托代销入库"、采购类型选择"代销采购"，如图 3-5 所示。

③ 单击"保存"按钮。

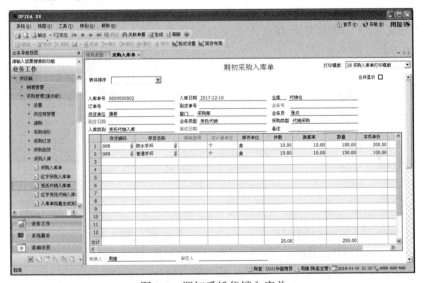

图 3-5　期初受托代销入库单

✍ **提示：** --

● 期初采购入库单在采购管理系统中录入。采购期初记账后，采购入库单需要在库存管理系统中录入或生成。

● 采购管理系统期初记账前，期初采购入库单可以修改、删除；期初记账后，则不允许修改和删除。

● 如果采购货物尚未运达企业但发票已经收到，则可以录入期初采购发票，表示企业的在途物资；待货物运达后，再办理采购结算。

----

3) 采购期初记账　(微课视频：WZ03010103)

采购期初记账是指将期初数据记入相应的业务账表中。期初记账之后，相关的参数和期初数据不能修改、删除。

① 在采购管理系统中，执行"设置"|"采购期初记账"命令，打开"期

初记账"对话框,如图 3-6 所示。

图 3-6　采购期初记账

② 单击"记账"按钮,系统弹出"期初记账完毕!"信息提示框。

③ 单击"确定"按钮,完成采购管理系统期初记账。

提示:

- 即使采购管理没有期初数据,也要执行期初记账,否则无法开始日常的采购业务处理。
- 采购管理系统如果不执行期初记账,库存管理系统和存货核算系统也不能记账。
- 采购管理若要取消期初记账,可执行"设置"|"采购期初记账"命令,单击"取消记账"即可。

2. 销售管理系统初始化

1) 选项设置

① 在企业应用平台中,执行"供应链"|"销售管理"命令,进入销售管理系统。

② 执行"设置"|"销售选项"命令,打开"销售选项"对话框。

③ 在"业务控制"选项卡中,选中"有零售日报业务""有委托代销业务""有分期收款业务""有直运销售业务""允许超订量发货"和"销售生成出库单"复选框,去掉"报价含税"选中标记,如图 3-7 所示。

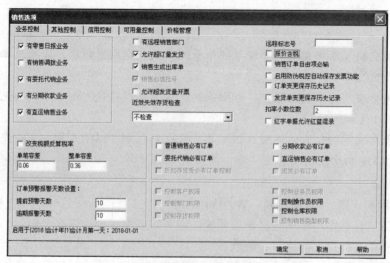

图 3-7　销售选项—"业务控制"选项卡

④ 打开"其他控制"选项卡,"新增发货单默认"选择"参照订单";"新增退货单默认"选择"参照发货";"新增发票默认"选择"参照发货";其他选项按系统默认设置,如图 3-8 所示。

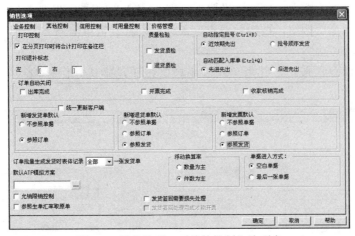

图 3-8　销售选项—"其他控制"选项卡

⑤ 单击"确定"按钮,保存并退出销售选项设置。

2) 录入销售期初数据　**(微课视频: WZ03010201)**

U8 销售管理系统启用时,对于已经发货尚未开具发票的货物,应该作为期初发货单录入销售管理系统中,以便将来开具发票后,进行销售结算。

(1) 期初发货单的录入。

① 在销售管理系统中,执行"设置"|"期初录入"|"期初发货单"命令,进入"期初发货单"窗口。

② 单击"增加"按钮,按照实验要求输入期初发货单的信息,如图 3-9 所示。

图 3-9　期初发货单

③ 单击"保存"按钮，保存发货单信息。

④ 单击"审核"按钮，审核确认发货单信息。

(2) 期初分期收款发货单的录入。

① 在销售管理系统中，执行"设置"|"期初录入"|"期初发货单"命令。

② 单击"增加"按钮，按实验要求输入分期收款发货单信息。注意，"业务类型"必须选择"分期收款"。

③ 单击"保存"按钮，然后单击"审核"按钮，确认并保存输入信息，如图 3-10 所示。

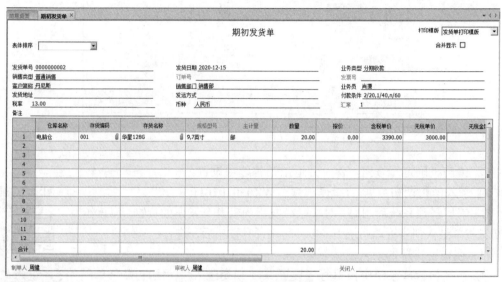

图 3-10 分期收款期初发货单

提示：

- 当销售管理系统与存货核算系统集成使用时，存货核算系统中分期收款发出商品的期初余额从销售管理系统中取数，取数的依据就是已经审核的分期收款期初发货单。

- 存货核算系统从销售管理系统取数后，销售管理系统就不能再录入存货核算系统启用日期前的分期收款发出商品发货单。

- 在实际业务执行过程中，审核常常是对当前业务完成的确认。有的单据只有经过审核，才是有效单据，才能进入下一流程，才能被其他单据参照或被其他功能、其他系统使用。

- 审核后的发货单不能修改或删除。

- 如果要修改或删除期初发货单，则必须先取消审核，即单击"弃审"按钮。但如果期初发货单已经有下游单据生成，根据发货单生成了销售发票或存货系统已经记账等，那么，该期初发货单是不能弃审的，也不能修改或删除。

- 如果销售管理系统已经执行月末结账，则不能对发货单等单据执行"弃审"。

3. 库存管理系统初始化

1) 选项设置

① 打开"业务工作"选项卡，执行"供应链"|"库存管理"命令，进入库存管理系统。

② 执行"初始设置"|"选项"命令，打开"库存选项设置"对话框。

③ 在"通用设置"选项卡中，选中"有无组装拆卸业务""有无委托代销业务""有无受托代销业务""采购入库审核时改现存量""销售出库审核时改现存量"和"其他出入库审核时改现存量"复选框，如图 3-11 所示。

④ 在"专用设置"选项卡中，在"自动带出单价的单据"选项区域中选中"销售出库单""其他出库单"和"调拨单"复选框，如图 3-12 所示。

图 3-11　库存选项—通用设置

图 3-12　库存选项—专用设置

⑤ 打开"预计可用量控制"选项卡，默认不允许超预计可用量出库。

⑥ 打开"预计可用量设置"选项卡，选中"出入库检查预计可用量"复选框。

⑦ 单击"确定"按钮，保存并退出库存选项设置。

2) 录入库存期初数据

库存管理系统期初数据的录入方法有两种：一是在库存管理系统中直接录入；二是从存货核算系统中取数，前提是存货核算系统中已经录入了期初数据。

(1) 从库存管理系统直接录入。　**(微课视频：WZ03010301)**

① 在库存管理系统中，执行"初始设置"|"期初结存"命令，进入"库存期初数据录入"窗口。

② 选择仓库"01 电脑仓"。单击"修改"按钮，再单击"存货编码"栏中的参照按钮，选择"001 华星 128G"，录入数量"150"、单价"2500"。

③ 以此方法继续输入"01 电脑仓"的其他期初结存数据。单击"保存"按钮，保存录入的存货信息，如图 3-13 所示。

④ 单击"批审"按钮,对录入的各行信息进行批量审核。系统弹出"批量审核完成"信息提示框,单击"确定"按钮返回。

图 3-13　电脑仓期初数据

⑤ 在"库存期初"窗口中将仓库选择为"02 电话仓"。单击"修改"按钮,依次输入电话仓的期初结存数据并保存,如图 3-14 所示。单击"批审"按钮,对录入的各行信息进行批量审核。

	仓库	仓库编码	存货编码	存货名称	规格型号	主计量单位	数量	单价	金额
1	电话仓	02	005	视频电话		部	300.00	1800.00	540000.00
2	电话仓	02	006	录音电话		部	500.00	220.00	110000.00
3	电话仓	02	007	无绳电话		部	270.00	100.00	27000.00

图 3-14　电话仓期初结存

⑥ 在"库存期初"窗口中将仓库选择为"03 代销仓"。单击"修改"按钮,依次输入代销仓的期初结存数据并保存,如图 3-15 所示。单击"批审"按钮,对录入的各行信息进行批量审核。

	仓库	仓库编码	存货编码	存货名称	规格型号	主计量单位	数量	单价	金额
1	代销仓	03	008	防水手环		个	370.00	200.00	74000.00
2	代销仓	03	009	普通手环		个	440.00	100.00	44000.00
3									

图 3-15　代销仓期初结存

提示：

- 库存期初结存数据必须按照仓库分别录入。
- 库存期初数据录入完成后，需进行审核，即进行期初记账，若无误，则表明该仓库期初数据录入工作的完结。
- 库存期初数据审核是分仓库、分存货进行的，即针对一条存货记录进行审核。如果执行"批审"功能，则对选中仓库的所有存货执行审核，但并非审核所有仓库的存货。
- 审核后的库存期初数据不能修改或删除，但可以弃审后进行修改或删除。
- 如果有期初不合格品数据，也可以录入到期初数据中。执行"初始设置"|"期初数据"|"期初不合格品"命令，单击"增加"按钮进行录入，并单击"审核"按钮后退出。

(2) 从存货核算系统取数。

当库存管理系统与存货核算系统集成使用时，库存管理系统可以从存货核算系统中读取存货核算系统与库存管理系统启用月份相同的会计期间的期初数。如果两个系统启用月份相同，可直接取存货的期初数；如果两个系统启用月份不同，即存货先启，库存后启，则期初数据需要将存货的期初数据和存货在库存系统启用之前的发生数进行汇总求出结存，才能作为存货的期初数据被库存系统读取。

 提示：

- 取数只能取出当前仓库的数据，即一次只能取出一个仓库的期初数据。
- 如果当前仓库已经存在期初数据，系统将提示"是否覆盖原有数据"。一般应选择覆盖，否则，期初数据会发生重复。
- 只有第一年启用时，才能使用取数功能；以后年度结转上年后，取数功能不能使用，系统自动结转期初数据。
- 取数成功后，也必须对所有仓库的所有存货进行审核，以完成期初记账工作。

4. 存货核算系统初始化

1) 选项设置

① 打开"业务工作"选项卡，执行"供应链"|"存货核算"命令，进入存货核算系统。

② 执行"初始设置"|"选项"|"选项录入"命令，打开"选项录入"对话框。

③ 在"核算方式"选项卡中设置核算参数。"核算方式"选择"按仓库核算"，"暂估方式"选择"单到回冲"，"销售成本核算方式"选择"销售发票"，"委托代销成本核算方式"选择"按发出商品核算"，"零成本出库选择"选择"参考成本"，如图 3-16 所示。

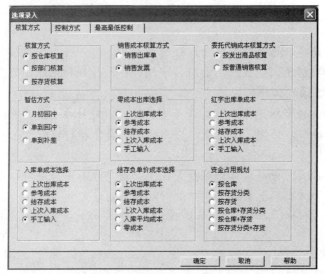

图 3-16   存货选项—核算方式

④ 打开"控制方式"选项卡，选中"结算单价与暂估单价不一致是否调整出库成本"复选框，如图 3-17 所示。其他选项由系统默认。

⑤ 单击"确定"按钮，系统弹出"是否保存当前设置？"信息提示框，单击"是"按钮，退出存货选项录入窗口。

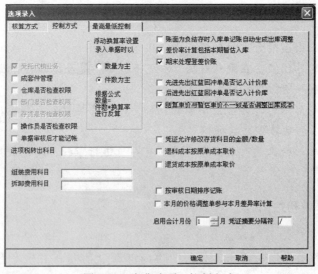

图 3-17   存货选项—控制方式

2) 科目设置

(1) 存货科目设置。   (微课视频：WZ03010401)

在存货核算系统中，可以生成与购销存业务相关的凭证传递到总账系统。为了能够让系统在业务发生时自动生成凭证，可以根据存货所属仓库或凭证分类或不同的存货设置生成凭证所用到的存货科目、分期收款发出商品科目和委托代销科目。

① 在存货核算系统中，执行"初始设置"|"科目设置"|"存货科目"命令，进入"存货科目"窗口。

② 按表 3-9 中的资料进行存货科目设置，单击"保存"按钮，如图 3-18 所示。

仓库编码	仓库名称	存货编码	存货名称	存货科目编码	存货科目名称	分期收款发出…	分期收款发出…	委托代销发出商品科目编码	委托代销发出商品科目名称	直运科目编码	直运科目名称
01	电脑仓			1405	库存商品	1406	发出商品	1406	发出商品	1402	在途物资
03	代销仓			1321	受托代销商品						
02	电话仓			1405	库存商品	1406	发出商品	1406	发出商品		

图 3-18　设置存货科目

(2) 对方科目设置。　(微课视频：WZ03010402)

在存货核算系统中，可以按照不同的业务类型即收发类别设置生成凭证所需的对方科目。

① 在存货核算系统中，执行"初始设置"|"科目设置"|"对方科目"命令，进入"对方科目"窗口。

② 按表 3-10 中的资料进行对方科目设置，单击"保存"按钮，如图 3-19 所示。

收发类别编码	收发类别名称	存货分类编码	存货分类名称	存货编码	存货名称	项目编码	项目名称	对方科目编码	对方科目名称	暂估科目编码	暂估科目名称
101	采购入库							1402	在途物资	220202	暂估应付款
102	受托代销入库							2314	受托代销商品款	2314	受托代销商品款
103	盘盈入库							190101	待处理流动资…		
201	销售出库							6401	主营业务成本		
202	委托代销出库							6401	主营业务成本		
203	盘亏出库							190101	待处理流动资…		

图 3-19　设置对方科目

(3) 税金科目设置。　(微课视频：WZ03010403)

税金科目设置用于设置采购结算生成凭证时所需要的税金科目。

① 在存货核算系统中，执行"初始设置"|"科目设置"|"税金科目"命令，进入"税金科目"窗口。

② 单击"增加"按钮，设置存货大类"商品"的税金科目为"22210101 进项税额"、进项税额转出科目为"22210103"，单击"保存"按钮。

(4) 非合理损耗类型科目设置。

非合理损耗类型科目设置用于设置非合理损耗类型对应的入账科目，以便在存货核算系统中根据结算时记录的非合理损耗类型自动生成凭证。

① 在存货核算系统中，执行"初始设置"|"科目设置"|"非合理损耗科目"命令，进入"非合理损耗类型"窗口。

② 单击"增加"按钮，设置非合理损耗类型"01 运输部门责任"对应的会计科目为"190101 待处理流动资产损溢"，单击"保存"按钮。

3) 录入存货期初数据　(微课视频：WZ03010404)

存货核算系统的期初数据可以直接录入，也可以从库存管理系统中读数获得。"分期收款发出商品"的期初数据就只能从销售管理系统中取数，而且必须是销售管理系统录入审核后才能取数；按计划价或售价核算出库成本的存货，都应有期初差异或差价。初次使用存货核算系统时，只能在存货核算系统中录入这些存货的期初差异余额或期初差价余额。

(1) 存货期初数据的录入与审核。

存货期初数据的录入方法有两种：一是直接录入；二是从库存管理系统中取数。其直接录入方法与库存管理系统类似，在此不再赘述。这里主要讲述用取数的方法获取存货核算的期初数据。

① 在存货核算系统中，执行"初始设置"|"期初数据"|"期初余额"命令，进入"期初余额"窗口。

② 仓库选择"01 电脑仓"。

③ 单击"取数"按钮，系统自动从库存管理系统中读取出该仓库的全部存货信息，如图 3-20 所示。

期初余额

存货编码	存货名称	规格型号	计量单位	数量	单价	金额	售价	售价金额	存货科目编码	存货科目
001	华星128G	9.7英寸	部	150.00	2,500.00	375,000.00			1405	库存商品
002	华星32G	9.7英寸	部	260.00	2,000.00	520,000.00			1405	库存商品
003	华晨128G	8英寸	部	130.00	2,000.00	260,000.00			1405	库存商品
004	华晨32G	8英寸	部	900.00	1,300.00	1,170,000.00			1405	库存商品
D01	游戏本		部	400.00	4,500.00	1,800,000.00			1405	库存商品
合计：				1,840.00		4,125,000.00				

图 3-20　存货核算系统期初取数

④ 以此方法，继续对电话仓和代销仓进行取数操作。

⑤ 单击"对账"按钮，选择所有仓库，系统自动对存货核算系统与库存管理系统的存货数据进行核对，如图 3-21 所示。如果对账成功，单击"确定"按钮。

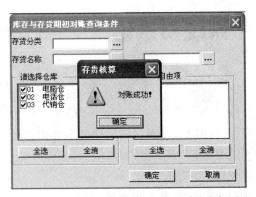

图 3-21　存货核算系统与库存管理系统期初对账

(2) 存货期初分期收款发出商品。

"分期收款发出商品"的期初数据已经从销售管理系统中录入,在存货核算系统中取数即可。

① 在存货核算系统中,执行"初始设置"|"期初数据"|"期初分期收款发出商品"命令,进入"期初分期收款发出商品"窗口。

② 单击"取数"按钮,从销售管理系统中获取分期收款发出商品的期初数。系统弹出"取数完毕!"信息提示框,单击"确定"按钮返回。

③ 单击"查询"按钮,打开"期初发出商品查询"对话框。单击"确定"按钮,可查看从销售管理系统中得到的分期收款发出商品记录。

(3) 存货核算系统期初记账。

① 在存货核算系统中,执行"初始设置"|"期初数据"|"期初余额"命令,进入"期初余额"窗口。

② 单击"记账"按钮,系统弹出"期初记账成功!"信息提示框。

③ 单击"确定"按钮,完成期初记账工作。

提示:

- 记账是对所有仓库的存货进行记账。
- 如果已经进行业务核算,则不能恢复记账。
- 存货核算系统在期初记账前,可以修改存货计价方式,期初记账后,不能修改计价方式。

5. 账套输出

业务子系统初始化全部完成后,将账套输出至"3-1 业务子系统初始化"文件夹中。

实验二　财务子系统初始化

📢 实验目的

1. 了解与供应链管理相关的财务子系统初始化的主要内容。
2. 掌握系统选项设置的方法。
3. 掌握自动凭证科目设置的方法。
4. 掌握财务各子系统期初数据的录入方法。

📢 实验内容

1. 总账系统初始化。
2. 应付款管理系统初始化。
3. 应收款管理系统初始化。
4. 账套输出。

📢 实验准备

1. 将系统日期更改为"2021-01-01"。
2. 引入"3-1 业务子系统初始化"账套数据。

📢 实验资料

1. 总账系统初始化

1) 选项设置

取消"现金流量科目必录现金流量项目"选项。

2) 总账期初

总账科目期初余额如表 3-11 所示。

表 3-11　总账科目期初余额

科目编码	科目名称	辅助核算	方向	金额	备注
1001	库存现金	日记账	借	8000	
1002	银行存款		借	222 000	
100201	工行人民币户	日记账、银行账	借	222 000	

(续表)

科目编码	科目名称	辅助核算	方向	金额	备注
1121	应收票据	客户往来	借	32 870	见辅助账明细
1122	应收账款	客户往来	借	53 210	见辅助账明细
1123	预付账款	供应商往来	借	10 000	见辅助账明细
1231	坏账准备		贷	5800	
1321	受托代销商品		借	35 000	
1405	库存商品		借	4 920 000	
1406	发出商品		借	60 000	
1601	固定资产		借	880 000	
1602	累计折旧		贷	121 000	
2201	短期借款		贷	200 000	
2202	应付账款		贷	175 740	
220201	一般应付款	供应商往来	贷	24 860	见辅助账明细
220202	暂估应付款		贷	150 000	
2203	预收账款	客户往来	贷	30 000	见辅助账明细
2314	受托代销商品款		贷	35 000	
2501	长期借款		贷	500 000	
4001	实收资本		贷	3 000 000	
4101	盈余公积		贷	134 420	
4104	利润分配		贷	2 020 000	
410415	未分配利润		贷	2 020 000	

2) 辅助账期初

1121 应收票据：

日期	客户	业务员	摘要	方向	金额
2020-12-19	优品	肖潇	银行承兑汇票	借	32 870

1122 应收账款：

日期	客户	业务员	摘要	方向	金额
2020-11-18	丹尼斯	肖潇	销售平板电脑	借	53 210

1223 预付账款：

日期	供应商	业务员	摘要	方向	金额
2020-12-22	耀华	张炎	预付新品订金	借	10 000

220201 应付账款/一般应付款：

日期	供应商	业务员	摘要	方向	金额
2020-12-16	致安	张炎	购录音电话	贷	24 860

2203 预收账款：

日期	供应商	业务员	摘要	方向	金额
2020-12-26	客户	肖潇	新品订金	贷	30 000

2. 应付款管理系统初始化

1) 选项设置

应付款管理系统选项，如表 3-12 所示。

表 3-12　应付款管理系统选项

选项卡	选项
常规	单据审核日期依据：单据日期 自动计算现金折扣
其他选项卡	保持系统默认

2) 初始设置

- 基本科目设置：应付科目 220201；预付科目 1123；采购科目 1402；税金科目 22210101；银行承兑科目 2201；商业承兑科目 2201；现金折扣科目 6603。
- 结算方式科目设置：现金支票、转账支票、商业承兑汇票、银行承兑汇票、电汇结算方式科目为100201；现金结算为1001。

3) 期初数据

(1) 票到货未到在途业务。

2020 年 12 月 16 日，收到供应商北京致安科技开具的增值税专用发票，发票上载明采购员张炎购入 100 部录音电话，无税单价为 220 元，月底仍未到货。

(2) 预付款业务。

2020 年 12 月 22 日，采购部张炎向上海耀华科技预付平板电脑新品订金 10 000 元，电汇支付。

3. 应收款管理系统初始化

1) 选项设置

应收款管理系统选项如表 3-13 所示。

表 3-13　应收款管理系统选项

选项卡	选项
常规	单据审核日期依据：单据日期 坏账处理方式：应收余额百分比法 自动计算现金折扣
权限与预警	信用额度控制

2) 初始设置

- 基本科目设置：应收科目 1122；预收科目 2203；销售收入科目 6001；税金科目 22210105；销售退回科目 6001；商业承兑科目 1121；银行承兑科目 1121；现金折扣科目 6603。
- 结算方式科目设置：现金支票、转账支票、商业承兑汇票、银行承兑汇票、电汇对应的结算方式科目为 100201；现金结算为 1001。
- 坏账准备设置：提取比率为 1%，坏账准备期初余额为 5800 元，坏账准备科目为 1231，对方科目为 6701。

3) 期初数据

(1) 应收票据。

2020 年 12 月 19 日，收到北京优品商业集团银行承兑汇票一张，金额为 32 870 元，票据编号为 20201201，签发日期为 2020-12-19，到期日为 2021-3-19。承兑银行为"中国建设银行"。

(2) 销售专用发票。

2020 年 11 月 18 日，向郑州丹尼斯开具销售专用发票一张，发票号为 20211101，载明销售华星 32G 平板电脑 20 部，无税单价为 2350 元。

(3) 应收单。

2020 年 11 月 18 日，为郑州丹尼斯代垫运费 100 元。

(4) 预收货款。

2020 年 12 月 26 日，预收青岛百信平板电脑订金 30 000 元，对方电汇支付。

📢 操作指导

1. 总账初始化

1) 选项设置

① 在总账系统中，执行"设置"|"选项"命令，打开"选项"对话框。

② 单击"编辑"按钮，取消选中"现金流量科目必录现金流量项目"选项，单击"确定"按钮返回。

2) 录入总账科目期初余额 *(微课视频：**WZ03020101**)*

① 在总账系统中，执行"设置"|"期初余额"命令，进入"期初余额录入"窗口。

② 按表 3-11 录入每一个会计科目的期初余额(除供应商往来科目和客户往来科目)。

3) 录入辅助账科目期初余额 *(微课视频：**WZ03020102**)*

以 220201 应付账款/一般应付款科目为例。

① 在总账期初余额录入界面，双击一般应付款科目期初余额栏，进入"辅助期初余额"窗口。单击"往来明细"按钮，进入"期初往来明细"窗口。

② 单击"增行"按钮，按实验资料输入各项信息，如图 3-22 所示。

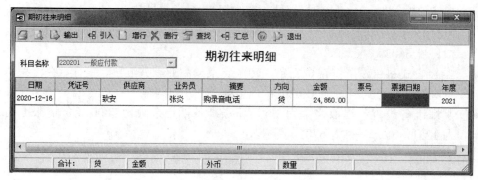

图 3-22 一般应付款期初往来明细

③ 单击"汇总"按钮，系统弹出"完成了往来明细到辅助期初表的汇总！"信息提示框，单击"确定"按钮，单击"退出"按钮返回"辅助期初余额"窗口，如图 3-23 所示。

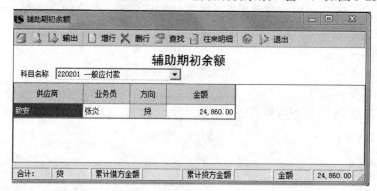

图 3-23 "辅助期初余额"窗口

④ 单击"退出"按钮，返回总账期初余额录入窗口，一般应付款科目已带回期初余额"24 860"。

同理，录入其他辅助核算科目期初余额。

 提示：--

在往来期初明细录入界面，通过单击"引入"按钮，可以将应收/付款系统录入的期初数据引入总账系统中，而无须再单独录入。

----

4) 试算平衡

在期初余额录入窗口中，单击"试算"按钮，打开"期初试算平衡表"对话框，如图 3-24 所示，单击"确定"按钮返回。

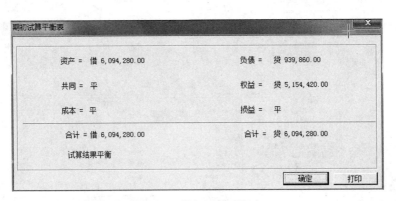

图 3-24 期初试算平衡表

2. 应付款管理系统初始化

1) 选项设置

① 在应付款管理系统中,执行"设置"|"选项"命令,打开"账套参数设置"对话框。

② 单击"编辑"按钮,系统弹出"选项修改需要重新登录才能生效"信息提示框,单击"确定"按钮返回。

③ 在"常规"选项卡中,"单据审核日期依据"选择"单据日期";选中"自动计算现金折扣"复选框,如图 3-25 所示。

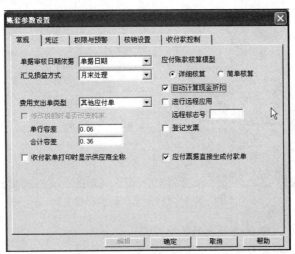

图 3-25 应付款账套参数设置—常规

④ 单击"确定"按钮,保存并退出应付款管理账套参数设置。

2) 初始设置

① 在应付款管理系统中,执行"设置"|"初始设置"命令,进入"初始设置"窗口。

② 单击"设置科目"中的"基本科目设置",再单击"增加"按钮,根据实验要求对应付款管理系统的基本科目进行设置,如图 3-26 所示。

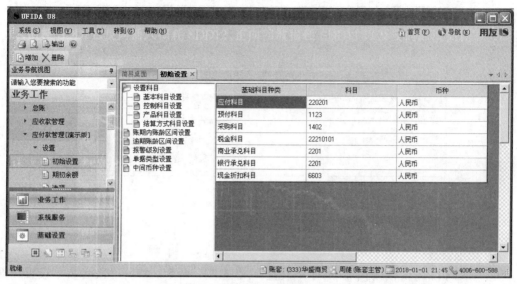

图 3-26　应付款管理系统基本科目设置

③ 执行"结算方式科目设置"命令，根据实验要求对应付款管理系统的结算方式科目进行设置。结算方式科目的具体设置如图 3-27 所示。

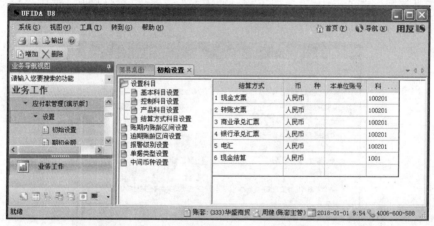

图 3-27　应付款管理系统结算科目设置

3) 录入期初数据　**(微课视频：WZ030202)**

(1) 票到货未到的在途业务。

① 在应付款管理系统中，执行"设置"|"期初余额"命令，打开"期初余额—查询"对话框，单击"确定"按钮，进入"期初余额"窗口。

② 单击"增加"按钮，打开"单据类别"对话框。选择单据名称为"采购发票"、单据类型为"采购专用发票"、方向为"正向"，单击"确定"按钮，进入"采购专用发票"窗口。

③ 单击"增加"按钮，选择供应商为"致安"，按实验资料录入其他数据，如图 3-28 所示。

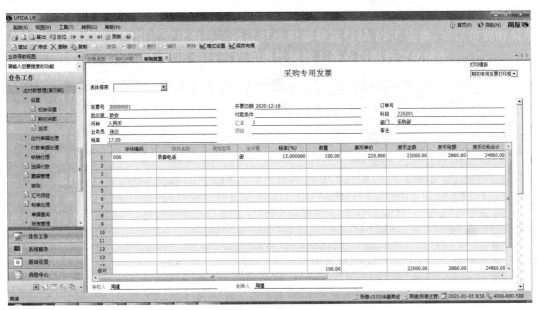

图 3-28　期初采购发票

(2) 预付款业务。

① 在应付款管理系统中，执行"设置"|"期初余额"命令，打开"期初余额--查询"对话框，单击"确定"按钮，进入"期初余额"窗口。

② 单击"增加"按钮，打开"单据类别"对话框。选择单据名称为"预付款"、单据类型为"付款单"、方向为"正向"，单击"确定"按钮，进入"期初单据录入"窗口。

③ 单击"增加"按钮，按照实验资料录入付款单信息，单击"保存"按钮，如图 3-29 所示。

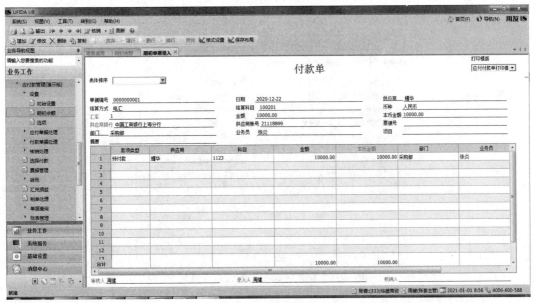

图 3-29　期初预付款

(3) 与总账对账。

① 在期初余额界面,单击"对账"按钮,进入"期初对账"窗口,如图 3-30 所示。

② 关闭并退出。

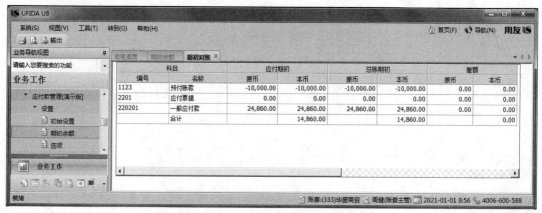

图 3-30　应付款期初与总账期初对账

3. 应收款管理系统初始化

1) 选项设置　(微课视频:WZ03020301)

① 打开"业务工作"选项卡,执行"财务会计"|"应收款管理"命令,进入应收款管理系统。

② 执行"设置"|"选项"命令,打开"账套参数设置"对话框。单击"编辑"按钮,系统弹出"选项修改需要重新登录才能生效"信息提示框,单击"确定"按钮返回。

③ 在"常规"选项卡中,"单据审核日期依据"选择"单据日期","坏账处理方式"选择"应收余额百分比法",选中"自动计算现金折扣"复选框,如图 3-31 所示。

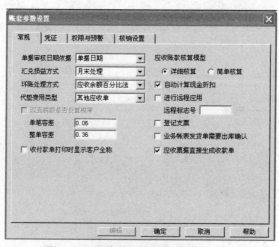

图 3-31　应收款账套参数设置—常规

④ 在"权限与预警"选项卡中,选中"信用额度控制"复选框,如图 3-32 所示。

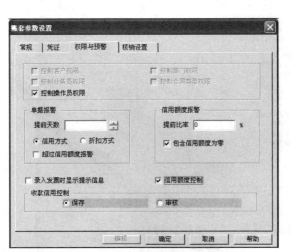

图 3-32　应收款账套参数设置—权限与预警

⑤ 单击"确定"按钮，保存并退出应收款管理账套参数设置。

提示：

选择了信用额度控制，在应收款管理系统中保存录入的发票和应收单时，当票面金额＋应收借方余额—应收贷方余额＞信用额度时，系统会提示本张单据不予保存处理。

2) 初始设置　(**微课视频：WZ03020302**)

① 在应收款管理系统中，执行"设置"|"初始设置"命令，进入"初始设置"窗口。

② 单击"设置科目"中的"基本科目设置"，单击"增加"按钮，根据实验要求对应收款管理系统的基本科目进行设置，如图 3-33 所示。

基础科目种类	科目	币种
应收科目	1122	人民币
预收科目	2203	人民币
销售收入科目	6001	人民币
税金科目	22210105	人民币
商业承兑科目	1121	人民币
银行承兑科目	1121	人民币
销售退回科目	6001	人民币
现金折扣科目	6603	人民币

图 3-33　应收款管理系统基本科目设置

③ 执行"结算方式科目设置"命令，根据实验要求对应收款管理系统的结算方式科目进行设置。

④ 执行"坏账准备设置"命令，录入相关内容，单击"确定"按钮，系统弹出"储存完毕"信息提示框，单击"确定"按钮，如图 3-34 所示。

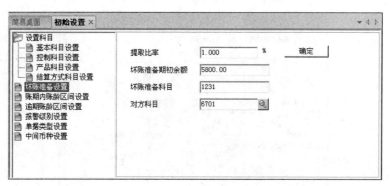

图 3-34　坏账准备设置

3) 期初数据　**(微课视频：WZ03020303)**

(1) 期初应收票据。

① 在应收款管理系统中，执行"设置"|"期初余额"命令，打开"期初余额—查询"对话框，单击"确定"按钮，进入"期初余额"窗口。

② 单击"增加"按钮，打开"单据类别"对话框。选择单据名称为"应收票据"、单据类型为"银行承兑汇票"、方向为"正向"，单击"确定"按钮，进入"期初单据录入"窗口。

③ 单击"增加"按钮，按实验资料录入相关内容，注意科目为"1121"，如图 3-35 所示。

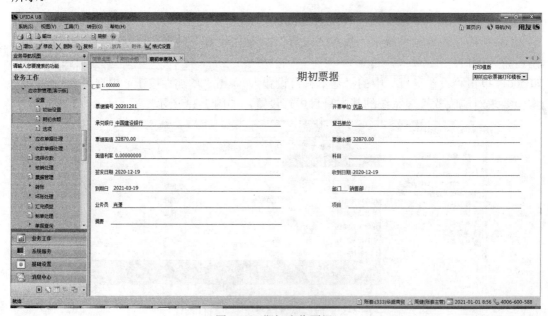

图 3-35　期初应收票据

(2) 期初销售专用发票。

① 在期初余额窗口中，单击"增加"按钮。选择单据名称为"销售发票"、单据类别为"销售专用发票"、方向为"正向"，单击"确定"按钮，进入"期初销售发票"窗口。

② 单击"增加"按钮，按照实验资料录入期初销售发票的各项信息，单击"保存"按钮，如图 3-36 所示。

③ 关闭当前窗口，返回期初余额界面。

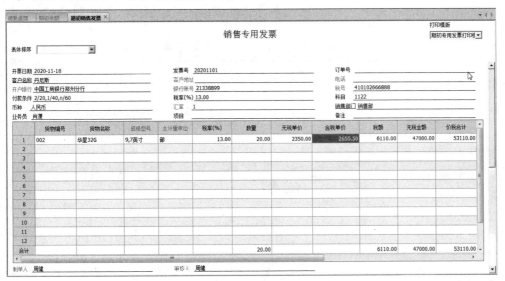

图 3-36 期初销售专用发票

(3) 期初应收单。

① 在期初余额窗口中，单击"增加"按钮。选择单据名称为"应收单"、单据类别为"其他应收单"、方向为"正向"，单击"确定"按钮，进入"单据录入"窗口。

② 单击"增加"按钮，按照实验资料录入期初应收单的各项信息，单击"保存"按钮，如图 3-37 所示。

③ 关闭当前窗口，返回期初余额界面。

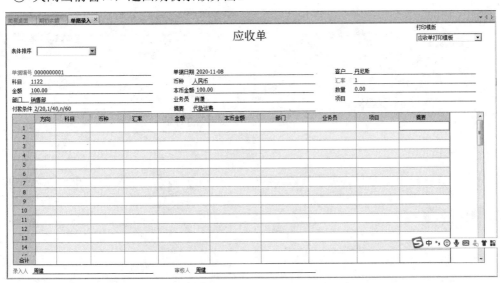

图 3-37 期初应收单

（4）期初预收款。

① 在期初余额窗口中，单击"增加"按钮。选择单据名称为"预收款"、单据类别为"收款单"、方向默认为"正向"，单击"确定"按钮，进入"期初单据录入"窗口。

② 单击"增加"按钮，按照实验资料录入收款单的各项信息，单击"保存"按钮，如图 3-38 所示。

图 3-38 期初预收款

③ 关闭当前窗口，返回期初余额界面。

（5）期初对账。

在期初余额界面，单击"对账"按钮，进入"期初对账"窗口，系统显示应收期初与总账期初对账结果，如图 3-39 所示。

科目		应收期初		总账期初		差额	
编号	名称	原币	本币	原币	本币	原币	本币
1121	应收票据	32,870.00	32,870.00	32,870.00	32,870.00	0.00	0.00
1122	应收账款	53,210.00	53,210.00	53,210.00	53,210.00	0.00	0.00
2203	预收账款	-30,000.00	-30,000.00	-30,000.00	-30,000.00	0.00	0.00
	合计		56,080.00		56,080.00		0.00

图 3-39 应收期初与总账期初对账

4. 账套输出

财务子系统初始化全部完成后，将账套输出至"3-2 财务子系统初始化"文件夹中。

巩固提高

判断题：

1. 供应链管理的每个子系统既可单独应用，也可与供应链管理的其他子系统联合

应用。　　　　　　　　　　　　　　　　　　　　　　　　　　　　　　　（　　）

2. 软件越通用，需要设置的系统选项就越多。　　　　　　　　　　　　（　　）

3. 应收款系统中设置的应收科目、预收科目必须是应收款系统的受控科目。（　　）

4. 采购管理系统中录入的期初暂估入库是因为货到而发票未到。　　　　（　　）

5. 没有采购期初数据也必须执行采购期初记账，否则无法开始日常业务处理。（　　）

6. 存货核算系统和库存管理系统的期初数据是一致的，可以从两者中任何一个系统录入，再从另外一个系统获取。　　　　　　　　　　　　　　　　　　　　（　　）

选择题：

1. 以下哪些子系统的期初数据要先于库存管理和存货核算录入？（　　）

　　A. 采购管理　　　　B. 销售管理　　　　C. 应付款管理　　　D. 应收款管理

2. 必须在（　　）启用受托代销核算，才能为存货设置受托代销属性。

　　A. 采购管理　　　　B. 销售管理　　　　C. 库存管理　　　　D. 存货核算

3. 以下哪个子系统与总账间存在凭证传递关系？（　　）

　　A. 采购管理　　　　B. 销售管理　　　　C. 库存管理

　　D. 存货核算　　　　E. 应收款管理　　　F. 应付款管理

4. 存货科目的设置依据可以是（　　）。

　　A. 按仓库　　　　B. 按存货分类　　　C. 按存货

　　D. 按收发类别　　E. 按部门　　　　　F. 按项目

5. 存货计价方式可以按（　　）设置。

　　A. 按部门　　　　B. 按存货分类　　　C. 按存货　　　　D. 按收发类别

6. 应收款管理系统录入的期初数据与总账中哪些科目有对账关系？（　　）

　　A. 应收账款　　　B. 应付账款　　　　C. 预收账款　　　D. 预付账款

问答题：

1. 供应链管理系统包括哪些子系统？各子系统的主要功能是怎样的？

2. 供应链管理系统初始化主要包括哪几项工作？

3. 按照目前存货科目和对方科目设置，如果电话仓发生暂估入库业务，生成的暂估入库凭证是怎样的？

4. 设置存货科目和对方科目的意义是什么？

5. 供应链管理期初数据的主要内容是什么？以什么方式录入系统？

6. 库存管理的期初数据与总账哪些科目存在关联？

实操题：

1. 怎样才能取消采购期初记账？验证一下。

2. 尝试将存货期初数据先从存货核算系统录入，再从库存管理系统取数获得。

第4章

采 购 管 理

学习目标

知识目标：

- 了解采购管理系统的主要功能
- 了解采购管理系统与供应链管理其他子系统的数据关联
- 掌握不同类型采购业务的处理流程

能力目标：

- 能够正确处理不同类型的采购业务

案例导人

目前，华盛商贸存在不同类型的采购业务，如按订单采购、暂估入库、受托代销等，登录 U8 系统之后，是不是所有类型的采购业务都能被处理？

用友 U8 是全面综合了企业业务实践开发的通用管理软件，覆盖了企业常用的采购模式及业务类型。采购管理系统支持对普通采购、受托代销、直运业务等多种类型采购业务的处理，同时支持预付货款、货到立即付款、形成应付并定期付款等多种结算方式。

理论知识

4.1 了解采购管理系统

4.1.1 采购管理系统的主要功能

采购是企业业务处理的起点，用友 U8 采购管理系统可以对请购、订货、到货、入库、开票、采购结算的完整采购流程进行管理。采购管理系统包括以下主要功能。

1. 供应商管理

加强对供应商的管理，有利于企业建立长期稳定的采购渠道，降低采购成本，确保供货质量。供应商管理既包括对采购系统的供应商管理，还包括对委外系统的供应商管理。

对供应商的管理包括供应商资格审批、供应商供货审批、供应商存货对照表、供应商存货价格表以及供应商分析。

2. 采购价格管理

通过采购比价、最高进价控制等手段对采购价格进行严格管理，为企业降低采购成本提供依据。

3. 采购物流管理

企业可以根据请购单、销售订单生成采购订单，也可以手工输入采购订单；可以根据采购订单生成采购到货单，也可以在收到采购货物时直接输入采购到货单；质量检验部门对货物验收后，在库存管理系统中填制采购入库单，或者根据采购到货单生成采购入库单。企业接收到供应商开具的采购发票后，直接将采购发票与采购入库单进行采购结算，核算采购入库成本。

4. 采购资金流管理

企业收到供应商开具的采购发票后，由采购人员进行复核，之后在应付款管理系统中可以审核应付单据，确认应付款，并向供应商支付货款。

5. 采购执行情况分析

企业可以对采购订单的执行情况进行分析，便于分清责任，及时发现、解决采购过程中出现的问题，以便及时组织采购，保证生产顺利进行，并能保持较低的库存，为降低成本提供保证。

4.1.2　采购管理系统与 U8 供应链其他子系统的数据关系

采购管理系统既可以单独使用，也可以与用友 U8 中的库存管理、存货核算、销售管理、应付款管理等系统集成使用。采购管理系统与 U8 其他子系统的数据关系如图 4-1 所示。

采购管理系统可参照销售管理系统的销售订单生成采购订单，在直运业务必有订单模式下，直运采购订单必须参照直运销售订单生成，直运采购发票必须参照直运采购订单生成；如果在直运业务非必有订单模式下，那么直运采购发票和直运销售发票可相互参照。

库存管理系统可以参照采购管理系统的采购订单、采购到货单生成采购入库单，并将入库情况反馈到采购管理系统。

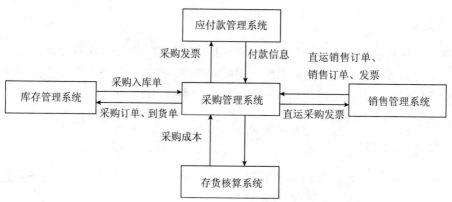

图 4-1　采购管理系统与 U8 其他子系统的主要关系

采购发票在采购管理系统中录入后，在应付款管理系统中审核登记应付明细账，进行制单生成凭证。在应付款管理系统中进行付款并在核销相应应付单据后回写付款核销信息。

直运采购发票在存货核算系统中进行记账、登记存货明细表，并制单生成凭证。采购结算单在存货核算系统进行制单生成凭证，存货核算系统为采购管理系统提供采购成本。

4.2　采购管理业务类型及处理

根据采购业务的不同特征，企业应用可分为五种采购业务类型：普通采购业务、代管采购业务、受托代销业务、直运业务和固定资产采购业务。

4.2.1　普通采购业务处理

普通采购业务适用于一般工商企业的采购业务，提供对采购请购、比价、订货、到货处理、入库处理、采购发票、采购结算全过程的管理。

1. 普通采购业务处理流程

普通采购业务流程如图 4-2 所示。

1) 采购请购

采购请购是指企业内部各部门向采购部门提出采购申请，由采购部门汇总企业内部采购需求列出采购清单。请购是采购业务处理的起点，可以依据审核后的采购请购单生成采购订单。在采购业务流程中，请购环节是可省略的。

2) 采购订货

采购订货是指企业与供应商签订采购合同或采购协议，确定要货需求。供应商根据采购订单组织货源，企业依据采购订单进行验收。在采购业务流程中，订货环节是可选的。

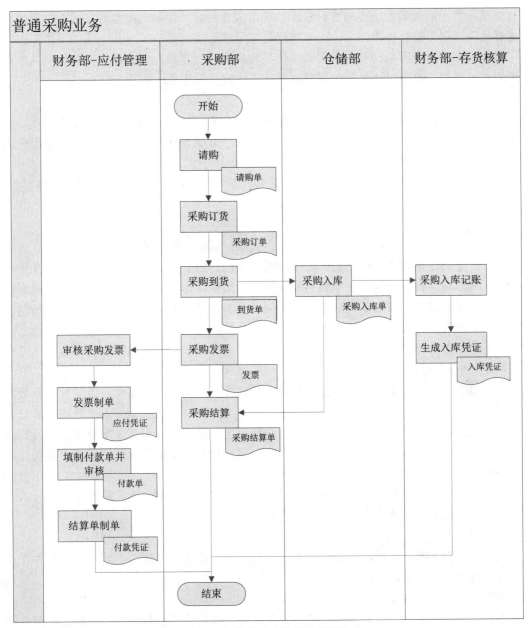

图 4-2 普通采购业务处理流程

3) 采购到货

采购到货是采购订货和采购入库的中间环节，一般由采购业务员根据供货方通知或送货单填写到货单，确定对方所送货物、数量、价格等信息，并传递到仓库作为保管员收货的依据。在采购业务流程中，到货处理是可选的。

4) 采购入库

采购入库是指对供应商提供的物料进行检验(也可以免检)并确定合格后，放入指定仓库的业务。当采购管理系统与库存管理系统集成使用时，采购入库业务在库存管理系统中进行处理。当采购管理系统不与库存管理系统集成使用时，采购入库业务在采购管理系统中进行处理。在采购业务流程中，入库处理是必须进行的。

采购入库单是仓库管理员根据采购到货签收的实收数量填制的入库单据。采购入库单既可以直接填制，也可以通过复制采购订单或采购到货单生成。

5) 采购发票

采购发票是供应商开出的销售货物的凭证，采购系统根据采购发票确定采购成本，并据此登记应付账款。采购发票按业务性质可分为蓝字发票和红字发票；按发票类型可分为增值税专用发票、普通发票和运费发票。

采购发票既可以直接填制，也可以从"采购订单""采购入库单"或其他的"采购发票"复制生成。

6) 采购结算

采购结算也称采购报账。在手工业务中，采购结算的过程是采购业务员拿着经主管领导审批过的采购发票和仓库确定的入库单到财务部门，由财务人员确定采购成本。在采购系统中，采购结算根据采购入库单和采购发票确定采购成本。采购结算的结果是生成采购结算单，它是记载采购入库单与采购发票对应关系的结算对照表。采购结算分为自动结算和手工结算两种方式。

自动结算是由计算机系统自动将相同供货单位的、存货相同且数量相等的采购入库单和采购发票进行结算。

手工结算可以进行正数入库单与负数入库单结算、正数发票与负数发票结算、正数入库单与正数发票结算，以及费用发票单独结算。手工结算时可以先结算入库单中的部分货物，未结算的货物可以在今后取得发票后再结算，也可以同时对多张入库单和多张发票进行报账结算。手工结算还支持到下级单位采购、付款给其上级主管单位的结算，并支持三角债结算(即甲单位的发票可以结算乙单位的货物)。

在实际工作中，有时费用发票在货物发票已经结算后才收到，为了将该笔费用计入对应存货的采购成本，需要采用费用发票单独结算的方式。

7) 入库记账

仓管员办理采购入库后，需要及时入账以反映库存数量的变化。采购入库单记账在存货核算系统中进行，之后生成入库凭证。

8) 确认应付及付款处理

收到供应商提供的购货发票后，经应付会计审核确认形成企业的应付账款。按照合同中的付款约定，可以货到即付或者定期与供应商进行付款结算。

2. 普通采购业务类型

按货物和发票到达的先后顺序，可将普通采购业务分为单货同行、货到票未到(暂估入库)、票到货未到(在途存货)三种类型，不同的业务类型对应的处理方式也不同。

1) 单货同行的采购业务

单货同行是指货物与发票同时到达的采购业务。伴随采购过程的进行而形成的物流、资金流及最终的财务核算凭证如图 4-3 所示。

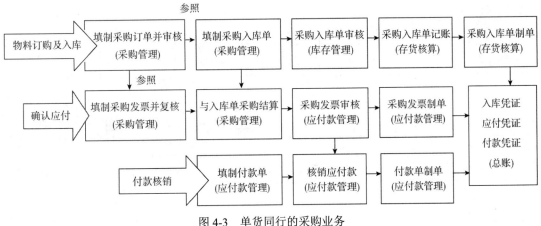

图 4-3 单货同行的采购业务

2) 货到票未到(暂估入库)业务

暂估入库是指本月存货已经入库，但采购发票尚未收到，不能确定存货的入库成本。月底时为了正确核算企业的库存成本，需要将这部分存货暂估入账，形成暂估凭证。对暂估入库业务，系统提供了以下三种不同的处理方法。

(1) 月初回冲。

进入下月后，存货核算系统自动生成与暂估入库单完全相同的"红字回冲单"，同时登录相应的存货明细账，冲回存货明细账中上月的暂估入库。对"红字回冲单"制单，冲回上月的暂估凭证。

收到采购发票后，录入采购发票，对采购入库单和采购发票做采购结算。结算完毕后，进入存货核算系统，执行"暂估处理"功能。进行暂估处理后，系统根据发票自动生成一张"蓝字回冲单"，其上的金额为发票上的报销金额。同时登记存货明细账，使库存增加。对"蓝字回冲单"制单，生成采购入库凭证。

(2) 单到回冲。

下月初不做处理，采购发票收到后，先在采购管理系统中录入并进行采购结算，再到存货核算中进行"暂估处理"，系统自动生成"红字回冲单""蓝字回冲单"，同时据以登记存货明细账。"红字回冲单"的入库金额为上月暂估金额，"蓝字回冲单"的入库金额为发票上的报销金额。执行"存货核算"|"生成凭证"命令，选择"红字回冲单""蓝字回冲单"制单，生成凭证，传递到总账。

(3) 单到补差。

下月初不做处理，采购发票收到后，先在采购管理系统中录入并进行采购结算，再到存货核算中进行"暂估处理"。如果报销金额与暂估金额的差额不为零，则产生调整单，一张采购入库单生成一张调整单，用户确定后，自动记入存货明细账；如果差额为零，则不生成调整单。最后对"调整单"制单，生成凭证，传递到总账。

以单到回冲为例，暂估业务处理流程如图 4-4 所示。

对于暂估业务要注意的是，在月末暂估入库单记账前，要对所有的没有结算的入库单填入暂估单价，然后才能记账。

当月，货到票未到：

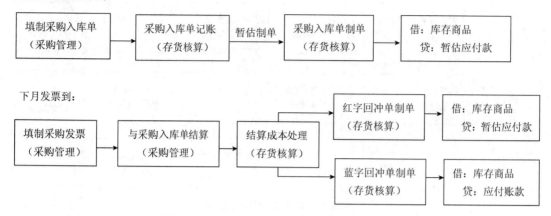

图 4-4　暂估业务处理流程

3) 票到货未到(在途存货)业务

如果先收到了供货单位的发票，而没有收到供货单位的货物，可以对发票进行压单处理，待货物到达后，再一并输入 U8 系统做报账结算处理。如果需要实时统计在途货物，就必须将发票输入 U8 系统，待货物到达后，再填制入库单并做采购结算。

4.2.2　受托代销采购业务处理

受托代销是一种先销售后结算的采购模式，适用于有受托代销业务的商业企业、医药流通企业。其他企业委托本企业代销其商品，代销商品的所有权仍归委托方；代销商品销售后，本企业就已售出部分商品与委托方进行结算时，由对方开具正式的销售发票，商品所有权转移。

对受托方而言，受托代销业务有两种常见的核算方法：一种是收取手续费方式；另一种是视同买断方式。本书受托代销采购采用买断方式。

视同买断方式下，受托方在销售代销商品时有独立销售定价权，可以在与委托方结算价格的基础上加价销售，以赚取差价。因此，受托方销售时需要确认主营业务收入和主营业务成本。视同买断方式下受托方的核算流程和账务处理如下。

1. 收到代销商品

受托方在收到代销商品时，在库存管理系统中录入采购入库单(入库类型为受托代销)，在存货核算系统中执行正常单据记账并生成凭证。会计分录如下。

借：受托代销商品　　　　入库数量×结算价
　　贷：受托代销商品款　　　入库数量×结算价

在没有结算价的情况下，受托方可以暂估金额入账，待与委托方结算后，再调整结算价与暂估价之间的差异。U8 中对受托代销业务暂估处理只能采用单到补差方式，在存货核算系统中进行结算成本处理后，系统自动生成入库调整单，调整结算价与暂估价之间的差异。

2. 售出代销商品

受托方按照自行定价实现销售后向委托方开具销售清单，委托方根据销售清单开具销售发票，受托方取得发票后在采购管理系统中进行受托代销结算。受托代销发票自动传递到应付款管理系统，经审核后即可确认应付账款；受托代销结算单则传递到存货核算系统，待结算成本处理后生成入库调整单，再根据入库调整单生成入库调整凭证。

根据销售发票确认收入：

借：应收账款(或银行存款)   售出数量×自行定价×1.13

  贷：主营业务收入   售出数量×自行定价

    应交税费——应交增值税——销项税额 售出数量×自行定价×0.13

根据销售出库单结转销售成本：

借：主营业务成本   售出数量×结算价

  贷：受托代销商品   售出数量×结算价

根据采购专用发票确认应付：

借：受托代销商品款

  应交税费——应交增值税——进项税额

  贷：应付账款

根据入库调整单生成凭证(结算单价<入库单价时，为红字凭证)：

借：受托代销商品

  贷：受托代销商品款

4.2.3　采购退货处理

由于材料质量不合格、企业转产等原因，企业可能发生退货业务。针对退货业务发生的不同时机，系统采用了不同的解决方法。

1. 货虽收到，但未办理入库手续

如果尚未录入采购入库单，此时只要把货退还给供应商即可，U8系统中不用做任何处理。

2. 从入库单角度来看，分为入库单未记账和入库单已记账两种情况

1) 入库单未记账

入库单未记账即已经录入"采购入库单"，但尚未记入存货明细账。此时又分为如下三种情况。

(1) 未录入"采购发票"。

如果是全部退货，可删除"采购入库单"；如果是部分退货，可直接修改"采购入库单"。

(2) 已录入"采购发票"但未结算。

如果是全部退货，可删除"采购入库单"和"采购发票"；如果是部分退货，可直接修

改"采购入库单"和"采购发票"。

(3) 已经录入"采购发票"并执行了采购结算。

若结算后的发票没有付款，此时可取消采购结算，再删除或修改"采购入库单"和"采购发票"；若结算后的发票已付款，则必须录入退货单。

2) 入库单已记账

此时无论是否录入"采购发票"，"采购发票"是否结算，结算后的"采购发票"是否付款，都需要录入退货单。

3. 从采购发票角度来看，分为采购发票未付款和采购发票已付款两种情况

1) 采购发票未付款

当入库单尚未记账时，可直接删除"采购入库单"和"采购发票"，已结算的"采购发票"需先取消结算再删除。当入库单已经记账时，必须录入退货单。

2) 采购发票已付款

此时无论入库单是否记账，都必须录入退货单。

4.2.4 其他类型采购业务处理

企业采购业务除了普通采购业务及受托代销采购业务之外，还有直运业务、代管采购和固定资产采购。

1. 直运业务

直运业务是指产品无须入库即可完成购销业务。当客户要货时，企业填制销售单，然后根据销售单直接向供应商订货。货物由供应商直接发给客户。结算时，企业与供应商和客户分别进行结算。

2. 代管业务

代管采购是一种新的采购模式。该模式的主要特点是：企业替供应商保管其提供的物料，先使用物料，然后根据实际使用定期汇总、挂账，最后根据挂账数与供应商进行结算、开票以及后续的财务支付。

3. 固定资产采购

企业的固定资产采购业务也可以通过采购管理系统实现对采购流程的管理。由采购管理支持前期的订货、到货、入库环节，入库之后通过固定资产系统登记固定资产账，通过应付款管理系统实现对固定资产采购过程中发生的应付账款的管理。

本章重点讲述普通采购业务和受托代销业务。代管业务的实际业务流程与普通采购相似，也有订货、到货、入库、开票、结算等环节，不同之处主要是体现在结算上，即"先使用后结算"，本章不做讨论。由于直运业务是从销售环节发起，因此合并在销售管理一章再行介绍。

4.3 重点难点解析

4.3.1 采购运费处理

U8 中的采购发票按业务性质分为蓝字发票和红字发票；按发票类型分为增值税专用发票、普通发票和运费发票。

- 增值税专用发票：增值税专用发票扣税类别默认为应税外加，不可修改。
- 普通发票：普通发票包括普通发票、废旧物资收购凭证、农副产品收购凭证、其他收据，其扣税类别默认为应税内含，不可修改。普通发票的默认税率为 0，可修改。
- 运费发票，运费主要是指向供货单位或提供劳务单位支付的代垫款项、运输装卸费、手续费、违约金(延期付款利息)、包装费、包装物租金、储备费、进口关税等。运费发票的单价、金额都是含税的，运费发票的默认税率为 7%，可修改。

如今，交通运输业已经全面实行"营改增"，交通运输行业一般纳税人增值税税率为 9%，小规模纳税人增值税税率为 3%。针对以上新情况，可在 U8 系统中将 9% 运费和 3% 运费建立存货档案，用 U8 系统中的采购专用发票处理运费即可。

4.3.2 采购过程中的溢余短缺处理

在企业的采购业务中，由于运输、装卸等原因，采购的货物会发生短缺毁损，应根据不同情况，进行相应的账务处理。

采购入库单与采购发票结算时，如果入库单上的存货数量与发票上的存货数量不一致，即发生了存货的溢余或短缺。

若入库数量大于发票数量，需要在发票的附加栏"合理损耗数量""非合理损耗数量""非合理损耗金额"中输入溢余数量、溢余金额，且数量、金额均为负数。系统把多余数量按赠品处理，结果是降低了入库货物的单价。

若入库数量小于发票数量，那么还要分析是合理损耗还是非合理损耗。经分析，如果确定其为合理损耗，则直接记入采购成本，即相应提高入库货物的单位成本。如果确定为非合理损耗，则根据事先定义的非合理损耗类型正确进行核算及处理。结算时，在发票的附加栏"合理损耗数量""非合理损耗数量""非合理损耗金额"中输入短缺数量、短缺金额，数量、金额均为正数。

总之，采购结算时，入库货物的发票数量＝结算数量＋合理损耗数量＋非合理损耗数量。

4.3.3 采购付款结算的几种情况

按照收到供应商发票与付款时间不同，付款结算分为预付货款、货到即付(即现付)和形成应付三种情况。U8 提供对这三种情况的支持。

对于紧俏物资,供应商可能要求企业预付货款或支付部分订金,待开票结算时可先用预付款冲部分应付,再支付余款。

货到即付是指收到供应商的货物和发票时立即付款,从账务处理上不再走应付账款过渡科目。

形成应付是先根据发票确认应付账款,过后再根据合同或定期向供应商支付货款。

实践应用

实验一　普通采购业务

📢 实验目的

1. 了解 U8 普通采购业务的流程。
2. 了解普通采购业务的三种类型。
3. 掌握普通采购业务的处理方法。

📢 实验内容

1. 单货同行的采购业务。
2. 暂估入库结算业务。
3. 账套输出。

📢 实验准备

引入"3-2 财务子系统初始化"账套数据。

📢 实验资料

1. 第 1 笔采购业务

2021 年 1 月 1 日,采购部张炎向上海耀华科技股份有限公司提出采购请求,请求采购华星 128G 平板电脑 100 部,报价 2400 元/部;华星 32G 平板电脑 200 部,报价 2000 元/部。需求日期为 2021 年 1 月 3 日。

2021 年 1 月 1 日,上海耀华科技股份有限公司同意采购请求,但要求修改采购价格。经协商,本公司同意对方提出的订购价格:华星 128G 平板电脑 2500 元/部,并与对方签订订货合同，商定本月 3 日到货。

2021 年 1 月 3 日，采购部收到上海耀华科技股份有限公司发来的平板电脑和专用发票，发票号为 ZY4101。发票载明华星 128G 平板电脑 100 部，单价为 2500 元；华星 32G 平板电脑 200 部，单价为 2000 元。经检验质量全部合格，入电脑仓。财务部门确认该笔采购业务入库成本和应付款项。

2021 年 1 月 3 日，财务部门开出转账支票，金额为 720 000 元，支付上述部分货款。

2. 暂估入库的采购业务

2021 年 1 月 3 日，收到上海耀华科技股份有限公司开具的 2020 年 12 月 8 日已入库平板电脑的专用发票，发票号为 ZY4102。发票上载明华星 128G 平板电脑 60 部，单价为 2450 元，进行结算成本处理。财务部门当即电汇了全部货款 166 100 元。

📢 实验要求

以账套主管"101 周健"的身份进行采购业务处理。

📢 操作指导

1. 第 1 笔采购业务

业务特征：单货同行、涵盖采购业务全流程、支付部分货款。

本笔业务是单货同行的采购业务，涵盖了请购、订货、到货、采购入库、采购发票、采购结算、确认应付直至付款核销的全过程。

1）采购请购 **（微课视频：WZ04010101)**

① 在企业应用平台业务工作中，执行"供应链"|"采购管理"命令，进入采购管理系统。

② 执行"请购"|"请购单"命令，进入"采购请购单"窗口。

③ 单击"增加"按钮，选择业务类型为"普通采购"，修改采购日期为"2021-01-01"，请购部门为"采购部"，请购人员为"张炎"，采购类型为"商品采购"。存货名称选择"001 华星 128G"，在"数量"栏输入"100"，在"本币单价"栏输入"2400"，需求日期为"2021-01-03"，供应商为"耀华"。

④ 继续输入"002 华星 32G"的需求信息，单击"保存"按钮，如图 4-5 所示。

⑤ 单击"审核"按钮，审核该请购单。

✍ **提示**：- -

- 审核后的请购单不能直接修改。如果要修改审核后的请购单，需要先"弃审"，再"修改"，修改后单击"保存"按钮确认并保存修改信息。

- 没有审核的请购单可以直接删除；已经审核的请购单需要先"弃审"，然后才能"删除"。

- 要查询采购请购单，可以查看"请购单列表"。在列表中，双击需要查询的单据，可以打开该请购单，也可以在此执行"弃审""删除"操作。

- 进行日常业务处理时，系统日期修改为 1 月 31 日。进行每一笔业务处理时，需要按业务发生日期重新注册，以业务真实发生日期进入系统，保持单据的审核日期与业务发生日期一致。

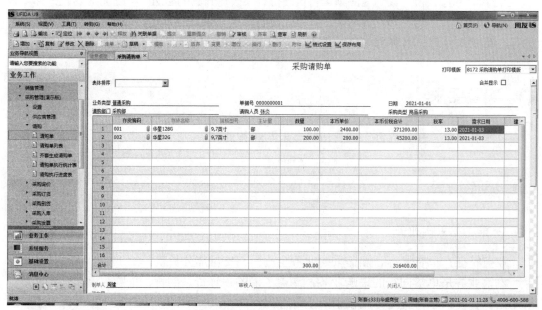

图 4-5 采购请购单

2) 采购订货 **(微课视频：WZ04010102)**

本笔业务需要录入采购订单。采购订单可以直接输入，也可以根据请购单生成。本例参照请购单生成采购订单。

① 在采购管理系统中，执行"采购订货"|"采购订单"命令，进入"采购订单"窗口。

② 单击"增加"按钮，单击"生单"旁的下拉按钮打开可选列表，选择"请购单"，打开"查询条件选择"对话框，单击"确定"按钮，进入"拷贝并执行"窗口。

③ 单击"全选"按钮，如图 4-6 所示。

④ 单击"OK 确定"按钮，将采购请购单相关信息带入采购订单。补充"部门"为"采购部"，业务员为"张炎"，修改原币单价信息：华星 128G 平板电脑 2500 元/部。完成后单击"保存"按钮，如图 4-7 所示。

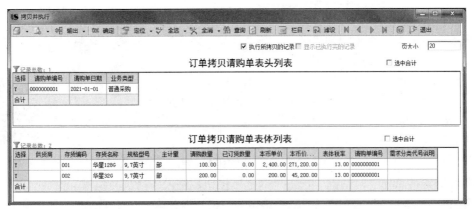

图4-6 "拷贝并执行"窗口

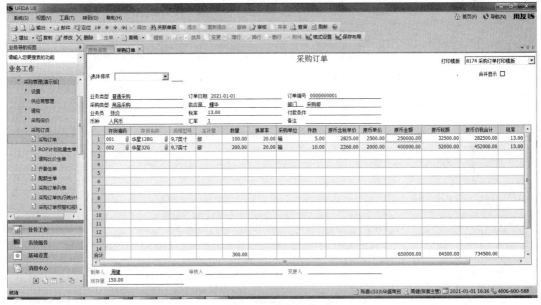

图4-7 采购订单

⑤ 单击"审核"按钮，审核采购订单。

提示：

- 在填制采购订单时，右击可以查看存货现存量。
- 参照采购请购单生成的采购订单信息可以修改。如果参照请购单生成的采购订单已经审核，则不能直接修改，需要先"弃审"再修改。
- 参照采购请购单生成的采购订单如果已经生成到货单或采购入库单，也不能直接修改、删除采购订单信息，需要将其下游单据删除后，才能修改。
- 如果需要查询采购订单，可以查看"采购订单列表"。

3) 采购到货、采购入库、结算及财务处理

本笔业务需要录入采购到货单、采购入库单和采购专用发票，也可以只录入采购入库单和采购专用发票，并进行采购结算。

(1) 采购到货。 **(微课视频：WZ0401010301)**

采购到货单可以直接录入，也可以参照采购订单生成。

① 在采购管理系统中，执行"采购到货" | "到货单"命令，进入"到货单"窗口。

② 单击"增加"按钮，单击"生单"旁的下拉按钮打开可选列表，选择"采购订单"，打开"查询条件选择"对话框。单击"确定"按钮，进入"拷贝并执行"窗口。

③ 单击"全选"按钮，单击"OK 确定"按钮，将采购订单相关信息带入采购到货单。

④ 修改相关信息后，单击"保存"按钮，保存到货单，如图 4-8 所示。

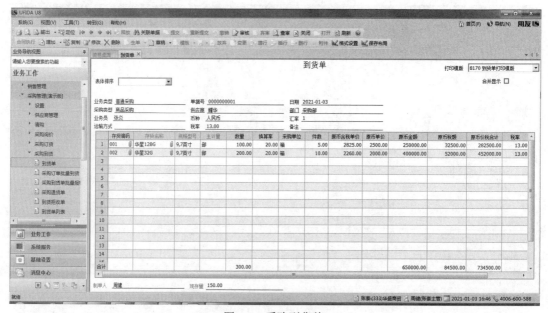

图 4-8 采购到货单

⑤ 单击"审核"按钮，审核到货单。

提示：

- 采购到货单可以手工录入，也可以参照采购订单生成。
- 如果采购到货单与采购订单信息有差别，可以直接据实录入到货单信息，或者直接修改生成的到货单信息，再单击"保存"按钮确认修改的到货单。
- 没有生成下游单据的采购到货单可以直接删除。
- 已经生成下游单据的采购到货单不能直接删除，需要先删除下游单据后，才能删除采购到货单。

(2) 采购入库。 **(微课视频：WZ0401010302)**

当采购管理系统与库存管理系统集成使用时，采购入库单只能在库存系统中输入或生成，可以直接录入，也可以根据采购到货单、采购订单自动生成。如果采购管理系统不与库存管理系统集成使用，则采购入库业务在采购管理系统中进行处理。

① 在库存管理系统中，执行"入库业务"|"采购入库单"命令，进入"采购入库单"窗口。

② 单击"生单"按钮，选择"采购到货单(蓝字)"，打开"查询条件选择"对话框，单击"确定"按钮，进入"到货单生单列表"窗口，单击"全选"按钮，如图 4-9 所示。

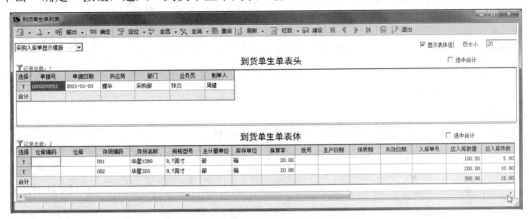

图 4-9 "到货单生单列表"窗口

③ 单击"OK 确定"按钮，将到货单相关信息带入采购入库单。补充选择仓库"01 电脑仓"，单击"保存"按钮，如图 4-10 所示。

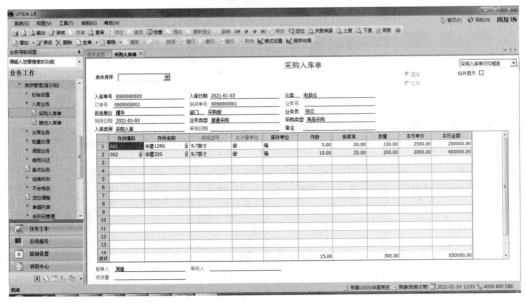

图 4-10 采购入库单

④ 单击"审核"按钮，系统弹出"该单据审核成功!"信息提示框。单击"确定"按钮返回。

提示：

- 在库存管理系统中录入或生成的采购入库单，可以在采购管理系统中查看，但不能修改或删除。
- 在采购入库单窗口，单击"增加"按钮，可以直接录入采购入库单信息。
- 如果在采购选项中设置了"普通业务必有订单"，则采购入库单不能手工录入，只能参照生成。如果需要手工录入采购入库单，则需要先取消"普通业务必有订单"选项。
- 参照上游单据生成下游单据后，上游单据不能直接修改、弃审。删除下游单据后，其上游单据才能执行"弃审"操作，弃审后才能修改。
- 要查询采购入库单，可以在采购系统中查看"采购入库单列表"。

(3) 填制采购发票。 **(微课视频：WZ0401010303)**

收到供应商开具的增值税专用发票，需要在采购管理系统中录入采购专用发票，或根据采购订单或采购入库单生成采购专用发票。如果收到供应商开具的普通发票，则录入或生成普通发票。

① 在采购管理系统中，执行"采购发票"|"专用采购发票"命令，进入"专用发票"窗口。

② 单击"增加"按钮，单击"生单"按钮，选择"入库单"，打开"查询条件选择"对话框，单击"确定"按钮，进入"拷贝并执行"窗口。双击所要选择的采购入库单，"选择"栏显示"Y"，如图 4-11 所示。

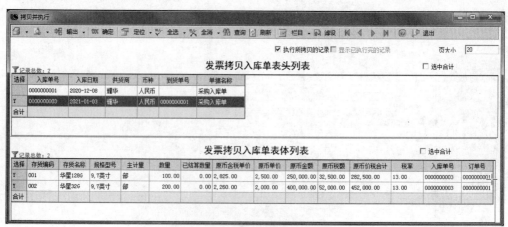

图 4-11 参照入库单生成发票

③ 单击"OK 确定"按钮，系统将采购入库单相关信息带到采购专用发票。

④ 补充输入发票号"ZY4101"，单击"保存"按钮，保存参照采购入库单生成的采购

专用发票，如图 4-12 所示。

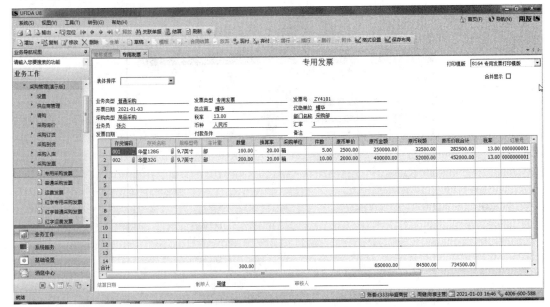

图 4-12　采购专用发票

提示：

- 采购发票可以手工输入，也可以根据采购订单、采购入库单参照生成。
- 如果在采购选项中设置了"普通采购必有订单"，则不能手工录入采购发票，只能参照生成采购发票。如果需要手工录入，则需要先取消"普通业务必有订单"选项。
- 如果要录入采购专用发票，需要先在基础档案中设置有关开户银行信息，否则只能录入普通发票。
- 采购专用发票中的表头税率是根据专用发票默认税率带入的，可以修改。采购专用发票的单价为无税单价，金额为无税金额，税额等于无税金额与税率的乘积。
- 普通采购发票的表头税率默认为 0，运费发票的税率默认为 9%，可以进行修改；普通发票、运费发票的单价为含税单价，金额为价税合计。
- 如果收到供应商开具的发票但没有收到货物，可以对发票压单处理，待货物运达后，再输入采购入库单并进行采购结算；也可以先将发票输入系统，以便实时统计在途物资。
- 在采购管理系统中可以通过查看"采购发票列表"查询采购发票。

(4) 采购结算。　**(微课视频：WZ0401010304)**

采购结算就是采购报账，是指采购人员根据采购入库单、采购发票核算采购入库成本。采购结算生成采购结算单，它是记载采购入库单记录与采购发票记录对应关系的结算对照表。采购结算分为自动结算和手工结算。

采购自动结算是由系统自动将符合条件的采购入库单记录和采购发票记录进行结算。系统按照 3 种结算模式进行自动结算：入库单和发票结算、红蓝入库单结算、红蓝发票结算。

① 在采购管理系统中，执行"采购结算"|"自动结算"命令，系统弹出"查询条件选择—采购自动结算"对话框，选择结算模式为"入库单和发票"，如图 4-13 所示。

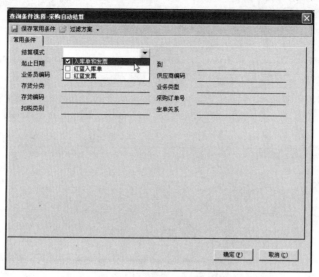

图 4-13　选择自动结算模式

② 单击"确定"按钮，系统自动进行结算。如果存在完全匹配的记录，则系统弹出"结算成功"信息提示对话框，单击"确定"按钮返回。如果不存在完全匹配的记录，则系统弹出"状态：没有符合条件的红蓝入库单和发票。"信息提示框。

提示：

如果采购发票参照采购入库单生成，那么在发票界面单击"结算"按钮，也可以与采购入库单自动结算。

③ 执行"采购结算"|"结算单列表"命令，打开"查询条件选择—采购结算单"对话框，单击"确定"按钮，进入"结算单列表"窗口，在该窗口中可以查看到已结算的记录，如图 4-14 所示。

提示：

- 设置采购自动结算过滤条件时，存货分类与存货是互斥的，即同时只能选择一个条件进行过滤。
- 结算模式为复选，可以同时选择一种或多种结算模式。
- 执行采购结算后的单据不能进行修改、删除操作。
- 如果需要删除已经结算的发票或采购入库单，可以在"结算单列表"中打开该结算单并删除，这样才能对采购发票或采购入库单执行相关的修改、删除操作。

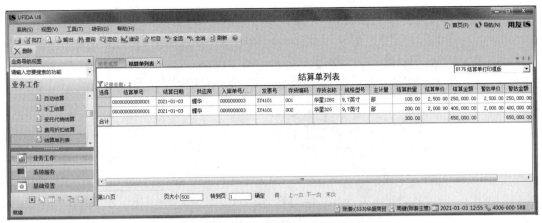

图 4-14 结算单列表

(5) 入库单据记账。 **(微课视频：WZ0401010305)**

入库单据记账即将采购入库单登记存货明细账、差异明细账/差价明细账。

① 在存货核算系统中，执行"业务核算"|"正常单据记账"命令，打开"查询条件选择"对话框。

② 单击"确定"按钮，打开"正常单据记账列表"窗口，如图 4-15 所示。

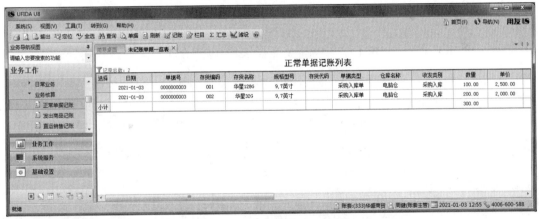

图 4-15 正常单据记账列表

③ 单击"全选"按钮。单击"记账"按钮，系统弹出"记账成功。"信息提示框，单击"确定"按钮返回。

④ 退出正常单据记账窗口。

(6) 生成入库凭证。 **(微课视频：WZ0401010306)**

商品入库后，企业资产发生变化，财务核算上应有所体现。

① 执行"财务核算"|"生成凭证"命令，进入"生成凭证"窗口。

② 单击"选择"按钮，打开"查询条件"对话框。单击"全消"按钮，再选中"(01)采购入库单(报销记账)"复选框，如图 4-16 所示。

③ 单击"确定"按钮，打开"未生成凭证单据一览表"窗口，如图 4-17 所示。

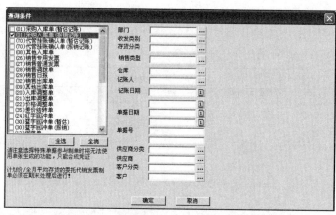

图 4-16　选择采购入库单(报销记账)

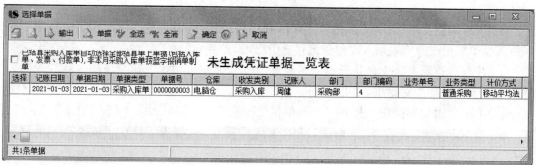

图 4-17　"未生成凭证单据一览表"窗口

④ 单击记录的"选择"栏或单击"全选"按钮,选中待生成凭证的单据,单击"确定"按钮,进入"生成凭证"窗口。

⑤ 选择"记账凭证",如图 4-18 所示。

图 4-18　生成凭证

⑥ 单击"生成"按钮,生成一张记账凭证。修改凭证日期为"2021-01-03"。单击"保存"按钮,如图 4-19 所示。关闭填制凭证窗口和生成凭证窗口。

(7) 财务部门确认应付账款。　　(微课视频:WZ0401010307)

采购结算后的发票会自动传递到应付款管理系统,需要在应付款管理系统中审核确认后进行制单,形成应付账款并传递给总账系统。

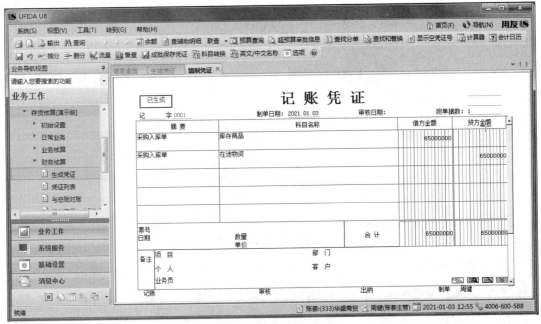

图 4-19　商品入库的记账凭证

① 进入应付款管理系统，执行"应付单据处理"|"应付单据审核"命令，打开"应付单查询条件"对话框。单击"确定"按钮，进入"单据处理"窗口，如图 4-20 所示。

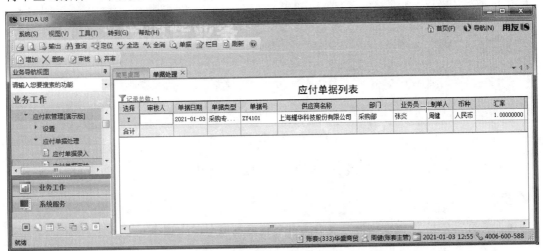

图 4-20　应付单据审核

② 单击"选择"栏或单击"全选"按钮，单击"审核"按钮，系统弹出审核成功信息提示框，单击"确定"按钮返回。

③ 执行"制单处理"命令，打开"制单查询"对话框，选择"发票制单"复选框，如图 4-21 所示。

④ 单击"确定"按钮，进入"采购发票制单"窗口。

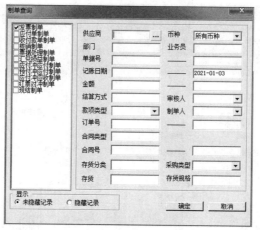

图 4-21 选择发票制单

⑤ 单击"全选"按钮，选中要制单的"采购专用发票"，如图 4-22 所示。

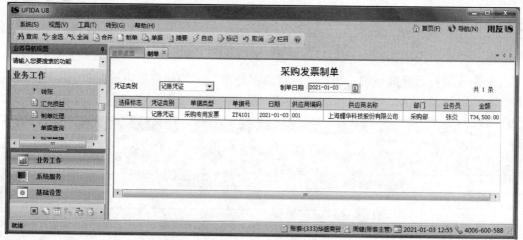

图 4-22 "采购发票制单"窗口

⑥ 单击"制单"按钮，生成一张记账凭证，单击"保存"按钮，如图 4-23 所示。

提示：

- 只有采购结算后的采购发票才能自动传递到应付款管理系统，并且需要在应付款管理系统中审核确认，才能形成应付账款。
- 在应付款管理系统中可以根据采购发票制单，也可以根据应付单或其他单据制单。
- 在应付款管理系统中可以根据一条记录制单，也可以根据多条记录合并制单，用户可以根据选择的制单序号进行处理。
- 可以在采购结算后针对每笔业务立即制单，也可以月末再批量制单。
- 采购发票需要在存货核算系统中记账。但可以在采购发票记账前制单，也可以在采购发票记账后再制单。

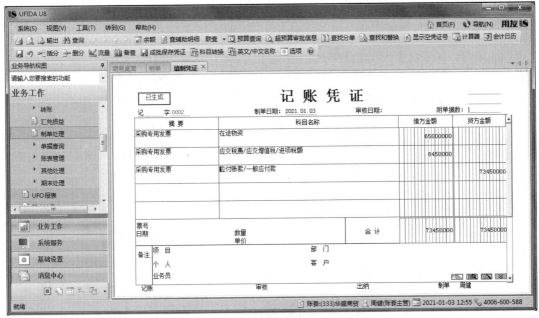

图 4-23　采购发票制单生成应付凭证

4) 付款及核销处理　**(微课视频：WZ04010104)**

① 在应付款管理系统中，执行"付款单据处理"|"付款单据录入"命令，进入"收付款单录入"窗口。

② 单击"增加"按钮，输入付款单各项信息，单击"保存"按钮，如图 4-24 所示。

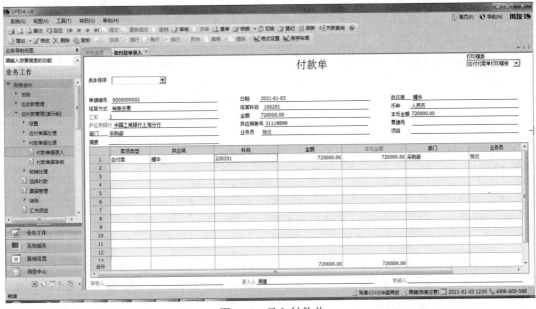

图 4-24　录入付款单

③ 单击"审核"按钮,系统弹出"是否立即制单?"信息提示框。单击"是"按钮,进入"填制凭证"窗口。

④ 单击"保存"按钮,凭证左上角显示"已生成",结果如图 4-25 所示。关闭填制凭证窗口。

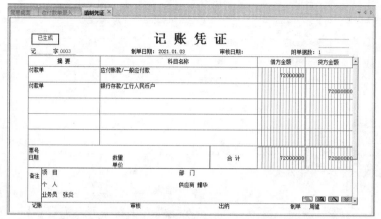

图 4-25　付款凭证

⑤ 在收付款单录入界面,单击"核销"按钮,打开"核销条件"对话框。单击"确定"按钮,进入"单据核销"窗口。

⑥ 在窗口下方采购专用发票记录行的"本次结算"栏输入"720 000",结果如图 4-26所示。单击"保存"按钮,本行记录原币余额显示"14 500"。

图 4-26　核销部分应付款

提示:

● 单据核销的作用是处理付款核销应付款,建立付款与应付款的核销记录,监督应付款及时核销,加强往来款项的管理。

● 根据付款金额不同,核销分为 3 种情况:如果付款单的金额等于应付单据的金额,付款单与应付单据完全核销;如果付款单的金额小于应付单据的金额,单据仅得到部分核销;如果付款单的金额大于应付单据的金额,那么核销完应付单据之后,余款会形成预付款。

2. 第2笔采购业务

业务特征：暂估入库、现付结算。

该笔业务是单到回冲的暂估入库业务。上月已验收入库，月底未收到发票，暂估入账。本月收到发票，发票上单价2450元与上月入库暂估单价2500元不同。需要输入(参照生成)采购发票，执行采购结算，进行暂估处理，确认采购成本，货款现付。

1) 录入采购发票并现付　**(微课视频：WZ04010201)**

① 在采购管理系统中，执行"采购发票"|"专用采购发票"命令，进入"专用发票"窗口。

② 单击"增加"按钮，单击"生单"旁的下拉按钮，从列表中选择"入库单"，打开"查询条件选择"对话框。起始日期为"2020-12-01"，单击"确定"按钮进入"拷贝并执行"窗口。选中要参照的"2020-12-08"入库单，单击"OK 确定"按钮，将入库单相关信息带入采购专用发票。

③ 补充输入发票号"ZY4102"，修改原币单价为"2450"，单击"保存"按钮，结果如图4-27所示。

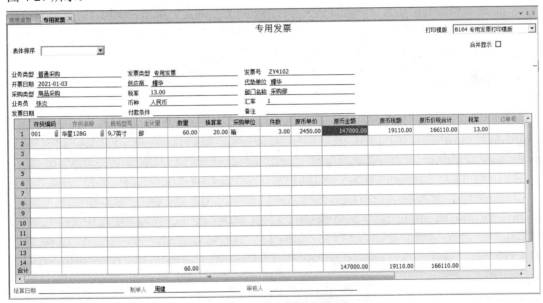

图4-27　正式采购专用发票

④ 单击"现付"按钮，打开"采购现付"对话框，输入结算方式(电汇)和金额(166 110)，结果如图4-28所示。

⑤ 确认所有付款信息后，单击"确定"按钮，系统在专用发票上打上了红色的"已现付"标记。

2) 进行采购结算　**(微课视频：WZ04010202)**

① 在采购管理系统中，执行"采购结算"|"手工结算"命令，进入"手工结算"窗口。

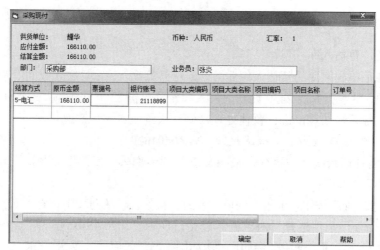

图 4-28　"采购现付"对话框

②　单击"选单"按钮，进入"结算选单"窗口。单击"查询"按钮，打开"查询条件选择"对话框，单击"确定"按钮，将入库单和发票带回结算选单窗口。

③　选择相应的采购入库单和采购发票，单击"OK确定"按钮，返回"手工结算"窗口，结果如图 4-29 所示。从图中可以看出，发票和入库单的结算数量均为"60"，入库单上的暂估单价为"2500"，发票上的单价为"2450"。

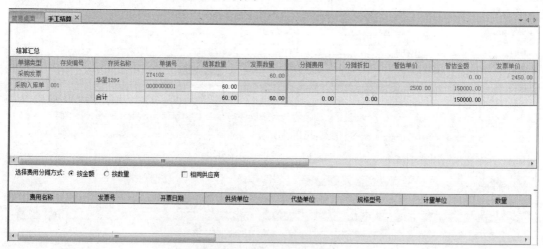

图 4-29　"手工结算"窗口

④　单击"结算"按钮，系统弹出"完成结算！"信息提示框，单击"确定"按钮返回。

3)　应付单据审核并制单　**(微课视频：WZ04010203)**

①　在应付款管理系统中，执行"应付单据处理"|"应付单据审核"命令，打开"应付单查询条件"对话框。

②　选中"包含已现结发票"复选框，如图 4-30 所示。单击"确定"按钮，进入"单据处理"窗口。

③　单击"全选"按钮，单击"审核"按钮，对采购专用发票进行审核。系统弹出审核

成功提示框，单击"确定"按钮返回。

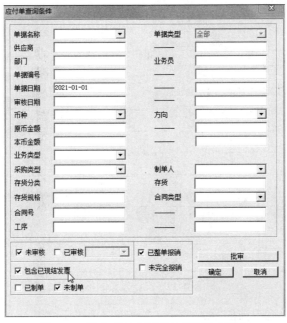

图 4-30 选中"包含已现结发票"复选框

④ 执行"制单处理"命令，打开"制单查询"对话框。选中"现结制单"复选框，如图 4-31 所示。

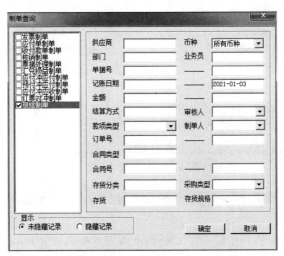

图 4-31 选中"现结制单"复选框

⑤ 单击"确定"按钮，进入"制单"窗口。单击"全选"按钮，选中要制单的单据，单击"制单"按钮，生成记账凭证，结果如图 4-32 所示。

4) 结算成本处理 **(微课视频：WZ04010204)**

① 在存货核算系统中，执行"业务核算"|"结算成本处理"命令，打开"暂估处理查询"对话框。

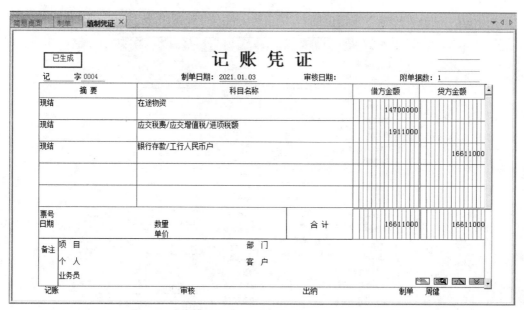

图 4-32　现结发票制单

② 选中"01 电脑仓"前的复选框,单击"确定"按钮,进入"结算成本处理"窗口。选中入库单号为"0000000001"的入库单,如图 4-33 所示。

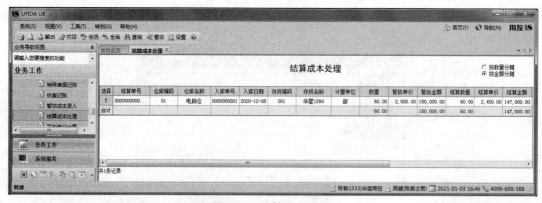

图 4-33　结算成本处理

③ 单击"暂估"按钮,系统弹出"暂估处理完成。"信息提示框,单击"确定"按钮返回。

5) 生成冲销上月暂估入账的红字凭证和正式的入库凭证 **(微课视频:**
WZ04010205)

① 在存货核算系统中,执行"财务核算"|"生成凭证"命令,进入"生成凭证"窗口。

② 单击"选择"按钮,打开"查询条件"对话框。

③ 单击"全消"按钮，再选中"(24)红字回冲单"和"(30)蓝字回冲单(报销)"复选框，单击"确定"按钮，进入"选择单据"窗口。单击"全选"按钮，单击"确定"按钮，返回"生成凭证"窗口，如图4-34所示。

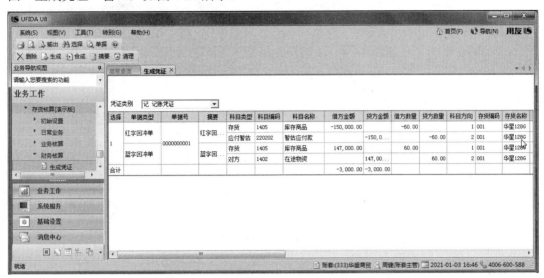

图4-34 生成凭证

④ 单击"生成"按钮，生成一张红字凭证，单击"保存"按钮，结果如图4-35所示。

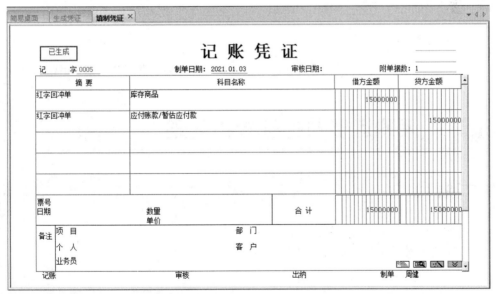

图4-35 冲销暂估入库的凭证

⑤ 单击"下张凭证"按钮 ➡，单击"保存"按钮，生成蓝字回冲单凭证，结果如图4-36所示。

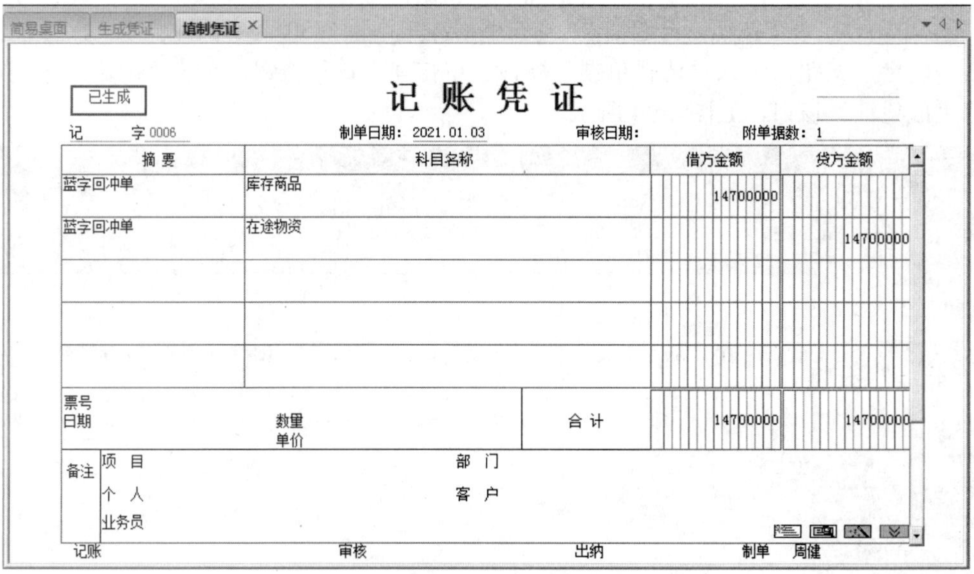

图 4-36　蓝字回冲单生成凭证

提示：

红字回冲单凭证上的金额与上月暂估入库金额一致。蓝字回冲单凭证上的金额与发票金额一致。

3. 账套输出

采购业务全部处理完成后，将账套输出至"4-1 普通采购业务"文件夹中。

实验二　采购运费与付款折扣处理

🔊 实验目的

1. 了解采购过程中运费的处理方法。
2. 了解采购过程中付款折扣的处理方法。

🔊 实验内容

1. 采购运费处理。
2. 付款折扣处理。
3. 账套输出。

📢 实验准备

引入"4-1 普通采购业务"账套数据。

📢 实验资料

1. 采购订货

2021 年 1 月 3 日，采购部向北京致安科技有限公司订购录音电话 400 部，原币单价为 220 元，要求本月 5 日到货。合同约定，10 天之内付清余款优惠 4%，20 天之内付款优惠 2%。

2. 采购运费

2021 年 1 月 5 日，采购部收到北京致安科技有限公司发来的录音电话和专用发票，入电话仓。发票号码为 ZY4201。发票上写明录音电话 400 部，单价为 220 元，增值税税率为 13%。同时附有一张运杂费发票，发票号为 Y0401，发票载明运输费 200 元，税率为 9%，价税合计 218 元。订货合同约定运输费由本公司承担。录音电话已办理入库，财务部门确认采购成本和该笔应付款项。

3. 采购折扣

根据合同中约定的付款条件，公司在收货后 10 日之内付款可以享有 4%的折扣(99 440×4%=3977.6)，财务部门只需支付 95 462.4 元(99 440-3977.6)。2021 年 1 月 6 日，财务部门开具转账支票，向北京致安科技有限公司支付 95 462.4 元货款，运费未付。

📢 实验要求

以账套主管"101 周健"的身份进行采购业务处理。

📢 操作指导

1. 第 1 笔采购业务 （微课视频：WZ040201）

业务特征：无请购环节，采购流程从订货开始；付款条件处理。

供应商为了鼓励客户提前付款会允诺在一定期限内付款给予折扣，在 U8 中用付款条件形式体现。该业务在合同中规定了付款条件。

① 在采购管理系统中，执行"采购订货"|"采购订单"命令，进入"采购订单"窗口。

② 单击"增加"按钮，输入订货信息，注意输入付款条件和计划到货日期，单击"保存"按钮。

③ 单击"审核"按钮，审核采购订单，如图 4-37 所示。

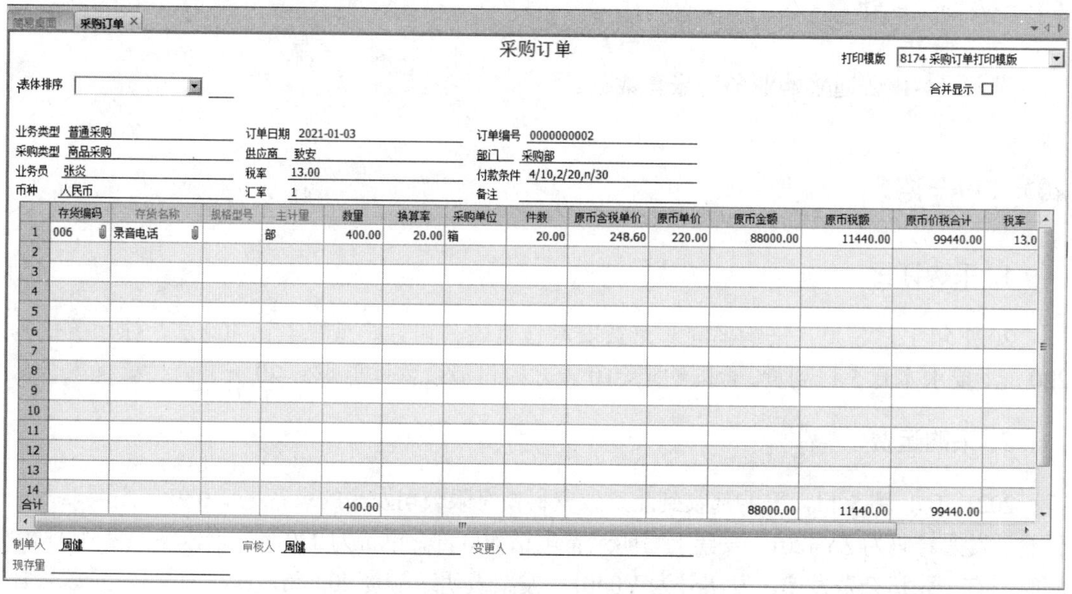

图 4-37　输入带付款条件的采购订单

提示：

此前无请购环节，可以直接录入采购订单。

2. 第 2 笔采购业务

业务特征： 采购运费处理。

1) 生成采购入库单　**(微课视频：WZ04020201)**

① 在库存管理系统中，参照采购订单生成采购入库单，仓库选择"电话仓"，单击"保存"按钮。

② 单击"审核"按钮，审核采购入库单。

2) 生成采购发票　**(微课视频：WZ04020202)**

在采购管理系统中，根据采购入库单生成采购专用发票，修改发票号为"ZY4201"，单击"保存"按钮。

3) 录入运费采购专用发票　**(微课视频：WZ04020203)**

① 在采购专用发票界面，单击"增加"按钮，输入发票号"Y0401"。选择存货"011 运输费 9"，输入原币金额"200"，系统自动带出税率并计算税额及价税合计。

② 单击"保存"按钮，保存运费专用发票，结果如图 4-38 所示。

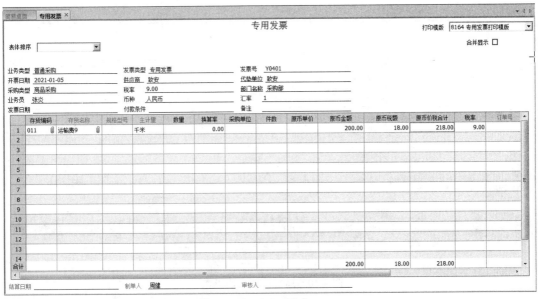

图 4-38　利用专用发票处理运费

4）进行手工采购结算　**(微课视频：WZ04020204)**

① 在采购管理系统中，执行"采购结算"|"手工结算"命令，进入"手工结算"窗口。

② 单击"选单"按钮，进入"结算选单"窗口。

③ 单击"查询"按钮，打开"查询条件选择"对话框。单击"确定"按钮返回未结算的入库单和发票。

④ 选择本次要结算的采购入库单、货物采购专用发票和运费采购专用发票，如图 4-39 所示。

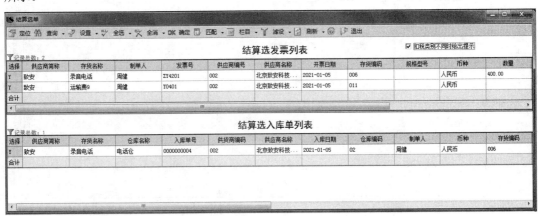

图 4-39　手工结算选单

⑤ 单击"OK 确定"按钮，返回"手工结算"窗口，如图 4-40 所示。

⑥ 选择"按数量"单选按钮，单击"分摊"按钮，系统弹出"选择按数量分摊，是否开始计算？"信息提示框，单击"是"按钮，费用分摊完毕，单击"确定"按钮返回。

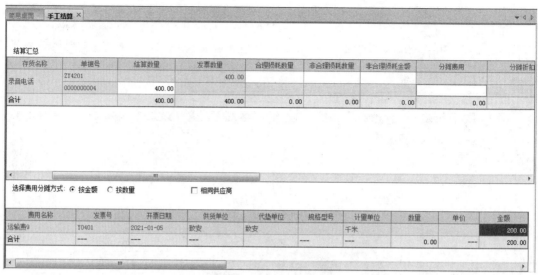

图 4-40　运费计入采购成本

⑦　单击"结算"按钮，系统弹出信息提示，单击"是"按钮，系统弹出"完成结算!"信息提示框。单击"确定"按钮，完成采购入库单、采购发票和运费发票之间的结算。

⑧　执行"采购结算"|"结算单列表"命令，打开"查询条件选择"对话框，单击"确定"按钮，进入"结算单列表"窗口。结算单价为"220.5"元，暂估单价为"220"元，运费已分摊入购货成本，如图 4-41 所示。

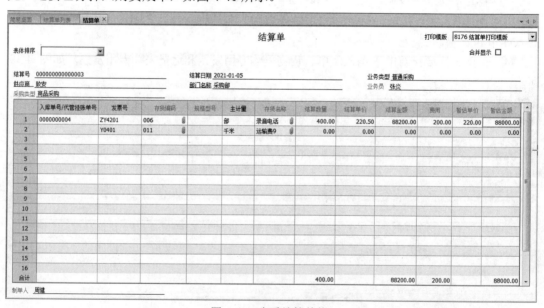

图 4-41　查看结算单价

5)　入库记账并生成入库凭证　(微课视频：WZ04020205)

①　在存货核算系统中，执行"业务核算"|"正常单据记账"命令，对采购入库单进行记账处理。

② 在存货核算系统中，执行"财务核算"|"生成凭证"命令，对"采购入库单(报销记账)"生成"记账凭证"。

借：库存商品　　　88 200

　　贷：在途物资　　　88 200

6) 确认应付并生成应付凭证　**(微课视频：WZ04020206)**

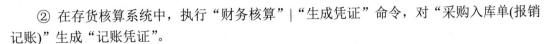

① 在应付款管理系统中，执行"应付单据处理"|"应付单据审核"命令，审核两张采购专用发票。

② 在应付款管理系统中，执行"制单处理"命令，打开"制单查询"对话框。单击"确定"按钮，打开"发票制单"窗口。

③ 单击"合并"按钮，再单击"制单"按钮，可合并生成一张记账凭证。

④ 单击"保存"按钮保存，结果如图 4-42 所示。

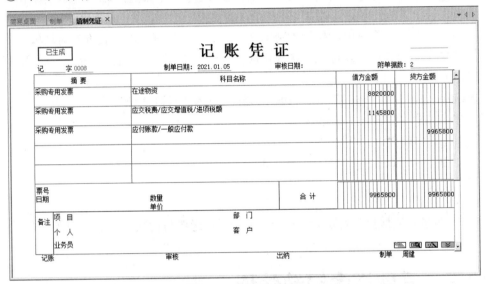

图 4-42　合并生成凭证

3. 第 3 笔业务

业务特征：付款折扣处理。

1) 付款核销　**(微课视频：WZ04020301)**

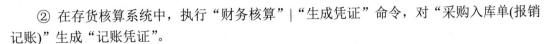

① 在应付款管理系统中，执行"付款单据处理"|"付款单据录入"命令，进入"收付款单录入"窗口。录入付款单并保存，付款单金额为"95 462.4"，单击"保存"按钮保存。

② 单击"审核"按钮，审核付款单并制单生成付款凭证。

③ 在"收付款单录入"窗口中，单击"核销"按钮，打开"核销条件"对话框，单击"确定"按钮，进入"单据核销"窗口。

④ 在窗口下方采购专用发票"可享受折扣"栏中显示当前日期付款按照付款条件可享受的折扣。在"本次折扣"栏中输入"3977.6"，在"本次结算"栏中输入"95 462.4"，如图 4-43 所示。

单据日期	单据类型	单据编号	供应商	款项	结算方式	币种	汇率	原币金额	原币余额	本次结算	订单号
2021-01-06	付款单	0000000004	致安	应付款	转账支票	人民币	1.00000000	95,462.40	95,462.40	95,462.40	
合计								95,462.40	95,462.40	95,462.40	

单据日期	单据类型	单据编号	到期日	供应商	币种	原币金额	原币余额	可享受折扣	本次折扣	本次结算	订单号	凭证号
2020-12-16	采购专用发票	00000001	2020-12-16	致安	人民币	24,860.00	24,860.00	0.00				
2021-01-05	采购专用发票	Y0401	2021-01-05	致安	人民币	218.00	218.00	0.00				记-0008
2021-01-05	采购专用发票	ZY4201	2021-02-04	致安	人民币	99,440.00	99,440.00	3,977.60	3,977.60	95,462.40	0000000002	记-0008
合计						124,518.00	124,518.00	3,977.60	3,977.60	95,462.40		

图 4-43 采购折扣处理

⑤ 单击"保存"按钮，核销完成。本次付款金额完全核销应付金额。运费未付。

2) 现金折扣核销的账务处理

① 在应付款管理系统中，执行"制单处理"命令，打开"制单查询"对话框。

② 选中"核销制单"复选框，选择供应商"致安"，单击"确定"按钮，进入"核销制单"窗口。

③ 选中要制单的业务，单击"制单"按钮，进入"填制凭证"窗口。

④ 单击"保存"按钮，生成凭证：

借：应付账款——一般应付款   3977.6

　　贷：财务费用　　　　　　　3977.6

4. 账套输出

所有业务处理完成后，将账套输出至"4-2 采购运费与付款折扣处理"文件夹中。

实验三 采购溢余短缺处理

实验目的

1. 了解采购业务中合理损耗的处理。
2. 了解采购业务中非合理损耗的处理。

实验内容

1. 预付货款及核销处理。
2. 合理损耗处理。
3. 非合理损耗处理。
4. 账套输出。

实验准备

引入"4-2 采购运费与付款折扣处理"账套数据。

实验资料

1. 预付订金

2021 年 1 月 6 日,采购部向北京致安科技有限公司订购无绳电话 500 部,原币单价 100元。合同约定到货日期为 1 月 8 日,同时对方要求预付订金 10 000 元。

同日,财务部开具转账支票付讫。

2. 合理损耗

2021 年 1 月 8 日,采购部收到北京致安科技有限公司发来的无绳电话和专用发票,发票号为 ZY4301,合同约定运费由对方承担。专用发票上写明无绳电话 500 部,单价 100元,增值税税率为 13%。在验收入电话仓时发现无绳电话损坏了 2 部,属于合理损耗。本公司确认后立即付清余款,电汇号为 DH00887666。

3. 非合理损耗

2021 年 1 月 9 日,采购部收到北京致安科技有限公司发来的视频电话和专用发票,发票号为 ZY4302。发票上载明视频电话 300 部,原币单价为 1800 元。办理入仓时,视频电话只有 295 部,经确认短缺的 5 部为非合理损耗。已查明属于运输部门责任,运输部门同意赔偿1170 元(尚未收到)。

实验要求

以账套主管"101 周健"的身份进行采购业务处理。

操作指导

1. 第 1 笔采购业务　(微课视频: WZ040301)

业务特征: 预付部分货款。

1) 录入采购订单

在采购管理系统中,执行"采购订货"|"采购订单"命令,进入"采购订单"窗口,录入采购订单并审核。

2) 录入付款单预付货款

① 在应付款管理系统中,执行"付款单据处理"|"付款单据录入"命令,进入"付

款单"窗口。

② 录入付款单各项信息，注意表体中"款项类型"一栏选择"预付款"，如图 4-44 所示。

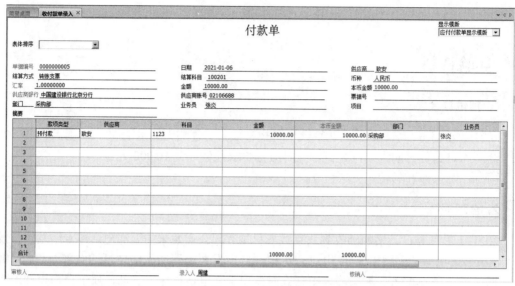

图 4-44　预付订金

③ 单击"审核"按钮，立即制单，生成付款凭证，如图 4-45 所示。

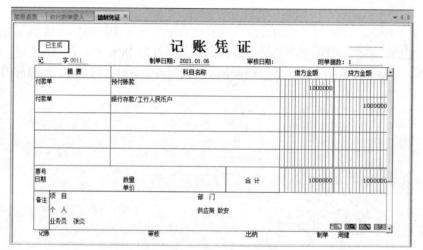

图 4-45　预付款生成凭证

2. 第 2 笔采购业务

业务特征：发生合理损耗。

1) 根据采购订单生成采购入库单　**(微课视频：WZ04030201)**

① 在库存管理系统中，执行"入库业务"|"采购入库单"命令，进入"采购入库单"窗口。

② 单击"生单"按钮，根据采购订单生成采购入库单。选择"电话仓"，修改表体中

"数量"为"498",单击"保存"按钮,如图4-46所示。

③ 单击"审核"按钮。

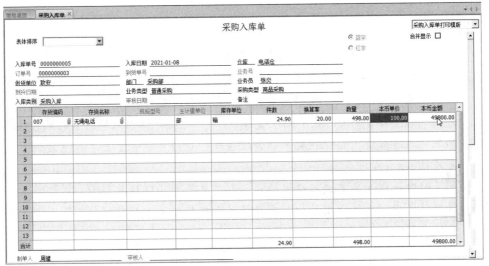

图4-46 采购入库单

2) 根据采购订单生成采购发票 **(微课视频:WZ04030202)**

① 在采购管理系统中,执行"采购发票"|"专用采购发票"命令,根据采购订单生成采购发票,入库数量500部,单击"保存"按钮。

② 单击"现付"按钮,支付剩余款项46 500元。

3) 进行采购结算 **(微课视频:WZ04030203)**

① 在采购管理系统中,执行"采购结算"|"手工结算"命令,进入"手工结算"窗口。

② 单击"选单"按钮,进入"结算选单"窗口,单击"查询"按钮,选择要进行结算的入库单和发票,最后单击"OK确定"按钮返回手工结算窗口。

③ 在采购发票"合理损耗数量"一栏输入"2",如图4-47所示。

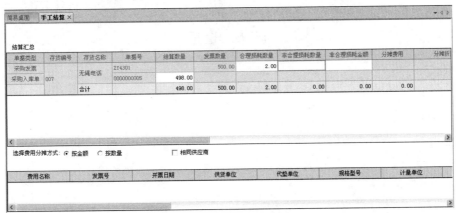

图4-47 输入合理损耗数量

④ 单击"结算"按钮，完成结算。

⑤ 查询结算单列表，可以查看到无绳电话的结算单价为 100.4 元。

提示：

- 如果采购入库数量小于发票数量，属于损耗，可以根据损耗原因在采购手工结算时，在相应栏内输入损耗数量，即可进行采购结算。

- 如果采购入库数量大于发票数量，则应该在相应损耗数量栏内输入负数量，系统将入库数量大于发票的数量视为赠品，不计算金额，降低入库存货的采购成本。

- 如果"入库数量＋合理损耗＋非合理损耗"等项目不等于发票数量，则系统提示不能结算。

- 如果针对一张入库单进行分批结算，则需要手工修改结算数量，并按发票数量进行结算，否则系统会提示"入库数量＋合理损耗＋非合理损耗不等于发票数量，不能结算"。

4) 入库记账并生成入库凭证 **(微课视频：WZ04030204)**

① 在存货核算系统中，执行"业务核算"|"正常单据记账"命令，将本次入库记入存货相关账簿。

② 在存货核算系统中，执行"财务核算"|"生成凭证"命令，生成入库凭证。

5) 审核现结发票并制单 **(微课视频：WZ04030205)**

① 在应付款管理系统中，执行"应付单据处理"|"应付单据审核"命令，对已现结发票进行审核。

② 在应付款管理系统中，执行"制单处理"命令，打开"制单查询"对话框。选中"现结制单"复选框，单击"确定"按钮，打开"应付制单"窗口。生成现结凭证，结果如图 4-48 所示。

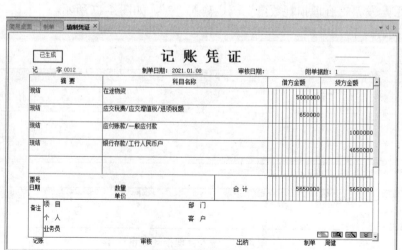

图 4-48　生成现结凭证

6) 核销应付 *(微课视频：WZ04030206)*

本笔采购业务付款分为两次，收货前预付 10 000 元订金，收货时现付其余货款。现付同时已经核销了 46 500 元应付货款。本次核销用 10 000 元预付货款核销剩余的 10 000 元应付货款。

① 在应付款管理系统中，执行"核销处理"|"手工核销"命令，打开"核销条件"对话框。

② 选择供应商"002 致安"，单击"确定"按钮，进入"单据核销"窗口。

③ 在窗口上方付款单"本次结算"栏输入"10 000"；在窗口下方对应采购专用发票"本次结算"栏同样输入"10 000"，如图 4-49 所示。

单据日期	单据类型	单据编号	供应商	款项	结算方式	币种	汇率	原币金额	原币余额	本次结算	订单号
2021-01-06	付款单	0000000005	致安	预付款	转账支票	人民币	1.00000000	10,000.00	10,000.00	10,000.00	
合计								10,000.00	10,000.00	10,000.00	

单据日期	单据类型	单据编号	到期日	供应商	币种	原币金额	原币余额	可享受折扣	本次折扣	本次结算	订单号	凭证号
2020-12-16	采购专用发票	00000001	2020-12-16	致安	人民币	24,860.00	24,860.00	0.00				
2021-01-05	采购专用发票	Y0401	2021-01-05	致安	人民币	218.00	218.00	0.00				记-0008
2021-01-08	采购专用发票	ZY4301	2021-01-08	致安	人民币	56,500.00	10,000.00	0.00	0.00	10,000.00	0000000003	记-0012
合计						81,578.00	35,078.00	0.00		10,000.00		

图 4-49　用预付货款核销应付货款

④ 单击"保存"按钮，核销完成。该记录不再显示。

⑤ 在应付款管理系统中，执行"制单处理"命令，打开"制单查询"对话框。选中"核销制单"复选框，单击"确定"按钮，生成记账凭证：

借：应付账款——一般应付款　　　10 000

借：预付账款　　　　　　　　　　−10 000

3. 第 3 笔采购业务

业务特征：无请购、订货、到货环节，直接办理入库；运输中发生非合理损耗。

1) 录入采购发票　*(微课视频：WZ04030301)*

① 在采购管理系统中，执行"采购发票"|"专用采购发票"命令，进入"专用发票"窗口。

② 单击"增加"按钮，输入采购发票各项信息，数量为"300"，单价为"1800"。单击"保存"按钮。

2) 录入采购入库单并审核　*(微课视频：WZ04030302)*

在库存管理系统中自行填制采购入库单并审核，视频电话入库数量为 295 部，无须填写单价。

3) 进行采购结算　**(微课视频：WZ04030303)**

① 在采购管理系统中，执行"采购结算"|"手工结算"命令，进入"手工结算"窗口。

② 单击"选单"按钮，进入"结算选单"窗口。单击"查询"按钮，打开"查询条件选择"对话框，单击"确定"按钮，将入库单和发票带回结算选单窗口。

③ 选择相应的采购入库单和采购发票，单击"OK 确定"按钮，返回手工结算窗口。

④ 在发票的"非合理损耗数量"栏输入"5"，"非合理损耗金额"栏输入"9000"，"非合理损耗类型"选择"01 运输部门责任"，"进项税额转出"为1170(5×1800×0.13)，如图 4-50 所示。

⑤ 单击"结算"按钮，系统弹出"完成结算!"信息提示框，单击"确定"按钮返回。

单据类型	存货编号	存货名称	单据号	结算数量	发票数量	合理损耗数量	非合理损耗数量	非合理损耗金额	发票单价	发票金额	非合理损耗类型	进项税转出金额
采购发票		视频电话	ZY4302		300.00		5.00	9000.00	1800.00	540000.00	01	1170.00
采购入库单	005		0000000006	295.00								
		合计		295.00	300.00	0.00	5.00	9000.00		540000.00		

选择费用分摊方式：⊙ 按金额　○ 按数量　　□ 相同供应商

费用名称	发票号	开票日期	供货单位	代垫单位	规格型号	计量单位	数量

图 4-50　非合理损耗结算

提示：

- 采购溢缺处理需要分清溢缺原因和类型，并分别进行处理。
- 如果为非合理损耗，需要在采购管理系统中设置非合理损耗的类型，否则，不能结算。
- 采购溢缺的结算只能采用手工结算。
- 只有"发票数量＝结算数量＋合理损耗数量＋非合理损耗数量"，该条入库单记录与发票记录才能进行采购结算。
- 如果入库数量大于发票数量，则在选择发票时，在发票的附加栏"合理损耗数量""非合理损耗数量""非合理损耗金额"中输入溢余数量和溢余金额，数量、金额为负数。系统将多余数量按赠品处理，只是降低了入库货物的单价，与企业的分批结算概念不同。
- 如果入库数量小于发票数量，则在选择发票时，在发票的附加栏"合理损耗数量""非合理损耗数量""非合理损耗金额"中输入短缺数量和短缺金额，数量、金额为正数。

- 如果是非合理损耗，应该转出进项税额。
- 本月对上月暂估业务执行采购结算后，还需要在存货核算系统中记账后，执行结算成本处理(具体处理方法见存货核算相关业务处理)。

4) 应付单据审核 **(微课视频：WZ04030304)**

在应付款管理系统中，执行"应付单据处理"|"应付单据审核"命令，对采购专用发票进行审核。

5) 采购入库单记账并生成凭证 **(微课视频：WZ04030305)**

① 在存货核算系统中，执行"业务核算"|"正常单据记账"命令，对本笔业务采购入库单进行记账。

② 在存货核算系统中，执行"财务核算"|"生成凭证"命令，进入"生成凭证"窗口。

③ 单击"选择"按钮，打开"查询条件"对话框。单击"确定"按钮，进入"选择单据"窗口。

④ 选中左上角"已结算采购入库单自动选择全部结算单上单据(包括入库单、发票、付款单)，非本月采购入库单按蓝字报销单制单"复选框，单击"全选"按钮选择要生成凭证的单据，如图 4-51 所示。

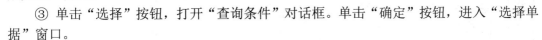
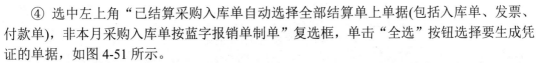

图 4-51 选择结算单制单

⑤ 单击"确定"按钮，进入"生成凭证"窗口。录入科目等相关信息(22210103 进项税额转出)，如图 4-52 所示。

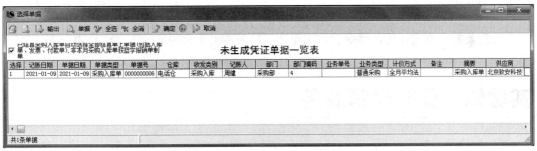

图 4-52 非合理损耗结算信息

⑥ 单击"生成"按钮，生成一张记账凭证。单击"保存"按钮，结果如图 4-53 所示。

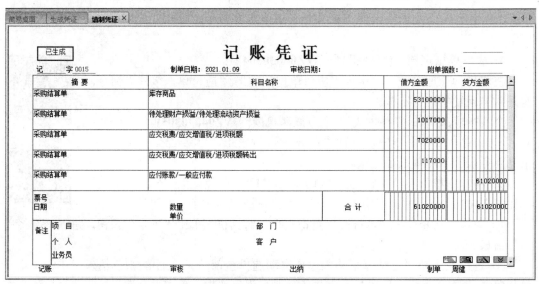

图 4-53　非合理损耗生成凭证

4. 账套输出

采购业务全部完成后，将账套输出至"4-3 采购溢余短缺处理"文件夹中。

实验四　受托代销业务

实验目的

掌握受托代销业务的处理。

实验内容

1. 受托代销业务结算。
2. 受托代销入库。
3. 账套输出。

实验准备

引入"4-3 采购溢余短缺处理"账套数据。

实验资料

1. 受托代销结算

2021 年 1 月 9 日，销售部向郑州丹尼斯购物中心销售防水手环 100 个，无税单价为 230 元；普通手环 150 个，无税单价为 130 元，并开具销售专用发票，发票号为 XS4401。货款未收。

2021 年 1 月 10 日，公司开具代销结算清单与委托方天津康泰电子科技公司进行结算。对方开具专用发票，发票号为 ZY4401，结算优惠价格分别为防水手环 195 元/个和普通手环 98 元/个。

2. 受托代销入库

本公司受托代销天津康泰电子科技公司的手环。2021 年 1 月 10 日，公司收到天津康泰电子科技公司发来的防水手环 500 个，普通手环 300 个，单价分别为 200 元和 100 元。

实验要求

以账套主管"101 周健"的身份进行受托代销业务处理。

操作指导

1. 第 1 笔业务

业务特征：上月办理了受托代销入库，本月售出代销商品后，本企业与委托方进行结算，由对方开具正式的发票，商品所有权转移。为了让大家了解完整的受托代销业务处理过程，本例一并介绍受托代销商品销售。

1) 受托代销商品出售

(1) 受托代销商品发货。　**(微课视频：WZ04040101)**

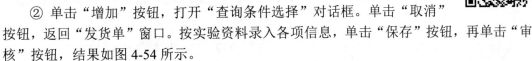

① 在销售管理系统中，执行"销售发货"|"发货单"命令，进入"发货单"窗口。

② 单击"增加"按钮，打开"查询条件选择"对话框。单击"取消"按钮，返回"发货单"窗口。按实验资料录入各项信息，单击"保存"按钮，再单击"审核"按钮，结果如图 4-54 所示。

(2) 受托代销商品开票。　**(微课视频：WZ04040102)**

① 在销售管理系统中，执行"销售开票"|"销售专用发票"命令，进入"销售专用发票"窗口。

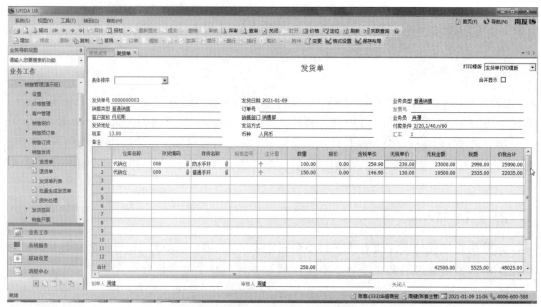

图 4-54　受托代销商品发货

② 单击"增加"按钮，打开"查询条件选择"对话框。单击"确定"按钮，进入"参照生单"窗口。选中要参照的发货单记录，如图 4-55 所示。

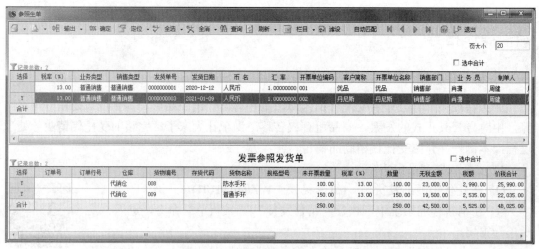

图 4-55　选中要参照的发货单记录

③ 单击"OK 确定"按钮返回销售专用发票窗口，输入发票号"XS4401"、防水手环无税单价"230"，普通手环无税单价"130"，单击"保存"按钮，如图 4-56 所示。

④ 单击"复核"按钮。

(3) 受托代销商品出库。**(微课视频：WZ04040103)**

① 在库存管理系统中，执行"出库业务"|"销售出库单"命令，进入"销售出库单"窗口。

图 4-56　销售专用发票

② 单击"➡"按钮，找到根据发货单生成的销售出库单，单击"审核"按钮，如图 4-57 所示。

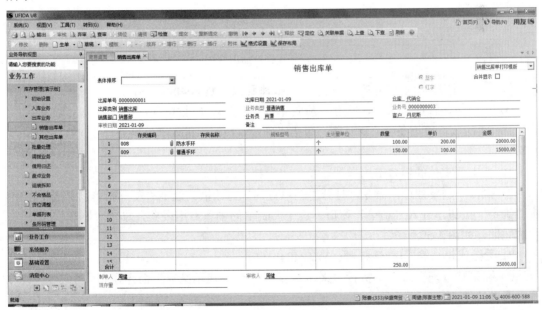

图 4-57　受托代销商品出库

(4) 受托代销出库记账并生成出库凭证。　**(微课视频：WZ04040104)**

① 在存货核算系统中，执行"业务核算"|"正常单据记账"命令，打开"查询条件选择"对话框，单击"确定"按钮，进入"未记账单据一览表"窗口。

② 单击"全选"按钮，再单击"记账"按钮，完成代销商品出库记账。

③ 在存货核算系统中，执行"财务核算"|"生成凭证"命令，进入"生成凭证"窗口。

④ 单击"选择"按钮，打开"查询条件"对话框，选择"销售专用发票"，单击"确定"按钮，进入"选择单据"窗口。选中要生成凭证的单据，单击"确定"按钮，进入"生成凭证"窗口。单击"生成"按钮，生成记账凭证，如图 4-58 所示。

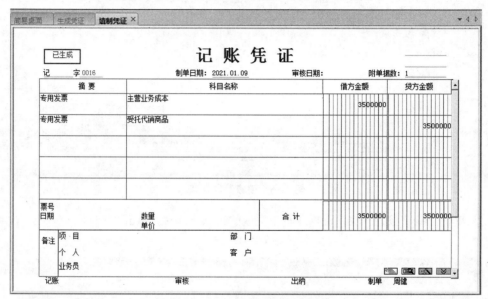

图 4-58　受托代销商品出库凭证

(5) 审核销售专用发票并确认应收。　**(微课视频：WZ04040105)**

① 在应收款管理系统中，执行"应收单据处理"|"应收单据审核"命令，打开"应收单查询条件"对话框。单击"确定"按钮，进入"单据处理"窗口。

② 选中要审核的销售专用发票，单击"审核"按钮。

③ 执行"制单处理"命令，打开"制单查询"对话框。选中"发票制单"复选框，单击"确定"按钮，进入"制单"窗口。选中要制单的销售专用发票，单击"制单"按钮，生成凭证，如图 4-59 所示。

2) 受托代销结算　**(微课视频：WZ04040106)**

① 在采购管理系统中，执行"采购结算"|"受托代销结算"命令，打开"查询条件选择"对话框。

② 选择供应商"003 天津康泰电子科技公司"，单击"确定"按钮，进入"受托代销结算"窗口。单击"全选"按钮，选中要结算的入库单记录。

③ 修改发票日期和结算日期均为"2021-01-10"，发票类型选择"专用发票"，发票号输入"ZY4401"，采购类型选择"代销采购"；再拖动窗口下方的左右滚动条，修改防水手环原币无税单价为"195"，普通手环原币无税单价为"98"，如图 4-60 所示。

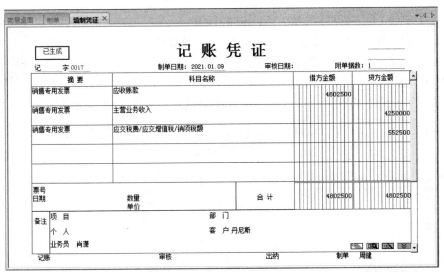

图 4-59　受托代销应收凭证

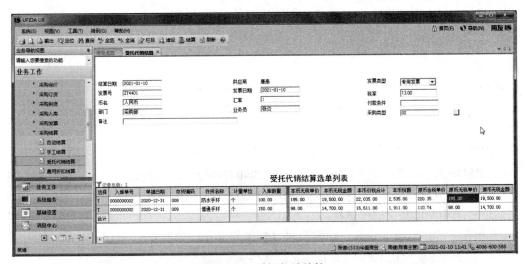

图 4-60　受托代销结算

④ 单击"结算"按钮，系统进行结算，自动生成受托代销发票、受托代销结算单，并弹出"结算完成！"信息提示框。单击"确定"按钮返回。

提示：

- 受托代销结算是企业销售委托代销单位的商品后，与委托单位办理付款结算。
- 受托方销售代销商品后根据受托代销入库单进行结算，也可以在取得委托人的发票后再结算。
- 结算表中存货、入库数量、入库金额、已结算数量、已结算金额等信息不能修改。
- 结算表中的结算数量、含税单价、价税合计、税额等信息可以修改。

3) 结算成本处理 **(微课视频: WZ04040107)**

① 在存货核算系统中,执行"业务核算"|"结算成本处理"命令,打开"暂估处理查询"对话框。选择"代销仓",单击"确定"按钮,进入"结算成本处理"窗口。

② 单击"全选"按钮,选中要结算的入库单记录,如图 4-61 所示。

简易桌面	结算成本处理 ×												

结算成本处理

○ 按数量分摊
⊙ 按金额分摊

选择	结算单号	仓库编码	仓库名称	入库单号	入库日期	存货编码	存货名称	计量单位	数量	暂估单价	暂估金额	结算数量	结算单价	结算金额
Y	000000000000006	03	代销仓	0000000002	2020-12-31	008	防水手环	个	100.00	200.00	20,000.00	100.00	195.00	19,500.00
Y	000000000000006	03	代销仓	0000000002	2020-12-31	009	普通手环	个	150.00	100.00	15,000.00	150.00	98.00	14,700.00
合计									250.00		35,000.00	250.00		34,200.00

共2条记录

图 4-61 受托代销结算成本处理

③ 单击"暂估"按钮,完成暂估处理。

 提示:

受托代销结算时,如果结算单价与委托代销入库暂估单价不一致,系统自动生成入库调整单。

4) 应付单据审核及制单 **(微课视频: WZ04040108)**

① 在应付款管理系统中,执行"应付单据处理"|"应付单据审核"命令,对以上采购专用发票进行审核。

② 执行"制单处理"命令,对发票进行制单并保存,如图 4-62 所示。

简易桌面	制单	填制凭证 ×		

记 账 凭 证

已生成

记 字 0018　　　　制单日期: 2021.01.10　　　审核日期:　　　　附单据数: 1

摘 要	科目名称	借方金额	贷方金额
采购专用发票	受托代销商品款	3420000	
采购专用发票	应交税费/应交增值税/进项税额	444600	
采购专用发票	应付账款/一般应付款		3864600
票号 日期	数量 单价	合 计　3864600	3864600
备注	项 目 个 人 业务员 张炎	部 门 供应商 康泰	

记账　　　　　　审核　　　　　　出纳　　　　　　制单 周健

图 4-62 受托代销商品结算凭证

5）入库调整处理 **(微课视频：WZ04040109)**

① 在存货核算系统中，执行"财务核算"|"生成凭证"命令，进入"生成凭证"窗口。

② 单击"选择"按钮，打开"查询条件"对话框。选中"(020)入库调整单"复选框，单击"确定"按钮，进入"选择单据"窗口。

③ 单击"全选"按钮，如图4-63所示。

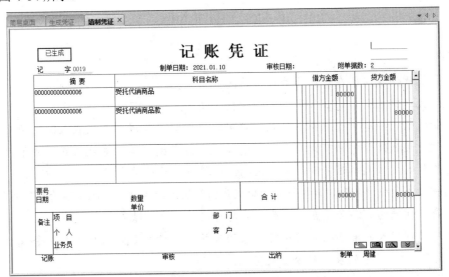

图 4-63 选择入库调整单生成凭证

④ 单击"确定"按钮，返回"生成凭证"窗口。单击"合成"按钮，生成入库调整凭证，如图4-64所示。

图 4-64 入库调整凭证

2. 第2笔业务的处理

公司收到委托方发来的代销商品时，应该及时办理受托代销商品入库手续，也可以先办理到货手续，再根据到货单生成受托代销入库单。

1）办理受托代销入库 **(微课视频：WZ04040201)**

① 在库存管理系统中，执行"入库业务"|"采购入库单"命令，进入

"采购入库单"窗口。

② 单击"增加"按钮，选择仓库为"代销仓"，供货单位为"康泰"，业务类型为"受托代销"，入库类别为"受托代销入库"，采购类型为"代销采购"。输入存货信息。

③ 单击"保存"按钮，再单击"审核"按钮，如图 4-65 所示。

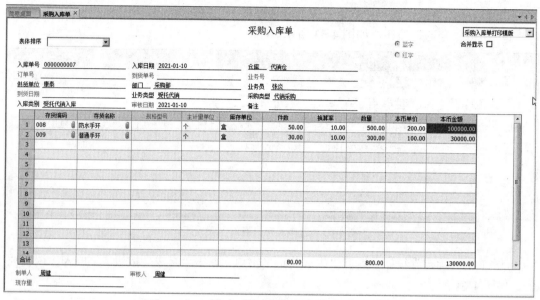

图 4-65 受托代销入库

提示:

- 受托代销入库单在"库存管理"系统中录入。
- 受托代销入库单的业务类型为"受托代销"。
- 受托代销入库单可以手工录入，也可以参照订单生成。如果在采购选项中选择了"受托代销业务必有订单"，则受托代销业务到货单、受托代销入库单都不能手工录入，只能参照采购计划、采购请购单或采购订单生成。
- 手工或参照录入时，只能针对"受托代销"属性的存货，其他属性的存货不能显示。
- 受托代销的商品必须在售出后才能与委托单位办理结算。
- 受托代销入库单可以通过执行"采购入库"|"受托代销入库单"命令或"采购入库"|"入库单列表"命令实现查询。

2) 受托代销入库记账并生成凭证 **(微课视频：WZ04040202)**

① 在存货核算系统中，执行"业务核算"|"正常单据记账"命令，对采购入库单进行记账。

② 执行"财务核算"|"生成凭证"命令，打开"生成凭证"窗口。单击"选择"按钮，再单击"确定"按钮，进入"未生成凭证单据一览表"窗口，选择相关入库单据，单击"确定"按钮，回到"生成凭证"窗口。

③ 单击"合成"按钮，生成的凭证如图 4-66 所示。

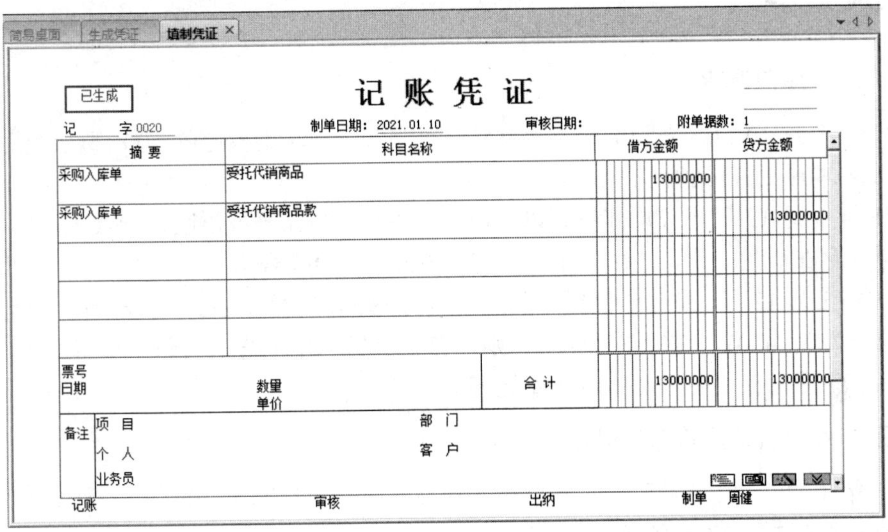

图 4-66 代销商品入库凭证

3. 账套输出

受托代销业务全部完成后，将账套输出至"4-4 受托代销入库"文件夹中。

实验五 采购退货业务

🔊 实验目的

掌握采购退货业务的处理。

🔊 实验内容

1. 入库前退货。
2. 入库后结算前退货。
3. 结算后退货。
4. 账套输出。

🔊 实验准备

引入"4-4 受托代销入库"账套数据。

实验资料

1. 办理入库前退货

2021 年 1 月 10 日，采购部向上海耀华订购华晨 128G 平板电脑 200 部，价格为 2000 元/部。要求本月 12 日到货。

2021 年 1 月 12 日，采购部收到以上所订的华晨 128G 平板电脑，验收入库时发现 10 部平板电脑存在质量问题，与对方协商，退货 10 部，为验收合格的平板电脑办理入库手续。

2021 年 1 月 12 日，采购部收到供应商开具的 190 部华晨 128G 平板电脑的采购专用发票，发票号为 ZY4501，进行采购结算。财务部门立即以电汇方式支付全部货款。

商品入库后记存货明细账生成入库凭证。

2. 采购入库后结算前部分退货

2021 年 1 月 12 日，采购部向北京致安科技有限公司订购了 500 部无绳电话，价格为 100 元/部，要求本月 13 日到货。

2021 年 1 月 13 日，500 部无绳电话全部到货并被办理了入库手续。

2021 年 1 月 15 日，20 部无绳电话被发现有质量问题，经协商，对方同意退货，采购部填制退货单。

2021 年 1 月 15 日，对方开具专用发票一张，发票号为 ZY4502，数量为 480 部。采购部进行采购结算处理。

公司对入库单据进行记账，生成入库凭证；对发票进行审核，生成应付凭证。

3. 采购结算后退货

2021 年 1 月 15 日，公司发现本月 12 日入库的从北京致安科技有限公司采购的无绳电话 50 部有质量问题。经协商，对方同意退货并开具红字专用发票一张，发票号为 ZY4503。

同日，对方以电汇方式退回 50 部无绳电话货税款 5850 元。公司完成全部业务及账务处理。

实验要求

以账套主管"101 周健"的身份进行采购退货业务处理。

操作指导

1. 第 1 笔采购退货业务

业务特征：入库前部分退货业务。需要录入采购订单、采购到货单和退货单，并根据实际入库数量输入采购入库单。

1) 采购订货 （微课视频：WZ04050101）

1 月 10 日，在采购管理系统中填制采购订单并进行审核。

2) 采购到货及退货 **(微课视频：WZ04050102)**

① 1 月 12 日，在采购管理系统中，根据采购订单生成采购到货单并进行审核，华晨 128G 平板电脑到货数量 200 部。

② 在采购管理系统中填制采购退货单，华晨 128G 平板电脑退货数量为"-10"，保存并审核，如图 4-67 所示。

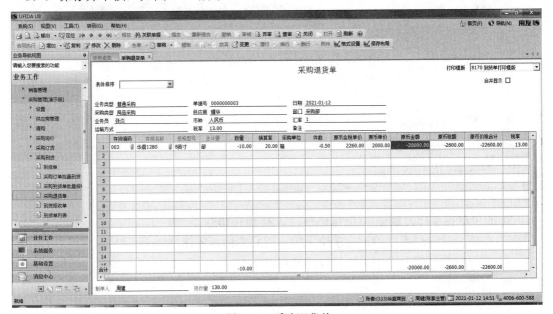

图 4-67　采购退货单

3) 采购入库 **(微课视频：WZ04050103)**

① 在库存管理系统中，执行"入库业务"|"采购入库单"命令，进入"采购入库单"窗口。

② 单击"生单"旁的下拉按钮，选择"采购到货单(蓝字)"。打开"查询条件选择"对话框，单击"确定"按钮，进入"到货单生单列表"窗口。

③ 选择要参照的到货单，单击"OK 确定"按钮返回采购入库单。选择入库仓库为"电脑仓"，将入库数量修改为"190"。

④ 保存并审核采购入库单，如图 4-68 所示。

✎ 提示：
- 尚未办理入库手续的退货业务，只需要开具退货单，即可完成退货业务的处理。
- 收到对方按实际验收数量开具的发票后，按正常业务办理采购结算。

4) 生成采购发票，结算并现付 **(微课视频：WZ04050104)**

① 在采购管理系统中，参照采购入库单生成采购专用发票。

② 单击"结算"按钮，进行采购结算。

③ 单击"现付"按钮，进行现付处理。

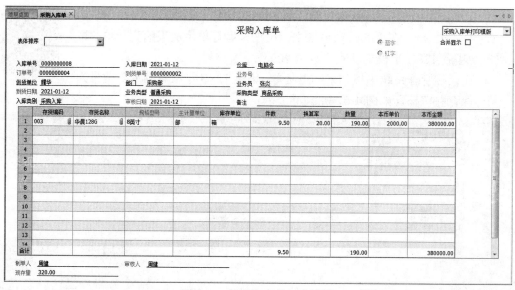

图 4-68　修改入库单入库数量

5) 应付单据审核及制单　**(微课视频：WZ04050105)**

① 在应付款管理系统中，对现结采购专用发票进行审核。

② 在应付款管理系统中，进行现结制单。

借：在途物资　　　　　　　　　　　　　　　　 380 000

　　应交税费——应交增值税——进项税额　　　 49 400

　　　贷：银行存款——工行人民币户　　　　　　　　　429 400

6) 入库记账并生成凭证　**(微课视频：WZ04050106)**

① 在存货核算系统中，执行"业务核算"|"正常单据记账"命令，对采购入库单进行记账。

② 在存货核算系统中，执行"财务核算"|"生成凭证"命令，生成入库凭证。

借：库存商品　　　　　　　　　　　　　　　　 380 000

　　贷：在途物资　　　　　　　　　　　　　　　　 380 000

2. 第 2 笔采购退货业务处理

业务特征：本笔业务属于入库后\结算前的部分退货。1 月 12 日已经输入采购订单；1 月 13 日开具到货单和采购入库单；1 月 15 日退货时输入红字到货单和红字采购入库单，并按合格品的实际数量输入采购发票。

1) 采购订货　**(微课视频：WZ04050201)**

1 月 12 日，在采购管理系统中填制采购订单并进行审核。

2) 采购到货　**(微课视频：WZ04050202)**

1 月 13 日，在采购管理系统中，根据采购订单生成采购到货单并进行审核。

3) 采购入库 **(微课视频: WZ04050203)**

1 月 13 日, 在库存管理系统中, 参照采购到货单生成采购入库单, 入电话仓, 保存并进行审核。

4) 采购退货 **(微课视频: WZ04050204)**

1 月 15 日, 在采购管理系统中, 参照采购到货单生成采购退货单, 数量为 "-20", 保存并进行审核。

5) 办理退库 **(微课视频: WZ04050205)**

① 1 月 15 日, 在库存管理系统中, 执行 "入库业务" | "采购入库单" 命令, 进入 "采购入库单" 窗口。

② 单击 "生单" 下拉列表选择 "采购到货单(红字)", 打开 "查询条件选择" 对话框, 单击 "确定" 按钮, 进入 "到货单生单列表" 窗口。

③ 选择对应的采购到货单, 单击 "确定" 按钮, 生成采购入库单, 从电话仓出库, 保存并进行审核, 结果如图 4-69 所示。

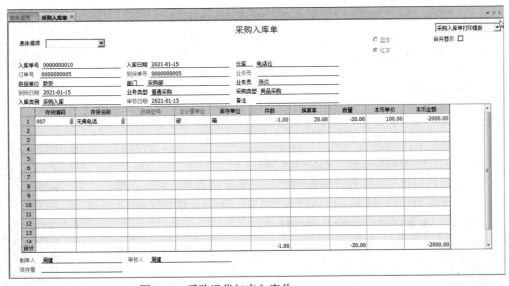

图 4-69 采购退货红字入库单

6) 采购发票 **(微课视频: WZ04050206)**

1 月 15 日, 在采购管理系统中, 执行 "采购发票" | "专用采购发票" 命令。增加专用采购发票, 修改发票号为 "ZY4502", 数量为 "480", 单击 "保存" 按钮。

7) 采购结算 **(微课视频: WZ04050207)**

1 月 15 日, 在采购管理系统中, 执行 "采购结算" | "手工结算" 命令, 选择红字采购入库单与原采购入库单和采购发票进行结算, 结算选单如图 4-70 所示。

选择	供应商简称	存货名称	制单人	发票号	供应商编码	供应商名称	开票日期	存货编码	规格型号	币种	数量	计量单位	单价
Y	致安	无绳电话	周健	ZY4502	002	北京致安科技…	2021-01-15	007		人民币	480.00	部	100.00
合计													

结算选入库单列表

选择	供应商简称	存货名称	仓库名称	入库单号	供货商编码	供应商名称	入库日期	仓库编码	制单人	币种	存货编码	规格型号	入库数量
Y	致安	无绳电话	电话仓	0000000009	002	北京致安科技…	2021-01-13	02	周健	人民币	007		500.00
Y	致安	无绳电话	电话仓	0000000010	002	北京致安科技…	2021-01-15	02	周健	人民币	007		-20.00
合计													

图 4-70　部分退货手工结算

8) 入库记账并生成凭证 *(微课视频：WZ04050208)*

① 在存货核算系统中，执行"业务核算"|"正常单据记账"命令，对两张采购入库单进行记账。

② 在存货核算系统中，执行"财务核算"|"生成凭证"命令，选择两张采购入库单"合成"生成入库凭证。

9) 应付单据审核及制单 *(微课视频：WZ04050209)*

① 在应付款管理系统中，对采购专用发票进行审核。

② 在应付款管理系统中，进行发票制单。

3. 第 3 笔采购退货业务

业务特征： 本笔业务属于已经办理结算手续的采购退货业务，需要输入到货退回单、红字采购入库单和红字采购发票，并进行手工结算。

1) 采购退货 *(微课视频：WZ04050301)*

在采购管理系统中，执行"采购到货"|"采购退货单"命令。单击"增加"按钮，退货 50 部无绳电话，单价为 100 元。保存并进行审核。

2) 退库 *(微课视频：WZ04050302)*

在库存管理系统中，执行"入库业务"|"采购入库单"命令。单击"生单"按钮，选择"采购到货单(红字)"生单，生成采购入库单并进行审核。

3) 参照红字入库单生成红字专用发票并结算 *(微课视频：WZ04050303)*

① 在采购管理系统中，执行"采购发票"|"红字专用采购发票"命令，单击"增加"按钮，参照红字采购入库单生成红字专用采购发票并保存。

② 单击"结算"按钮，完成红字专用采购发票和红字入库单之间的结算。

4) 红字采购入库单记账生成红字入库凭证 *(微课视频：WZ04050304)*

① 在存货核算系统中，执行"业务核算"|"正常单据记账"命令，对红字采购入库单进行记账。

② 在存货核算系统中，执行"财务核算"|"生成凭证"命令，对采购入库单生成红字入库凭证。

借：库存商品　　　　　　　　　　　　　　　　　-5 000

　　贷：在途物资　　　　　　　　　　　　　　　　-5 000

5) 应付单据审核及制单　**(微课视频：WZ04050305)**

① 在应付款管理系统中，对红字采购专用发票进行审核。

② 在应付款管理系统中，进行发票制单。

借：在途物资　　　　　　　　　　　　　　　　　-5 000

　　应交税费——应交增值税——进项税额　　　　 -650

　　贷：应付账款——一般应付款　　　　　　　　 -5 650

6) 收到退款　**(微课视频：WZ04050306)**

① 在应付款管理系统中，执行"付款单据处理"|"付款单据录入"命令，进入"付款单"窗口。

② 单击"切换"按钮，显示红字收款单。录入各项信息，单击"保存"按钮，如图 4-71 所示。

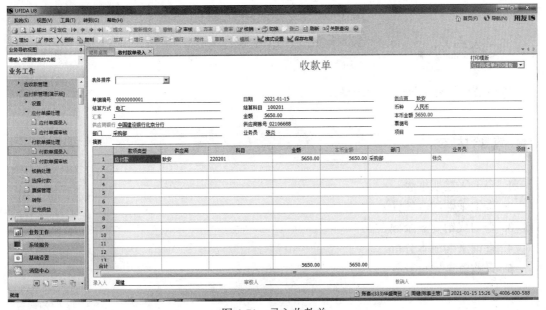

图 4-71　录入收款单

③ 单击"审核"按钮，立即制单生成红字记账凭证并保存。

借：应付账款——一般应付款　　　　　　　　　 -5 650

　　贷：银行存款——工行人民币户　　　　　　　 -5 650

④ 在收付款单录入界面，单击"核销"按钮，对收款单和红字专用发票进行核销，如图 4-72 所示。

图 4-72 收款单和红字采购专用发票进行核销

4. 账套输出

采购退货业务全部完成后，将账套输出至"4-5 采购退货业务"文件夹中。

实验六 采购账表统计分析

实验目的

掌握采购信息查询分析的方法。

实验内容

1. 查询采购明细表。
2. 查询采购综合统计表。
3. 查询代销商品余额表。
4. 查询采购成本分析。
5. 采购资金比重分析。

实验准备

引入"4-5 采购退货业务"账套数据。

实验要求

以账套主管"101 周健"的身份进行采购业务处理。

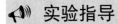 **实验指导**

采购管理系统通过"报表"菜单的各种账表提供多角度、多方位的综合查询和分析。采购管理系统可以查询统计表、采购账簿和采购成本分析。

1. 查询采购明细表

采购明细表可以查询采购发票的明细情况，包括数量、价税、付款情况等信息。

① 在采购管理系统中，执行"报表"|"统计表"|"采购明细表"命令，打开"查询条件选择"对话框。

② 单击"确定"按钮，显示采购明细表，如图 4-73 所示。

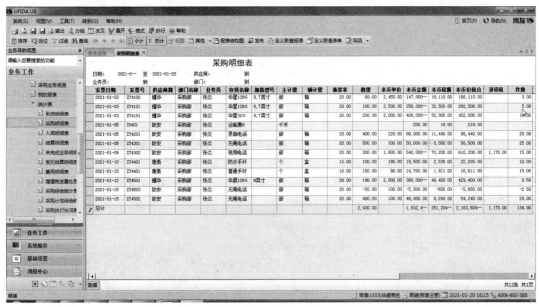

图 4-73 采购明细表

2. 查询采购综合统计表

采购综合统计表可以按照报表汇总条件查询采购业务的入库、开票、付款统计情况。

① 在采购管理系统中，执行"报表"|"统计表"|"采购综合统计表"命令，打开"查询条件选择"对话框。

② 单击"确定"按钮，显示采购综合统计表，如图 4-74 所示。

3. 查询代销商品余额表

代销商品余额表是代销商品台账的汇总表，反映供货单位的代销商品入库、结算和结余情况。

① 在采购管理系统中，执行"报表"|"采购账簿"|"代销商品余额表"命令，打开"查询条件选择"对话框。

图 4-74　采购综合统计表

② 单击"确定"按钮，显示代销商品余额表，如图 4-75 所示。

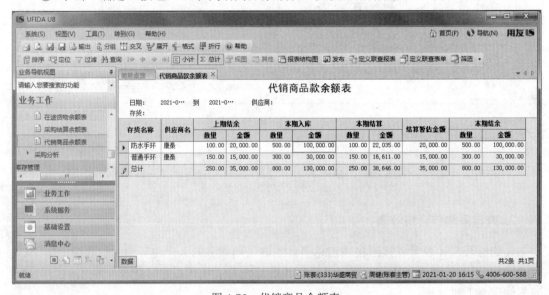

图 4-75　代销商品余额表

4. 查询采购成本分析

采购成本分析可以根据发票对某段日期范围内的存货结算成本与参考成本、计划价进行对比分析。

① 执行"报表"|"采购分析"|"采购成本分析"命令，打开"查询条件选择"对话框。

② 单击"确定"按钮，显示采购成本分析，如图 4-76 所示。

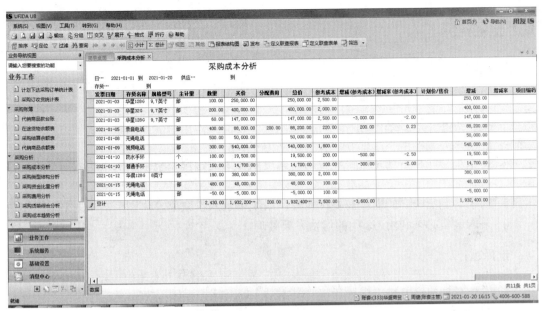

图 4-76　采购成本分析

5. 采购资金比重分析

采购资金比重分析可以根据采购发票，对各种货物占用采购资金的比重进行分析。

① 执行"报表"|"采购分析"|"采购资金比重分析"命令，打开"查询条件选择"对话框。

② 单击"确定"按钮，显示采购资金比重分析，如图 4-77 所示。

图 4-77　采购资金比重分析

巩固提高

判断题:

1. 采购入库单上可以不填写单价。 （   ）
2. 采购结算一旦完成,不能撤销。 （   ）
3. 已记账的单据在未生成凭证前可以取消记账。 （   ）
4. 如果不与库存管理系统集成应用,就可以在采购管理系统中录入采购入库单。
 （   ）
5. 因采购退货收到的退款需要在应收款系统中录入收款单。 （   ）
6. 采购运费必须利用 U8 中的运费发票处理。 （   ）

选择题:

1. 采购管理与以下哪个模块存在数据关联?（   ）
   A. 总账管理　　　 B. 销售管理　　　 C. 库存管理
   D. 存货核算　　　 E. 应收款管理　　 F. 应付款管理
2. 存货暂估的几种方式中,不生成蓝字、红字回冲单的是哪种?（   ）
   A. 月初回冲　　　 B. 单到回冲　　　 C. 单到补差
3. 采购业务流程中,以下哪些环节不是必需的?（   ）
   A. 采购请购　　　 B. 采购订货　　　 C. 采购到货
   D. 采购入库　　　 E. 采购开票　　　 F. 采购结算
4. 向供应商预收货款需要以哪种形式录入?（   ）
   A. 应付单　　　　 B. 预付单
   C. 付款单　　　　 D. 发票
5. 采购自动结算的几种模式包括几种?（   ）
   A. 入库单和发票　 B. 红蓝入库单
   C. 红蓝发票　　　 D. 到货单和发票
6. 在应付款系统中,对应付款系统生成的凭证可以进行哪种操作?（   ）
   A. 修改　　　　　 B. 删除　　　　　 C. 审核
   D. 记账　　　　　 E. 冲销

问答题:

1. 简述普通采购业务的处理流程。
2. 简述受托代销业务的处理流程。
3. 账套中默认的采购暂估方式是哪一种?如何得知?
4. 采购现付与普通采购有何区别?

5. 应付款管理系统中的应付单据和付款单据各自指什么？

6. 核销的含义是什么？

实操题：

1. 如果已录入入库单和发票，并已执行采购结算，但入库单尚未记账也未付款，是否可以取消采购结算，修改入库单或发票呢？尝试一下。

2. 如何设置存货科目、对方科目，才能让受托代销业务生成凭证时自动带出相关科目？

第5章

销售管理

学习目标

知识目标：

- 了解销售管理系统的主要功能
- 了解销售管理系统与供应链管理其他子系统的数据关联
- 掌握不同销售业务类型的处理流程

能力目标：

- 能够正确处理不同类型的销售业务

案例导入

目前，华盛商贸存在不同类型的销售业务，如分期收款、开票立即收款、委托代销、直运销售等，登录 U8 系统之后，是不是所有类型的销售业务都能被处理？

用友 U8 是全面综合了企业业务实践开发的通用管理软件。目前企业的销售业务类型都是一般企业所共有的，销售管理系统提供了对普通销售、委托代销、直运业务等多种类型销售业务的处理，同时支持预收货款、现结、分期收款、形成应收并定期收款等多种结算方式。

理论知识

5.1 了解销售管理系统

5.1.1 销售管理系统的主要功能

销售是企业生产经营的实现过程。用友 U8 销售管理可以对销售报价、销售订货、

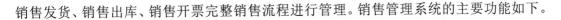

销售发货、销售出库、销售开票完整销售流程进行管理。销售管理系统的主要功能如下。

1. 客户管理

对客户进行分类管理，便于企业建立长期稳定的销售渠道；加强信用管理，以及时回收货款，确保收入实现。

客户管理包括客户全貌、业务员全貌和活动管理。

2. 价格管理

系统能够提供历次售价、最新成本加成和按价格政策定价等三种价格依据，同时，按价格政策定价时，支持商品促销价，可以按客户定价，也可以按存货定价。按存货定价时还支持按不同自由项定价。

3. 销售物流管理

在销售管理系统中，可以根据销售报价单生成销售订单，或手工填制销售订单；可以根据销售订单生成销售发货单或手工填制发货单；可以根据销售发货单或销售发票生成销售出库单，在库存管理系统办理出库。

4. 销售资金流管理

在销售管理系统中开具销售发票后，在应收款管理系统中可以审核应收单据，确认收入形成应收账款，并据此收款。

5. 信用管理

系统提供了针对信用期限和信用额度两种管理制度，同时，既可以针对客户进行信用管理，又可以针对部门、业务员进行信用额度和信用期限的管理。如果超过信用额度，可以逐级向上审批。

5.1.2 销售管理系统与 U8 供应链其他子系统的数据关系

销售管理系统既可以单独使用，也可以与用友 U8 中的库存管理、存货核算、采购管理、应收款管理等系统集成使用。销售管理系统与 U8 其他系统的数据关系如图 5-1 所示。

采购管理系统可参照销售管理系统的销售订单生成采购订单；在直运业务必有订单模式下，直运采购订单必须参照直运销售订单生成；如果直运业务非必有订单，那么直运采购发票和直运销售发票可相互参照。

根据选项设置，销售出库单既可以在销售管理系统生成传递到库存管理系统审核，也可以在库存管理系统参照销售管理系统的单据生成销售出库单；库存管理为销售管理提供可用于销售的存货的可用量。

销售发票、销售调拨单、零售日报、代垫费用单在应收款管理中审核登记应收明细账，进行制单生成凭证；应收款系统进行收款并核销相应应收单据后回写收款核销信息。

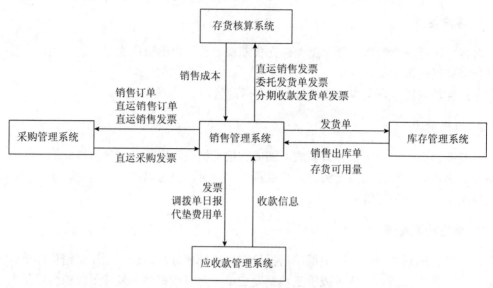

图 5-1　销售管理系统与 U8 其他系统的主要关系

直运销售发票、委托代销发货单发票、分期收款发货单发票在存货核算系统登记存货明细账，并制单生成凭证；存货核算系统为销售管理系统提供销售成本。

5.2　销售管理业务类型及处理

根据销售业务的不同特征，企业应用可分为 5 种销售业务类型：普通销售业务、直运销售业务、分期收款业务、零售日报业务和委托代销业务。

5.2.1　普通销售业务处理

普通销售业务模式适用于大多数企业的日常销售业务，与其他系统一起，提供对销售报价、销售订货、销售发货、销售出库、销售开票、销售收款结算、结转销售成本全过程处理。

根据销售发货与销售开票的先后顺序不同，普通销售业务又分为先发货后开票和开票直接发货(也称先开票后发货)两种形式。

1. 先发货后开票的普通销售业务处理流程

先发货后开票普通销售业务流程如图 5-2 所示。

1) 销售报价

销售报价是企业向客户提供货品、规格、价格、结算方式等信息，双方达成协议后，销售报价单可以转为有效力的销售合同或销售订单。企业可以针对不同客户、不同存货、不同批量提出不同的报价、扣率。在销售业务流程中，销售报价环节是可省略的。

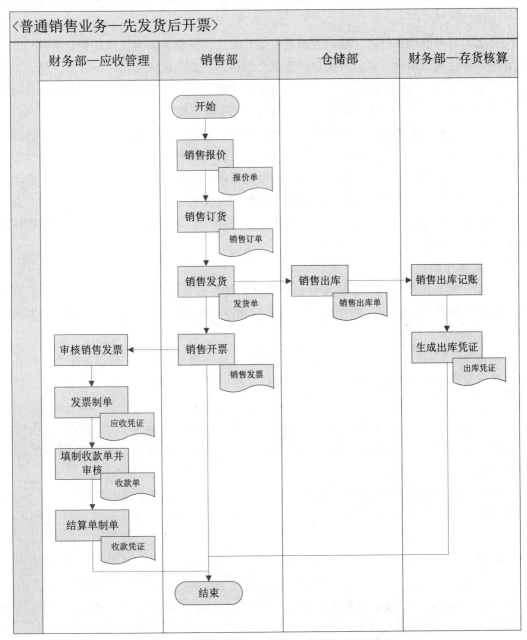

图 5-2　普通销售业务—先发货后开票的处理流程

2) 销售订货

销售订货处理是指企业与客户签订销售合同，在系统中体现为销售订单。若客户经常采购某产品，或客户是企业的经销商，则销售部门无须经过报价环节即可输入销售订单。如果前面已有对客户的报价，也可以参照报价单生成销售订单。在销售业务流程中，订货环节也是可选的。

已审核未关闭的销售订单可以参照生成销售发货单或销售发票。

3) 销售发货

当客户订单交期来临时，相关人员应根据订单进行发货。销售发货是企业执行与客户签订的销售合同或销售订单，将货物发给客户的行为，是销售业务的执行阶段。除了根据销售订单发货外，销售管理系统也有直接发货的功能，即无须事先录入销售订单随时可以将产品发给客户。在销售业务流程中，销售发货处理是必需的。

先发货后开票模式中，发货单由销售部门根据销售订单填制或手工输入，客户通过发货单取得货物所有权。发货单审核后，可以生成销售发票和销售出库单。开票直接发货模式中发货单由销售发票自动生成，发货单只做浏览，不能进行修改、删除、弃审等操作，但可以关闭、打开；销售出库单根据自动生成的发货单生成。

参照订单发货时，一张订单可多次发货，多张订单也可一次发货。如果不做"超订量发货控制"，可以超销售订单数量发货。

4) 销售开票

销售开票是在销售过程中企业给客户开具销售发票及其所附清单的过程，它是销售收入确定、销售成本计算、应交销售税金确定和应收账款确定的依据，是销售业务的必要环节。

销售发票既可以直接填制，也可以参照销售订单或销售发货单生成。参照发货单开票时，多张发货单可以汇总开票，一张发货单也可拆单生成多张销售发票。

5) 销售出库

销售出库是销售业务处理的必要环节。在库存管理系统用于存货出库数量核算，在存货核算系统用于存货出库成本核算(如果存货核算销售成本的核算选择依据销售出库单)。

根据参数设置的不同，销售出库单可在销售系统生成，也可以在库存系统生成。如果由销售管理系统生成出库单，只能一次销售全部出库；而由库存管理系统生成销售出库单，可实现一次销售分次出库。

6) 出库成本确定

销售出库(开票)之后，要进行出库成本的确定。对于先进先出、后进先出、移动平均、个别计价这四种计价方式的存货在存货核算系统进行单据记账时进行出库成本核算；而全月平均、计划价/售价法计价的存货在期末处理时进行出库成本核算。

7) 应收账款确定及收款处理

及时进行应收账款确定及收款处理是财务核算工作的基本要求，由应收款管理系统完成。应收款管理系统主要完成对经营业务转入的应收款项的处理，提供各项应收款项的相关信息，以明确应收账款款项来源，有效掌握收款核销情况，提供适时的催款依据，提高资金周转率。

2. 开票直接发货

开票直接发货的起点是开具销售发票，根据销售发票生成销售发货单，根据发货单生成销售出库单。

5.2.2 直运销售业务处理

直运业务是指商品无须入库即可完成的购销业务。客户向本公司订购商品，双方签订购销合同；本公司向供应商采购客户所需商品，与供应商签订采购合同；供应商直接将商品发运给客户，结算时，由购销双方分别与企业结算，企业赚取购销间的差价。直运业务示意如图 5-3 所示。

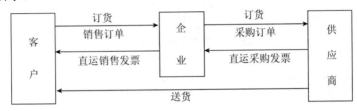

图 5-3 直运销售业务示意

直运业务包括直运销售业务与直运采购业务，没有实物的出入库，货物流向是直接从供应商到客户，财务结算通过直运销售发票、直运采购发票进行。直运业务适用于大型的电器、汽车、设备等产品的销售。本书仅以平板电脑为例介绍该业务类型的处理。

5.2.3 分期收款销售业务处理

分期收款销售业务是指将货物一次发给客户，分期收回货款，收入与成本按照收款情况分期确定。分期收款销售的特点是：一次发货，当时不确定收入，分次确定收入，在确定收入的同时配比性地转成本。

分期收款业务的订货、发货、出库、开票等处理与普通销售业务相同，只是业务类型需要选择"分期收款"。

5.2.4 零售日报业务处理

零售业务是处理商业企业将商品销售给零售客户的销售业务。零售业务根据销售票据按日汇总数据，然后通过零售日报进行处理。这种业务常见于商场、超市及企业的各零售店。

零售业务的业务处理流程如图 5-4 所示。

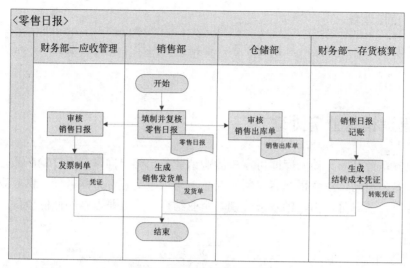

图 5-4　零售日报业务流程

5.2.5　委托代销业务

委托代销业务,指企业将商品委托他人进行销售但商品所有权仍归本企业的销售方式,委托代销商品销售后,受托方与企业进行结算,并开具正式的销售发票,形成销售收入,商品所有权转移。

委托代销业务的业务流程和单据流程如图 5-5 所示。

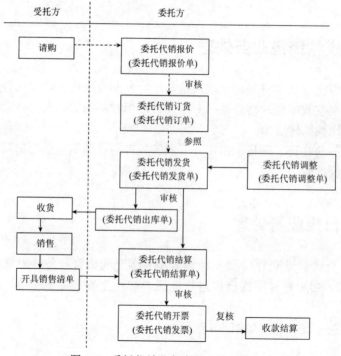

图 5-5　委托代销业务流程及单据流程

5.2.6　销售退货业务处理

销售退货是指客户因质量、品种、数量不符合规定要求而将已购货物退回。销售退货业务包括普通销售退货和委托代销退货业务的处理，分为开具发票前退货和开具发票后退货，委托代销结算前退货和委托代销结算后退货。不同阶段发生的退货业务其业务处理不完全相同。

1. 先发货后开票业务模式下的退货处理流程

(1) 填制退货单，审核该退货单。
(2) 根据退货单生成红字销售出库单，传递至库存管理系统。
(3) 填制红字销售发票，复核后的红字销售发票自动传递至应收款管理系统。
(4) 红字销售发票经审核，形成红字应收款。
(5) 红字销售出库单在存货核算系统记账，进行成本处理。

2. 开票直接发货退货业务的处理流程

(1) 填制红字销售发票，复核后自动生成退货单。
(2) 生成红字销售出库单。
(3) 复核后的红字销售发票自动传递至应收款管理系统，审核后，形成红字应收款。
(4) 审核后的红字出库单在存货核算系统记账，进行成本处理。

5.3　重点难点解析

5.3.1　价格管理

企业对外销售商品时，商品的价格不是一成不变的，有时需要根据客户的级别采取不同的价格政策。如批发商价格、代销商价格，有时甚至需要为不同类别的客户或每一个单独的客户制定不同的价格。这就要求销售管理系统中具有价格管理功能以适用于不同情境下的销售。

价格管理主要功能如表 5-1 所示。

表 5-1　价格管理功能

功能名称	功能说明	备注
价格管理	设置对于不同级别的客户的存货价格	批发价和零售价分别可以设置 10 级
存货价格	记录存货价格调整、变动记录	
客户价格	记录针对客户的存货价格调整、变动	客户档案中需选择价格级别
大类折扣	可以根据以下三种组合定义扣率：客户大类+存货大类、客户+存货大类、客户	
批量折扣	可以根据销售批量的不同给予不同的折扣	购买 100 个女士钱包扣率为 2%

5.3.2　代垫费用与销售费用支出

1. 代垫费用

代垫费用是指在销售业务中，随货物销售所支付的将来需向客户收取的费用项目，如运杂费、保险费等。

代垫费用实际上形成了企业对客户的应收款。在 U8 销售管理系统中可以通过代垫费用单记录代垫费用的形成，之后在应收款管理系统中进行应收的审核及收款核销处理。

2. 销售费用支出

销售费用支出是指在销售业务中，随货物销售所发生的向客户支付的业务执行费。销售费用支出处理的目的在于让企业掌握用于某客户费用支出的情况，以及承担这些费用的销售部门或业务员的情况，作为对销售部门或业务员的销售费用和经营业绩的考核依据。

销售费用支出不形成企业的应收，后期无须向客户收取。在 U8 销售管理系统中可以通过销售费用支出单来记录，且仅作为销售费用的统计单据，与其他产品没有传递或关联关系。

5.3.3　销售收款结算的几种情况

按照开具销售发票与收款时间的不同，收款结算分为预收货款、开票即收(即现结)和形成应收 3 种情况。U8 提供对这 3 种情况的支持。

对于紧俏物资，可能要求客户预先支付部分订金，待开票结算时可先用预收款冲销部分应收，再收取余款。

现结是指向客户开具销售发票的同时收款，账务处理上不再走应收账款过渡科目。

形成应收是先根据发票确认应收账款，过后再根据合同或定期向客户收款。

实践应用

实验一　普通销售业务——先发货后开票

📢　实验目的

1. 理解 U8 先发货后开票普通销售业务的处理流程。
2. 掌握先发货后开票普通销售业务的处理方法。

📢 实验内容

1. 代垫费用销售业务的处理。
2. 现结销售业务的处理。
3. 形成应收销售业务的处理。
4. 一次销售分批发货开票的销售业务的处理。

📢 实验准备

引入"4-5 采购退货业务"账套数据。

📢 实验资料

1. 先发货后开票的普通销售业务—代垫运费

2021 年 1 月 15 日，青岛百信商贸有限公司欲订购华晨 128G 平板电脑 100 部，本公司报价 2400 元/部。

1 月 15 日，本公司与青岛百信商贸有限公司协商，议定华晨 128G 平板电脑无税单价为 2350 元。

1 月 15 日，本公司从电脑仓发货，并以现金代垫运费 500 元；同日开具销售专用发票，发票号为 ZY5101，结转销售成本。

1 月 16 日，青岛百信电汇 260 239 元(享受现金折扣 5311 元)，用于支付本次除运费外的全部货款。

2. 现结销售

2021 年 1 月 16 日，本公司收到北京优品商业集团于 2020 年 12 月 12 日购买的华星 32G 平板电脑的价税款 132 775 元(电汇号为 DH02001899)，立即为对方开具销售专用发票(ZY5102)，并确认出库成本。

3. 先发货后开票的普通销售业务—一次订货分批发货、分存货开票

2021 年 1 月 17 日，北京优品商业集团订购华星 32G 平板电脑 60 部，华晨 32G 平板电脑 60 部，合同约定华星 32G 平板电脑 2300 元/部，华晨 32G 平板电脑 1600 元/部；运费由本公司承担，要求发货日期为 1 月 18 日，并且分存货分别开具销售发票。本公司同意对方的订货要求。

2021 年 1 月 18 日，本公司从电脑仓向北京优品商业集团发出华星 32G 平板电脑和华晨 32G 平板电脑各 60 部，并支付了按合同规定应由本公司承担的运杂费 300 元(现金支付)。同日，公司开具两张销售专用发票，华星 32G 平板电脑发票号为 ZY5103；华晨 32G 平板

电脑发票号为 ZY5104。对方电汇(DH0077889)款项 155 940 元已经收到，系付华星 32G 平板电脑的价税款。华晨 32G 平板电脑货款暂欠。确认出库成本。

📢 实验要求

以账套主管"101 周健"的身份进行销售业务处理。

📢 操作指导

1. 第 1 笔销售业务

业务特征：先发货后开票全流程普通销售业务。本笔业务涉及报价、订货、发货、出库、开票、应收处理等环节，且伴有代垫运费的发生，收款环节考虑现金折扣处理。

本笔业务处理流程如图 5-6 所示。

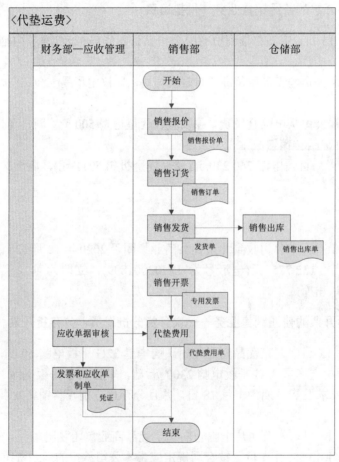

图 5-6　第 1 笔业务处理流程

1) 销售报价　**(微课视频：WZ05010101)**

① 在销售管理系统中，执行"销售报价"|"销售报价单"命令，进入"销售报价单"窗口。

② 单击"增加"按钮，输入表头信息：业务类型为"普通销售"，销售类型为"普通销售"，日期修改为"2021-01-15"，客户简称为"百信"，税率为"13%"。表体中的存货为"华晨128G"，数量为100部，报价为2400元/部。单击"保存"按钮。

③ 单击"审核"按钮，结果如图5-7所示。

图 5-7　销售报价单

👆 **提示:**

● 销售报价单只能手工输入。

● 销售报价单没有审核前，可以单击"修改"按钮进行修改；如果已经审核，则必须先取消审核，然后才能修改。

● 报价单被参照后与销售订单不建立关联，即使审核后也可以删除。

● 已经保存的报价单可以在报价单列表中查询，所选择报价单打开后，可以执行弃审、修改、删除等操作。

2) 销售订货　**(微课视频：WZ05010102)**

① 在销售管理系统中，执行"销售订货"|"销售订单"命令，进入"销售订单"窗口。

② 单击"增加"按钮，单击"生单"按钮旁的下拉按钮打开列表，选择"报价"，打开"查询条件选择-订单参照报价单"对话框。单击"确定"按钮，进入"参照生单"窗口。

③ 双击选中日期为 1 月 15 日的百信的报价单，单击"OK 确定"按钮。

④ 系统根据报价单自动生成一张销售订单。修改订单与报价单不一致的信息，无税单价为 2 350 元，单击"保存"按钮

⑤ 单击"审核"按钮，结果如图 5-8 所示。

图 5-8　销售订单

提示:

- 销售订单可以手工输入，也可以根据销售报价单参照生成。
- 参照报价单生成的销售订单，所有从报价单带入的信息均可修改。同时还可以在销售订单上增行、删行。
- 已经保存的销售订单可以在订单列表中查询。没有被下游参照的订单可以在打开单据后执行弃审、修改、删除等操作。
- 已经审核的销售订单可以修改。在订单列表中，打开该销售订单，单击"变更"按钮，可以修改。

3) **销售发货**　(微课视频: **WZ05010103**)

① 在销售管理系统中，执行"销售发货"|"发货单"命令，进入"发货单"窗口。

② 单击"增加"按钮，打开"查询条件选择-参照订单"对话框。

③ 单击"确定"按钮，进入"参照生单"窗口。选择百信的订单。单击"OK 确定"按钮，系统参照销售订单自动生成发货单。

④ 仓库名称输入为"电脑仓"。单击"保存"按钮。

⑤ 单击"审核"按钮，结果如图 5-9 所示。关闭当前窗口。

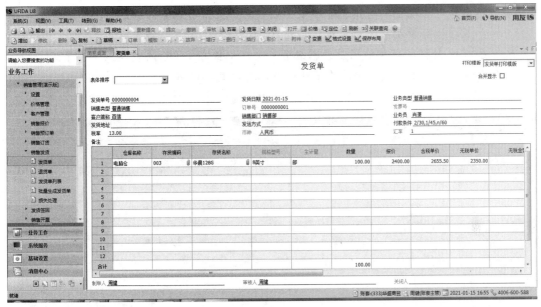

图 5-9　发货单

✍ **提示**:

- 销售发货单可以手工输入，也可以参照销售订单生成。如果销售系统选项中设置了"普通销售必有订单"，则只能参照生成。
- 如果发货单等单据已经被下游单据参照，则不能直接修改、删除。如果需要修改或删除，则必须先删除下游单据，然后取消审核，再修改或删除。

4) 销售出库　**(微课视频: WZ05010104)**

① 在库存管理系统中，执行"出库业务"|"销售出库单"命令，进入"销售出库单"窗口。

② 单击"末张"按钮➡|，找到根据发货单生成的销售出库单。单击"审核"按钮，审核成功后的出库单如图 5-10 所示。

✍ **提示**:

- 如果在销售管理系统选项中设置了"销售生成出库单"，则系统根据销售发货单自动生成出库单。
- 如果在销售管理系统选项中没有设置"销售生成出库单"，则在库存管理系统的销售出库单窗口中，单击"生单"按钮，系统显示出库单查询窗口。用户自行选择过滤单据生成销售出库单。
- 在库存管理系统中生成的销售出库单，可以在销售管理系统的账表查询中，通过联查单据查询。

- 在由库存管理生单向销售管理生单切换时，如果有已审核的发货单、已复核的发票未在库存管理系统中生成销售出库单，将无法生成销售出库单。因此，应检查已审核/复核的销售单据是否已经全部生成销售出库单后再切换。
- 系统自动生成的销售出库单不能修改，可以直接审核。

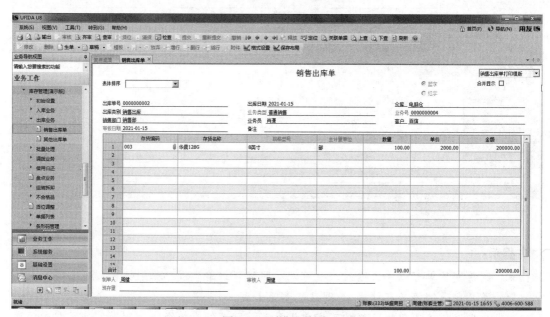

图 5-10　销售出库单

5) 销售开票　**(微课视频：WZ05010105)**

① 在销售管理系统中，执行"销售开票"|"销售专用发票"命令，进入"销售专用发票"窗口。

② 单击"增加"按钮，系统自动弹出"查询条件选择-发票参照发货单"对话框。单击"确定"按钮，进入"参照生单"窗口，系统根据过滤条件显示符合条件的全部单据。

③ 双击要参照的单据的选择栏，出现"Y"表示选择成功。单击"OK确定"按钮。

④ 系统自动生成一张销售专用发票。修改发票日期和发票号，单击"保存"按钮。

⑤ 单击"复核"按钮，复核销售专用发票。

⑥ 在销售专用发票界面单击"代垫"按钮，或执行"代垫费用"|"代垫费用单"命令，进入"代垫费用单"窗口。

⑦ 输入代垫费用及其相关内容。单击"保存"按钮，再单击"审核"按钮，结果如图 5-11 所示。

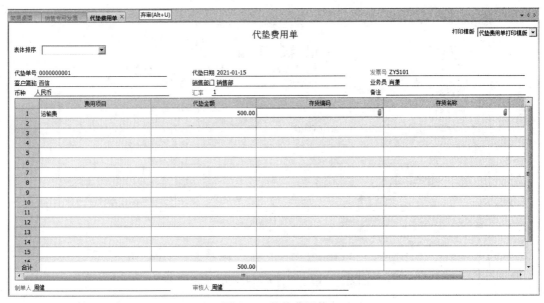

图 5-11　代垫费用单

提示:

- 代垫费用单可以在销售管理系统的专用发票窗口中，生成销售专用发票保存后，单击"代垫"按钮，弹出"代垫费用单"窗口，输入"代垫费用单"。
- 代垫费用单也可以通过执行"销售管理"|"代垫费用"|"代垫费用单"命令进行输入。
- 代垫费用单保存后自动生成其他应收单并传递至应收款管理系统。
- 销售管理系统只能记录代垫费用，却不能对代垫费用制单。其凭证需要在应收款管理系统审核代垫费用单后，才能制单。

6) 审核应收单据确认应收　**(微课视频: WZ05010106)**

① 在应收款管理系统中，执行"应收单据处理"|"应收单据审核"命令，打开"应收单查询条件"对话框。

② 单击"确定"按钮，进入"单据处理"窗口。选择需要审核的销售专用发票和代垫费用形成的其他应收单。单击"审核"按钮，系统弹出"本次审核成功单据 2 张"信息提示框。单击"确定"按钮返回。

③ 执行"制单处理"命令，打开"制单查询"对话框。选择"发票制单"和"应收单制单"，单击"确定"按钮，进入"制单"窗口。

④ 单击"全选"按钮，在需要制单的两个记录前的"选择标志"栏分别显示"1"和"2"，表示选择"1"的单据生成一张凭证，选择"2"的单据生成另一张凭证。

⑤ 单击"制单"按钮，系统根据销售专用发票生成第一张记账凭证，单击"保存"按钮，系统显示"已生成"标志，结果如图 5-12 所示。

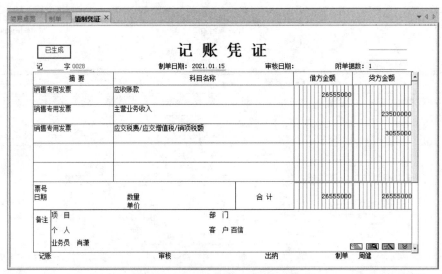

图 5-12 根据销售专用发票生成凭证

⑥ 单击"下张凭证"按钮 ➡ ，在第 2 行科目名称栏输入"1001"，单击"保存"按钮，结果如图 5-13 所示。

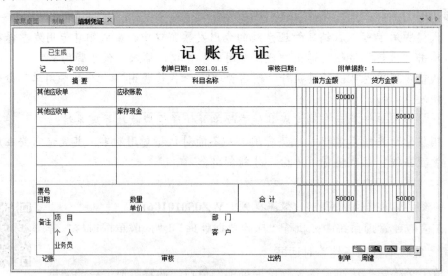

图 5-13 代垫费用生成记账凭证

7) 销售出库记账并结转销售成本 **(微课视频: WZ05010107)**

① 在存货核算系统中，执行"业务核算"|"正常单据记账"命令，打开"查询条件选择"对话框。

② 选择仓库"01 电脑仓"，单据类型"专用发票"。单击"确定"按钮，进入"未记账单据一览表"窗口。

③ 选择需要记账的单据，单击"记账"按钮，系统弹出"记账成功。"信息提示框，单击"确定"按钮返回。

提示:

- 记账后的单据在"正常单据记账"窗口中不再显示。
- 只有记账后的单据才能进行制单。

④ 执行"财务核算"|"生成凭证"命令,进入"生成凭证"窗口。

⑤ 单击"选择"按钮,打开"查询条件"对话框。选中"销售专用发票"复选框,单击"确定"按钮,进入"选择单据"窗口。

⑥ 选择需要生成凭证的单据,如图 5-14 所示。

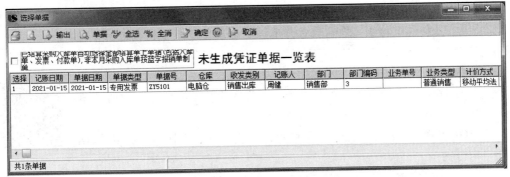

图 5-14　"选择单据"窗口

⑦ 单击"确定"按钮,进入"生成凭证"窗口。核对入账科目是否正确,确定无误后单击"生成"按钮,系统自动生成了一张结转销售成本的凭证。单击"保存"按钮,系统显示"已生成"标志,如图 5-15 所示。

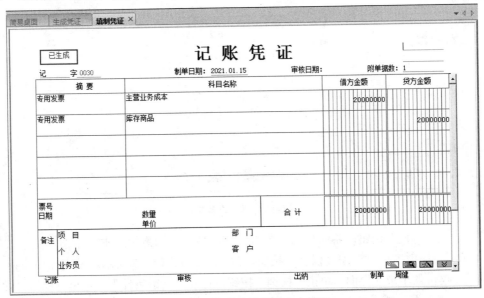

图 5-15　生成结转销售成本凭证

⑧ 关闭当前窗口。

提示:

- 存货核算系统必须执行正常单据记账后,才能确认销售出库的成本,并生成结转销售成本凭证。
- 正常单据记账后,可以执行取消记账操作,恢复到记账前状态。
- 可以根据每笔业务单据执行记账操作,也可以月末执行一次记账操作。
- 可以根据每笔业务结转销售成本,生成结转凭证;也可以月末集中结转,合并生成结转凭证。
- 存货采用先进先出法、后进先出法等方法核算,可以随时结转成本。如果存货采用全月加权平均法,则只能在月末计算存货单位成本和结转销售成本。

8) 收款核销 **(微课视频: WZ05010108)**

① 1月16日,在应收款管理系统中,执行"收款单据处理"|"收款单据录入"命令,进入"收付款单录入"窗口。

② 单击"增加"按钮,录入收款信息,单击"保存"按钮,如图 5-16所示。

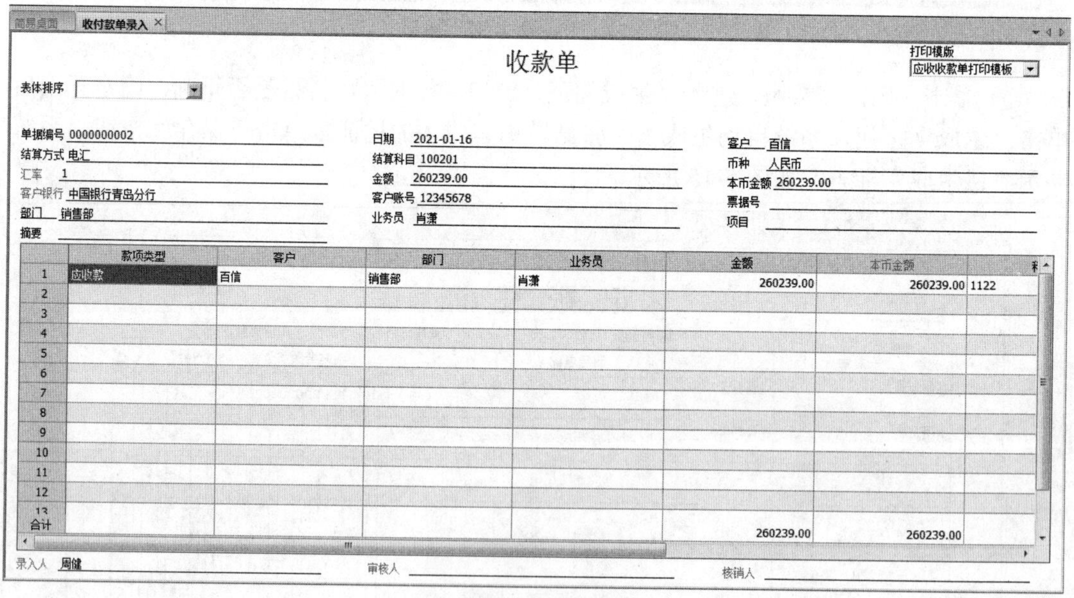

图 5-16 填制收款单

③ 单击"审核"按钮,系统弹出"是否立即制单?"信息提示框,单击"是"按钮,进入"填制凭证"窗口,单击"保存"按钮,生成凭证如图 5-17 所示。关闭当前窗口。

④ 在收付款单录入界面,单击"核销"按钮,打开"核销条件"对话框,单击"确定"按钮,进入"单据核销"窗口。在窗口下方销售专用发票的"本次结算"栏输入"260 239",如图 5-18 所示。单击"保存"按钮,核销部分应收。

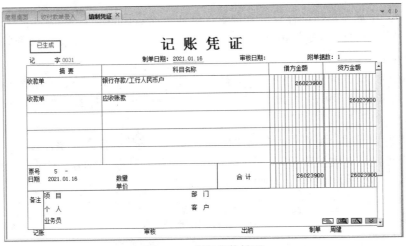

图 5-17　收取货款凭证

图 5-18　核销应收

9) 现金折扣的账务处理　**(微课视频：WZ05010109)**

① 在应收款管理系统中，执行"制单处理"命令，打开"制单查询"对话框。

② 选择"核销制单"，单击"确定"按钮，进入"制单"窗口。

③ 选中要制单的单据，单击"制单"按钮，录入"填制凭证"窗口。

④ 单击"保存"按钮，保存凭证。

现金折扣的会计分录如下所示。

借：财务费用　　　　 5311

　　贷：应收账款　　　　 5311

2. 第 2 笔销售业务

业务特征： 本笔业务属于上年已经发货的销售业务，本期开具销售专用发票同时收到货款。

1) 在销售管理系统开具销售专用发票　**(微课视频：WZ05010201)**

① 在销售管理系统中，执行"销售开票"|"销售专用发票"命令，进入"销售专用发票"窗口。

② 单击"增加"按钮，打开"查询条件选择—发票参照发货单"对话框。"客户"选择"001 优品"，单击"确定"按钮，进入"参照生单"窗口，系统根据过滤条件显示符合条件的全部单据。

③ 在要参照的发货单记录中的"选择"栏双击，出现"Y"表示选择成功，窗口下方显示发货单存货记录，单击"OK 确定"按钮，系统根据所选择的发货单和存货自动生成一张销售专用发票。

④ 修改发票日期、发票号，单击"保存"按钮，确认并保存发票信息。

⑤ 若开票的同时收到款项，则单击"现结"按钮，打开"现结"对话框。输入结算方式、票据号、结算金额等信息，如图 5-19 所示。

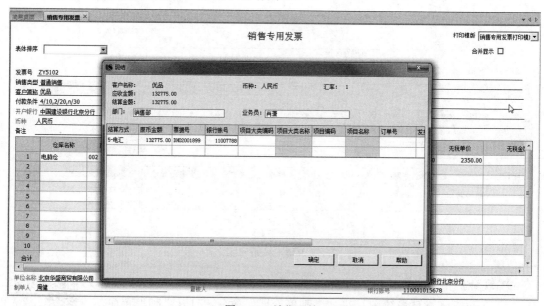

图 5-19　销售现结

⑥ 单击"确定"按钮，销售专用发票左上角显示"现结"字样。

⑦ 单击"复核"按钮，对销售专用发票进行复核，底部复核人处签署当前操作员姓名。

⑧ 关闭当前窗口。

提示：

- 销售专用发票可以参照发货单自动生成，也可以手工输入。
- 只有在基础档案中设置了客户的开户银行、税号等信息，这样才能为客户开具销售专用发票，否则只能开具普通发票。
- 开具销售专用发票现结时，需要输入客户的银行账号，否则只能开具普通发票进行现结处理。
- 如果在销售管理系统销售选项的"其他控制"选项卡中，选择"新增发票默认参照发货单生成"，则新增发票时系统自动弹出"选择发货单"对话框。系统默认为"新增发票默认参照订单生成"。

- 如果需要手工输入销售专用发票，则必须将销售系统选项中的"普通销售必有订单"选中标记取消，否则只能参照生成，不能手工输入。
- 如果一张发货单需要分次开具发票，则需要修改发票数量等信息。
- 系统自动生成发票后，如果直接单击"复核"按钮，则不能进行现结处理，只能确认为应收账款。
- 如果需要现结处理，则在自动生成销售发票时，先单击"现结"按钮，进行现结处理，再单击"复核"按钮。
- 已经现结或复核的发票不能直接修改。如果需要修改，可以先单击"弃结"和"弃复"按钮，然后单击"修改"按钮，修改确认后单击"保存"按钮。
- 已经现结或复核的发票不能直接删除。如果需要删除，需要先单击"弃结"和"弃复"按钮。

---

2) 在应收款管理系统审核销售专用发票并制单　(微课视频：
WZ05010202)

① 在应收款管理系统中，执行"应收单据处理" | "应收单据审核"命令，打开"应收单查询条件"对话框。

② 选中"包含已现结发票"复选框，如图 5-20 所示。

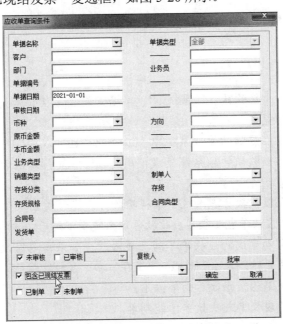

图 5-20　"应收单查询条件"对话框

③ 单击"确定"按钮，进入"单据处理"窗口。

④ 在应收单据列表的"选择"栏处双击或单击"全选"按钮，选中需要审核的应收单据，单击"审核"按钮，系统弹出"本次审核成功单据[1]张"信息提示框，单击"确定"按钮。

⑤ 执行"制单处理"命令，打开"制单查询"对话框。选中"现结制单"复选框，单击"确定"按钮，进入"制单"窗口。

⑥ 单击"全选"按钮，再单击"制单"按钮，生成记账凭证。单击"保存"按钮，系统显示"已生成"标志，如图 5-21 所示。

⑦ 关闭当前窗口。

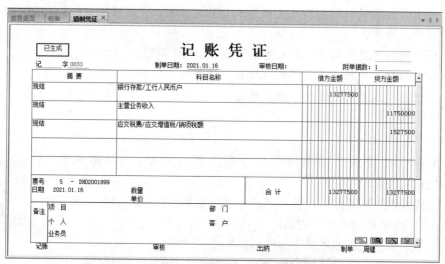

图 5-21　现结制单生成凭证

提示:

- 可以通过执行"应收款管理系统"|"单据查询"|"凭证查询"命令，查询根据应收单据生成的凭证。
- 应收单据可以在应收款管理系统中手工录入，也可以由销售发票自动生成。当销售管理系统与应收款管理系统集成使用时，销售发票复核后自动生成应收单并传递至应收款管理系统。
- 应收单需要在应收款管理系统中审核确认，才能形成应收款项。
- 如果是现结，应收单也必须在应收款管理系统中审核后，才能确认收取的款项。
- 由销售发票自动生成的应收单不能直接修改。如果需要修改，则必须在销售系统中取消发票的复核。单击"修改""保存"和"复核"按钮，根据修改后的发票生成的应收单就是已经修改后的单据了。
- 只有审核后的应收单或收款单才能制单。
- 可以根据每笔业务制单，也可以月末一次制单。如果采用月末处理，可以按业务分别制单，也可以合并制单。
- 已经制单的应收单或收款单不能直接删除。
- 如果需要删除已经生成凭证的单据或发票，必须先删除凭证，然后在"应收单审核"窗口中取消审核操作，才能删除。

3) 在存货核算系统中进行记账并结转销售成本 **(微课视频：WZ05010203)**

① 在存货核算系统中，执行"业务核算"|"正常单据记账"命令，打开"查询条件选择"对话框。

② 选择仓库"01 电脑仓"，单据类型"专用发票"。单击"确定"按钮，进入"未记账单据一览表"窗口。

③ 选择需要记账的单据，单击"记账"按钮，系统弹出"记账成功。"信息提示框，单击"确定"按钮返回。

✎ **提示：**

- 记账后的单据在"正常单据记账"窗口中不再显示。
- 只有记账后的单据才能进行制单。

④ 执行"财务核算"|"生成凭证"命令，进入"生成凭证"窗口。

⑤ 单击"选择"按钮，打开"查询条件"对话框。选中"销售专用发票"复选框，单击"确定"按钮，进入"选择单据"窗口。选择需要生成凭证的单据，单击"确定"按钮，进入"生成凭证"窗口。

⑥ 核对入账科目是否正确，确定无误后单击"生成"按钮，系统自动生成了一张结转销售成本的凭证。单击"保存"按钮，系统显示"已生成"标志，如图 5-22 所示。

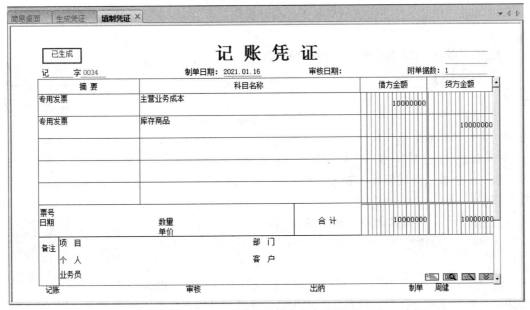

图 5-22　生成结转销售成本的凭证

⑦ 关闭当前窗口。

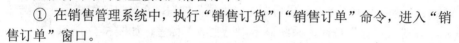

提示:

- 存货核算系统必须执行正常单据记账后,才能确认销售出库的成本,并生成结转销售成本凭证。
- 正常单据记账后,可以执行取消记账操作,恢复到记账前状态。
- 可以根据每笔业务单据执行记账操作,也可以月末执行一次记账操作。
- 可以根据每笔业务结转销售成本,生成结转凭证;也可以月末集中结转,合并生成结转凭证。
- 存货采用先进先出法、后进先出法等方法核算,可以随时结转成本。如果存货采用全月加权平均法,则只能在月末计算存货单位成本和结转销售成本。

3. 第 3 笔销售业务

业务特征: 本笔业务属于一次发货分存货开具销售专用发票,在销售过程中支付运杂费 300 元。

1) 销售订货 **(微课视频:WZ05010301)**

无报价环节可以直接录入销售订单。

① 在销售管理系统中,执行"销售订货"|"销售订单"命令,进入"销售订单"窗口。

② 单击"增加"按钮,按资料录入各项订单信息,单击"保存"按钮,再单击"审核"按钮。

2) 销售发货 **(微课视频:WZ05010302)**

① 1 月 18 日,执行"销售发货"|"发货单"命令,进入"发货单"窗口。

② 单击"增加"按钮,打开"查询条件选择"对话框,单击"确定"按钮,进入"参照生单"窗口。单击"确定"按钮,系统显示符合条件的销售订单。

③ 双击出现"Y",表示选中销售订单和相应的存货。单击"确定"按钮,系统自动参照销售订单生成销售发货单,输入仓库名称为"电脑仓",单击"保存"按钮,再单击"审核"按钮。

3) 销售开票 **(微课视频:WZ05010303)**

① 执行"销售开票"|"销售专用发票"命令,进入"销售专用发票"窗口。

② 单击"增加"按钮,打开"查询条件选择"对话框。单击"确定"按钮,系统显示符合条件的发货单,选中客户为北京优品商业集团的发货单,同时在存货中选择华星 32G 平板电脑,如图 5-23 所示。

图 5-23 选中部分存货开具发票

③ 单击"OK 确定"按钮，系统根据华星 32G 平板电脑生成专用发票。修改发票号，单击"保存"按钮。

④ 单击"现结"按钮，在结算窗口输入结算方式、结算金额等信息，单击"确定"按钮。最后单击"复核"按钮，确认并保存该专用发票，如图 5-24 所示。

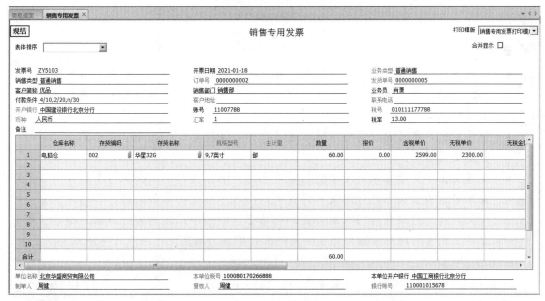

图 5-24 拆单销售发票

⑤ 单击"增加"按钮，打开"查询条件选择"对话框，单击"确定"按钮，进入"参照生单"窗口。选择发货单中的华晨 32G 平板电脑存货生成销售专用发票，补充录入发票号，单击"保存"按钮，单击"复核"按钮。

⑥ 单击"支出"按钮，进入"销售费用支出单"窗口。输入支付的运输费信息，依次单击"保存""审核"按钮，如图 5-25 所示。关闭返回销售发票界面。

图 5-25　销售费用支出单

 提示：

- 销售支出单可以通过在发票界面直接单击"支出"按钮，在销售费用支出窗口输入支付的各项费用。注意输入时在费用项目处先选择费用项目，系统自动带出费用项目编码。
- 销售支出单也可以在销售系统中通过执行"销售支出"|"销售支出单"命令输入费用支出信息。
- 销售支出单用于记录随货物销售所发生的为客户支付的业务执行费，目的在于让企业掌握用于某客户费用支出的情况，以及承担这些费用的销售部门或业务员的情况，作为对销售部门或业务员的销售费用和经营业绩的考核依据。销售费用支出单在销售管理中仅作为销售费用的统计单据，与其他产品没有传递或关联关系。

4) 审核应收单据并制单　**(微课视频：WZ05010304)**

① 在应收款管理系统中，执行"应收单据处理"|"应收单据审核"命令，对两张销售专用发票进行审核。

 提示：

其中一张专用发票为现结发票。

② 执行"制单处理"命令，选中"发票制单"和"现结制单"，生成凭证如图 5-26 和图 5-27 所示。

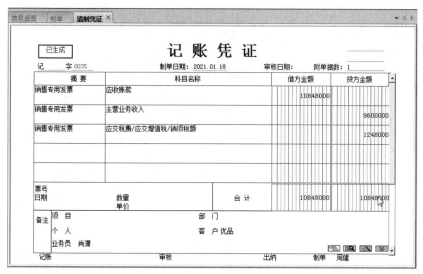

图 5-26 发票制单

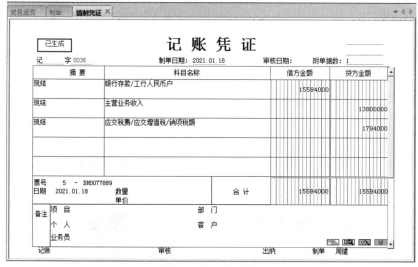

图 5-27 现结制单

5) 出库记账并结转销售成本 **(微课视频：WZ05010305)**

① 在库存管理系统中，执行"出库业务"|"销售出库单"命令，进入"销售出库单"窗口。系统根据发货单自动生成销售出库单，单击"审核"按钮。

② 在存货核算系统中，执行"业务核算"|"正常单据记账"命令，对本业务销售专用发票进行记账。

③ 执行"财务核算"|"生成凭证"命令，针对本业务发票进行"合成"制单，生成记账凭证，如图 5-28 所示。

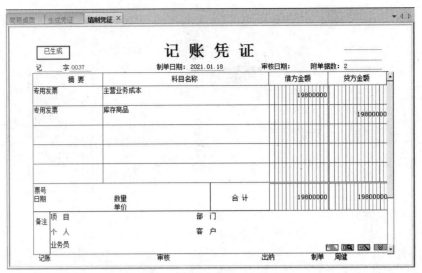

图 5-28　结转销售成本凭证

> **提示:**
>
> 存货核算系统制单时单击"生成"按钮表示每张销售出库单分别生成记账凭证,单击"合成"按钮表示多张销售出库单合并生成一张记账凭证。

4. 账套输出

销售业务全部完成后,将账套输出至"5-1 先发货后开票"文件夹中。

实验二　普通销售业务—先开票后发货

📢 实验目的

1. 理解 U8 先开票后发货普通销售业务的流程。
2. 掌握先开票后发货普通销售业务的处理方法。

📢 实验内容

1. 一次开票全部出库。
2. 一次开票分批出库。
3. 账套输出。

📢 实验准备

引入"5-1 先发货后开票"账套数据。

📢 实验资料

1. 先开票后发货(包括开票直接发货)

2021 年 1 月 20 日，北京优品商业集团派采购员到本公司订购无绳电话 200 部，经协商，双方认定的价格为 130 元/部，本公司开具销售专用发票(ZY5201)，收到对方的转账支票(ZZ185201)。采购员当日从电话仓提货。

2. 一次开票分批出库

2021 年 1 月 20 日，上海隆盛贸易公司采购员到本公司采购视频电话 300 部，双方协商价格为 2100 元/部，本公司立即开具销售专用发票(ZY5202)，于本月 20 日和 22 日分两批出库，20 日提货 180 部，22 日提货 120 部。

3. 一次开票部分出库

2021 年 1 月 22 日，青岛百信商贸有限公司订购华晨 128G 平板电脑 40 部、华晨 32G 平板电脑 40 部。华晨 128G 平板电脑 2400 元/部，华晨 32G 平板电脑 1600 元/部。本公司于 22 日开具销售专用发票(ZY5203)，对方于当日提走华晨 128G 平板电脑 40 部，华晨 32G 平板电脑尚未提货。

📢 实验要求

以账套主管"101 周健"的身份进行销售业务处理。

📢 操作指导

开票直接发货或者先开票后发货的销售业务，这两类业务都可以直接开具发票，系统根据发票自动生成发货单，并根据发货单参照生成销售出库单。这两类业务可以是现销业务，也可以是赊销业务。如果存货采用先进先出法核算，也可以随时结转销售成本。

1. 第 1 笔销售业务

业务特征：本笔业务属于开票直接发货的普通销售业务，需要手工开具销售专用发票，根据销售发票生成销售发货单、销售出库单，确认收入，收取价税款。

1) 销售开票并现结　**(微课视频：WZ05020101)**

① 在销售管理系统中，执行"销售开票"|"销售专用发票"命令，进入"销售专用发票"窗口。

② 单击"增加"按钮，打开"查询条件选择—发票参照发货单"对话框，单击"取消"按钮，关闭该对话框，返回"销售专用发票"窗口。

③ 手工输入发票的表头和表体信息：业务类型为"普通销售"，客户为"001 北京优品商业集团"，开票日期为"2021 年 1 月 20 日"，发票号为"ZY5201"；在表体选择仓库名称为"电话仓"，存货名称为"无绳电话"，输入数量为"200"、无税单价为"130"。全部信息输入后，单击"保存"按钮。

④ 单击"现结"按钮，打开"现结"对话框，输入结算方式为"转账支票"(ZZ185201)，全额支付。

⑤ 单击"确定"按钮。发票上自动显示"现结"标志，单击"复核"按钮，结果如图 5-29 所示。

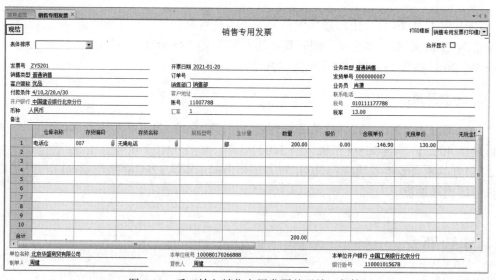

图 5-29　手工输入销售专用发票并现结、复核

2) 在销售管理系统中查看销售发货单　**(微课视频：WZ05020102)**

① 执行"销售发货"|"发货单"命令，进入"发货单"窗口。

② 单击"末张"按钮 ➡，系统根据复核后的销售专用发票自动生成一张已经审核的销售发货单，如图 5-30 所示。

✍ 提示：

根据销售专用发票生成的发货单信息不能修改，发货单日期为操作业务日期。如果需要与发票日期相同，则注册进入企业应用平台的日期应该与发票日期相同，否则，发货单日期不等于发票日期。其他由系统自动生成的单据或凭证日期也是如此。

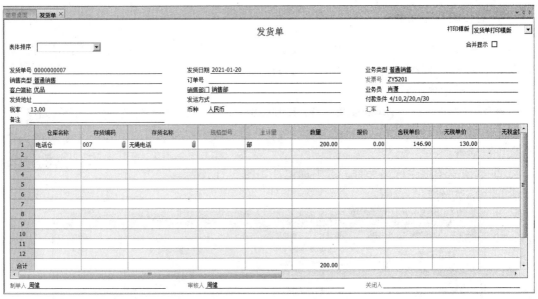

图 5-30 根据销售发票生成的发货单

3) 在库存管理系统中审核销售出库单 **(微课视频: WZ05020103)**

① 在库存管理系统中，执行"出库业务"|"销售出库单"命令，进入"销售出库单"窗口。

② 单击"末张"按钮 ➡|，找到根据销售发票生成的销售出库单，单击"审核"按钮。

4) 在应收款管理系统审核销售专用发票并制单 **(微课视频: WZ05020104)**

① 在应收款管理系统中，执行"应收单据处理"|"应收单据审核"命令，对已现结的发票进行审核。

② 执行"制单处理"命令，进行现结制单。

5) 在存货核算系统中进行出库记账 **(微课视频: WZ05020105)**

① 在存货核算系统中，执行"业务核算"|"正常单据记账"命令，打开"查询条件选择"对话框。单击"确定"按钮，进入"未记账单据一览表"窗口。

② 选中要记账的单据，单击"记账"按钮。系统弹出"记账成功。"信息提示框，单击"确定"按钮返回。

提示:

因为电话仓的存货核算方法采用的是全月平均法，因此需要月末计算平均单价后方能结转销售成本。

2. 第 2 笔销售业务

业务特征： 本笔业务属于先开票后发货，并且一次发货分次出库。此前销售出库单根据发货单生成，数量与发货单一致，不可修改。若一次发货分次出库，需要设置在库存管理系统中生成销售出库单。

1) 设置销售选项　**(微课视频：WZ05020201)**

① 在销售管理系统中，执行"设置"|"销售选项"命令，打开"销售选项"对话框。

② 取消"销售生成出库单"选中标记，如图 5-31 所示。

③ 单击"确定"按钮。

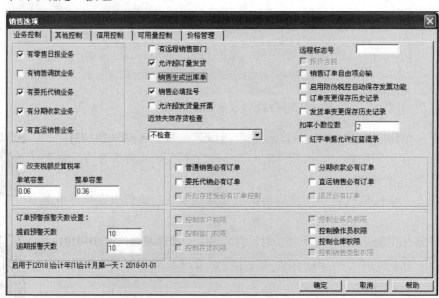

图 5-31　修改"销售选项"—取消选中"销售生成出库单"复选框

提示：

- 取消选中"销售生成出库单"复选框意味着之后的销售出库单在库存管理系统中生成。
- 选中"销售生成出库单"复选框时，销售出库单根据发货单自动生成，发货单上的数量自动带入出库单，不能修改，只能一次发货全部出库。取消该选项选中标记，销售出库单可以参照发货单生成，但数量可以修改，可以实现一次发货分批出库。

2) 在销售管理系统中开具销售专用发票　**(微课视频：WZ05020202)**

① 1 月 20 日，在销售管理系统中，执行"销售开票"|"销售专用发票"命令，进入"销售专用发票"窗口。

② 单击"增加"按钮，打开"查询条件选择—发票参照发货单"对话框，单击"取消"按钮，手工输入发票的各项信息，单击"保存"按钮，

再单击"复核"按钮。

3) 在库存管理系统中分次生成销售出库单 **(微课视频: WZ05020203)**

① 在库存管理系统中,执行"出库业务"|"销售出库单"命令,进入"销售出库单"窗口。

② 单击"生单"下拉按钮,选中"销售生单",打开"查询条件选择"对话框。单击"确定"按钮,进入"销售生单"窗口。选中要参照的发货单,单击"OK确定"按钮返回销售出库单界面。

③ 修改出库数量为"180"。单击"保存"按钮,再单击"审核"按钮,如图 5-32 所示。

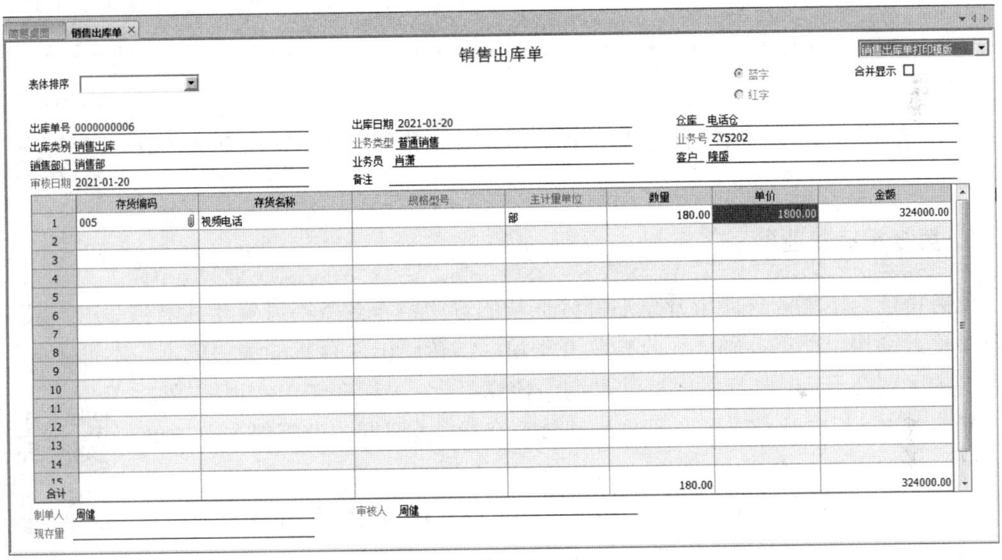

图 5-32 分次生成销售出库单

4) 在应收款管理系统中审核销售专用发票并制单 **(微课视频: WZ05020204)**

① 在应收款管理系统中,执行"应收单据处理"|"应收单据审核"命令,审核销售专用发票。

② 执行"制单处理"命令,打开"制单查询"对话框,选择"发票制单",生成记账凭证,然后单击"保存"按钮。

5) 在库存管理系统中第 2 次出库 **(微课视频: WZ05020205)**

① 1 月 22 日,在库存管理系统中,执行"出库业务"|"销售出库单"命令,进入"销售出库单"窗口。

② 单击"生单"下拉按钮,选中"销售生单",打开"查询条件选择"对话框。单击"确定"按钮,进入"销售生单"窗口。

③ 选中要参照的发货单,发货单表体记录中的存货未出库数量为"120",如图 5-33 所示。

④ 单击"OK 确定"按钮,系统根据选择的发货单生成一张未保存的销售出库单,数量为"120"。单击"保存"按钮,再单击"审核"按钮。

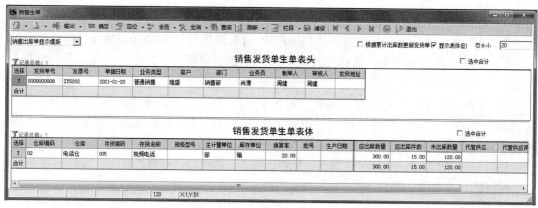

图 5-33　第 2 次出库参照发货单

6) 在存货核算系统中对销售发票进行单据记账　**(微课视频：WZ05020206)**
操作步骤略。

3. 第 3 笔销售业务

业务特征：本笔业务属于开票后部分提货的普通销售业务，需要开具销售专用发票、生成发货单、销售出库单，确认应收账款并制单。结转已出库存货的销售成本。本笔业务和上笔业务的区别在于：电脑仓采用移动平均法核算存货，可以在销售实现的同时结转销售成本，而电话仓采用全月平均法核算存货，需要期末处理得到存货单价后才能结转销售成本。

1) 在销售管理系统开具销售专用发票并复核　**(微课视频：WZ05020301)**
操作步骤略。

2) 在库存管理系统中生成出库单并审核　**(微课视频：WZ05020302)**
注意参照发货单生单时，只选择华晨 128G 平板电脑出库。

3) 在应收款系统中审核销售专用发票并进行发票制单　**(微课视频：WZ05020303)**

生成凭证：

借：应收账款　　　　　　　　　　180 800
　　贷：主营业务收入　　　　　　　160 000
　　　　应交税费——应交增值税——销项税额　20 800

4) 在存货核算系统中进行单据记账、结转销售成本　**(微课视频：WZ05020304)**

① 在存货核算系统中，执行"业务核算"|"正常单据记账"命令，打开"查询条件选择"对话框。单击"确定"按钮，对本笔业务销售专用发票进行记账。

② 执行"财务核算"|"生成凭证"命令，进入"生成凭证"窗口。选择"销售专用发票"生成的结转销售成本的凭证，如图 5-34 所示。单击"退出"按钮。

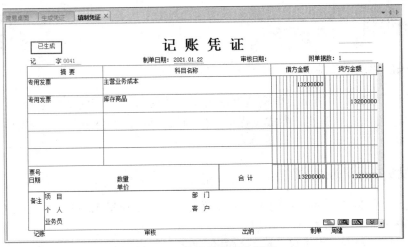

图 5-34　结转销售成本凭证

4. 账套输出

销售业务全部完成后，将账套输出至"5-2 先开票后发货"文件夹中。

实验三　销售退货业务

📢 实验目的

1. 了解销售过程中各种退货的处理流程。
2. 掌握销售过程中退货业务的处理方法。

📢 实验内容

1. 尚未出库的退货。
2. 已发货未开票的退货。
3. 已收款的退货。
4. 已结转销售成本的退货。
5. 账套输出。

📢 实验准备

1. 引入"5-2 先开票后发货"账套数据。
2. 在第 1 笔退货业务处理完毕后，设置销售选项"销售生成出库单"。

实验资料

1. 尚未出库的退货业务

2021 年 1 月 24 日，青岛百信商贸有限公司因故退回华晨 32G 平板电脑 10 部，无税单价为 1600 元(22 日已经开票、生成发货单，但尚未出库)。本公司开具红字销售专用发票，票号为 ZY5301。

2. 已发货未开票的退货业务

2021 年 1 月 24 日，本公司向上海隆盛贸易公司发出华星 128G 平板电脑 10 部，无税单价为 3 000 元。

1 月 25 日，对方因为质量问题全部退货(收到，入电脑仓)。本公司同意退货，该批平板电脑于 1 月 24 日发货，尚未开具发票。

3. 已收款的退货业务

2021 年 1 月 25 日，北京优品商业集团要求退货，退回无绳电话 20 部(电话仓)，无税单价为 130 元。该存货已于本月 20 日开具销售专用发票并收款。本公司同意退货，开具红字销售专用发票，票号为 ZY5302，同时办理退款手续(开出一张现金支票，票据号为 XJ181)。

4. 已收款并结转销售成本的退货业务

2021 年 1 月 25 日，青岛百信商贸有限公司因质量问题要求退回华晨 128G 平板电脑 6 部，无税单价为 2400 元。该存货的销售专用发票已于本月 22 日开具，同时货款收回，22 日发货并结转销售成本(单位成本为 2000 元)。本公司同意退货，开具红字销售专用发票，票号为 ZY5303，同时办理退款手续(电汇 DH001999)，当日收到退回的华晨 128G 平板电脑。

实验要求

以账套主管"101 周健"的身份进行销售业务处理。

操作指导

销售退货业务包括普通销售退货和委托代销退货业务的处理，分为开具发票前退货和开具发票后退货，委托代销结算前退货和委托代销结算后退货。不同阶段发生的退货业务其业务处理不完全相同。

先发货后开票业务模式下的退货处理流程

(1) 填制退货单，审核该退货单。

(2) 根据退货单生成红字销售出库单，传递至库存管理系统。

(3) 填制红字销售发票，复核后的红字销售发票自动传递至应收款管理系统。

(4) 红字销售发票经审核，形成红字应收款。

(5) 红字销售出库单在存货核算系统中记账，进行成本处理。

开票直接发货退货业务处理流程

(1) 填制红字销售发票，复核后自动生成退货单(或先录退货单，再参照生成红字发票)。

(2) 生成红字销售出库单。

(3) 复核后的红字销售发票自动传递至应收款管理系统，审核后，形成红字应收款。

(4) 审核后的红字出库单在存货核算系统中记账，进行成本处理。

1. 第 1 笔退货业务的处理

本笔业务属于先开票后发货的普通销售业务，已经给对方开出发货单，但尚未出库，因此，退货时需要输入退货单，开具红字专用销售发票。由于尚未生成销售出库单，所以，不必生成红字销售出库单。

1) 在销售管理系统中填制并审核退货单　**(微课视频：WZ05030101)**

① 在销售管理系统中，执行"销售发货"|"退货单"命令，进入"退货单"窗口。

② 单击"增加"按钮，打开"查询条件选择—退货单参照发货单"对话框。单击"取消"按钮返回。

③ 手工填制一张退货单。仓库为"01 电脑仓"，存货为"004 华晨 32G"，数量为"-10"，无税单价为"1600"，单击"保存"按钮。

④ 单击"审核"按钮，如图 5-35 所示。

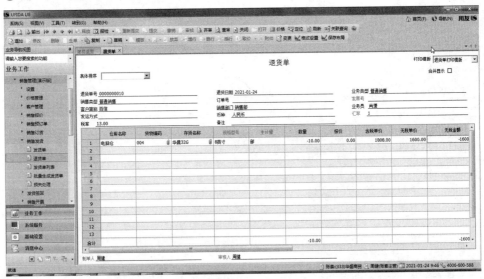

图 5-35　退货单

2) 在销售管理系统中生成红字销售专用发票并复核　**(微课视频：WZ05030102)**

① 执行"销售开票"|"红字专用销售发票"命令，进入红字"销售专用发票"窗口。

② 单击"增加"按钮，打开"查询条件选择—发票参照发货单"对话框。发货单类型选择"红字记录"，如图 5-36 所示。单击"确定"按钮，进入"参照生单"窗口。

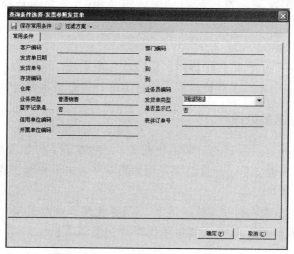

图 5-36　红字发票参照退货单

③ 单击"全选"按钮，单击"OK 确定"按钮，生成红字专用销售发票。补充录入发票号，单击"保存"按钮。

④ 单击"复核"按钮，如图 5-37 所示。

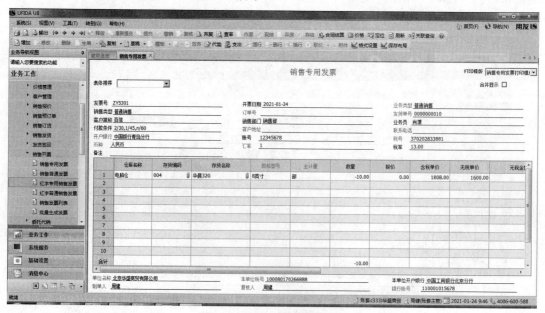

图 5-37　红字专用销售发票

3) 在应收款管理系统中审核红字销售专用发票并制单　**(微课视频：WZ05030103)**

① 在应收款管理系统中，执行"应收单据处理"|"应收单据审核"命令，对红字销售专用发票进行审核。

② 执行"制单处理"命令，选择发票制单，系统生成一张红字凭证，单击"保存"按钮，如图 5-38 所示。

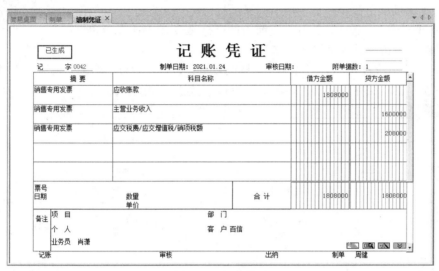

图 5-38　红字凭证

4) 在存货核算系统中进行单据记账并生成凭证

① 在存货核算系统中，执行"业务核算"|"正常单据记账"命令，对红字销售专用发票进行记账处理。

② 在存货核算系统中，执行"财务核算"|"生成凭证"命令，对红字销售专用发票生成结转出库成本凭证。

2. 第 2 笔销售退货业务

本笔业务属于已经发货尚未开票的全额退货业务。首先需要输入销售订单，根据销售订单生成发货单，系统自动生成销售出库单；退货后需要输入退货单，系统根据退货单自动生成红字销售出库单。

1) 在销售管理系统中填制发货单并审核　**(微课视频：WZ05030201)**

① 在销售管理系统中，执行"设置"|"销售选项"命令，打开"销售选项"对话框，选中"销售生成出库单"复选框。

② 执行"销售发货"|"发货单"命令，进入"发货单"窗口。

③ 单击"增加"按钮，打开"查询条件选择—参照订单"对话框。单击"取消"按钮。

④ 手工录入发货单各项信息，单击"保存"按钮，再单击"审核"按钮。

2) 在库存管理系统审核销售出库单 **(微课视频: WZ05030202)**

① 在库存管理系统中,执行"出库业务"|"销售出库单"命令,进入 "销售出库单"窗口。

② 单击"末张"按钮 ➡|,找到已生成的销售出库单,单击"审核"按钮。

3) 在销售管理系统中填制退货单并审核 **(微课视频: WZ05030203)**

① 1 月 25 日,在销售管理系统中,执行"销售发货"|"退货单"命令,进入"退货单"窗口。

② 单击"增加"按钮,打开"查询条件选择-退货单参照发货单"窗口。单击"确定"按钮,进入"参照生单"窗口。

③ 选择上海隆盛贸易公司 1 月 24 日的发货单,单击"OK 确定"按钮,系统自动生成退货单,单击"保存"按钮,再单击"审核"按钮,如图 5-39 所示。

	仓库名称	货物编码	存货名称	规格型号	主计量	数量	报价	含税单价	无税单价	无税金
1	电脑仓	001	华星128G	9.7英寸	部	-10.00	0.00	3390.00	3000.00	
2										
3										
4										
5										
6										
7										
8										
9										
10										
11										
12										
13										
合计						-10.00				

退货单号 0000000012　　退货日期 2021-01-25　　业务类型 普通销售
销售类型 普通销售　　订单号　　发票号
客户简称 隆盛　　销售部门 销售部　　业务员 肖潇
发运方式　　币种 人民币　　汇率 1
税率 13.00　　备注

制单人 周健　　审核人 周健

图 5-39　退货单

4) 在库存管理系统中生成红字销售出库单并审核 **(微课视频: WZ05030204)**

① 在库存管理系统中,执行"出库业务"|"销售出库单"命令,进入 "销售出库单"窗口。

② 单击"末张"按钮 ➡|,找到红字销售出库单,单击"审核"按钮,审核销售出库单。

✎ **提示:**

● 退货单上的存货数量应该为负数。

● 退货单可以参照销售订单、发货单生成,也可以直接手工输入。

● 退货单可以参照一张或多张发货单记录生成,如果销售选项设置为"普通销售必有订单",则退货单必须参照原发货单或订单生成。

- 参照销售订单生成的退货单或手工输入的退货单可以生成红字发票。
- 参照发货单生成的退货单直接冲减原发货单数量，因而该退货单无法生成红字销售发票，但该退货单可以在"发货单列表"中查询。
- 如果销售选项中设置了"销售生成出库单"，则发货单审核时自动生成销售出库单；退货单审核时自动生成红字销售出库单。

3. 第 3 笔销售退货业务

本笔退货业务属于开票直接销售的退货业务，并且已经现结收取款项。本笔业务需要手工输入退货单、开具或生成红字专用销售发票、生成红字销售出库单、冲减收入和收取的款项。

1) 在销售管理系统中填制并审核退货单　**(微课视频：WZ05030301)**

在销售管理系统中，执行"销售发货"|"退货单"命令，手工填制一张退货单，存货为"007 无绳电话"，数量为"-20"，无税单价为 130 元，单击"保存"按钮，再单击"审核"按钮。

2) 在销售管理系统中生成红字专用销售发票并复核　**(微课视频：WZ05030302)**

① 执行"销售开票"|"红字专用销售发票"命令，进入红字"销售专用发票"窗口。

② 单击"增加"按钮，打开"查询条件选择-发票参照发货单"对话框。发货单类型选择"红字记录"。单击"确定"按钮，进入"参照生单"窗口。

③ 选择要参照的发货单，单击"OK 确定"按钮，生成红字销售专用发票。补充录入发票号，单击"保存"按钮。

④ 单击"现结"按钮，打开"现结"对话框。输入结算方式为"现金支票"，票据号为"XJ181"，并输入负数结算金额即退款金额(-2938 元)，如图 5-40 所示。单击"确定"按钮。

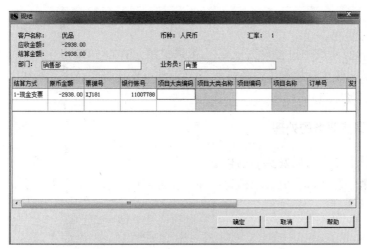

图 5-40　销售退款现结

⑤ 单击"复核"按钮。

3) 在库存管理系统中对红字销售出库单进行审核 **(微课视频：**

WZ05030303)

在库存管理系统中，执行"出库业务"|"销售出库单"命令，进入"销售出库单"窗口。找到根据退货单生成的红字销售出库单，单击"审核"按钮。

4) 在应收款管理系统中审核红字销售专用发票并制单 **(微课视频：**

WZ05030304)

① 在应收款管理系统中，执行"应收单据处理"|"应收单据审核"命令，对已现结红字销售专用发票进行审核。

② 执行"制单处理"命令，打开"制单查询"对话框，选中"现结制单"复选框，根据红字销售专用发票自动生成了一张红字收款凭证，如图 5-41 所示。

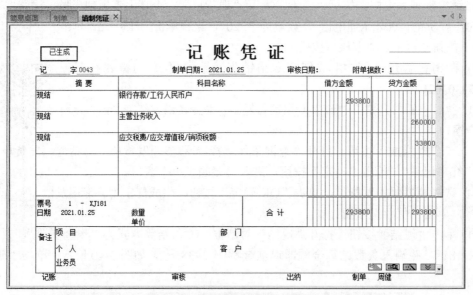

图 5-41　第 3 笔退货业务红字凭证

5) 在存货核算系统中进行单据记账 **(微课视频：WZ05030305)**

在存货核算系统中，执行"业务核算"|"正常单据记账"命令，对红字专用发票进行记账处理。

4. 第 4 笔退货业务的处理

本笔业务属于先开票后发货的销售退货业务。本笔业务需要手工输入退货单、开具或生成红字专用销售发票、生成红字销售出库单、冲减收入和应收账款，并冲销已经结转的销售成本。

1) 在销售管理系统中填制退货单并审核 **(微课视频：WZ05030401)**

在销售管理系统中，执行"销售发货"|"退货单"命令，手工填制一张退货单，录入存货名称为"003 华晨 128G"，数量为"-6"，无税单价为"2400"，单击"保存"按钮，单击"审核"按钮。

2) 在销售管理系统中生成红字专用销售发票，现结并复核 **(微课视频：WZ05030402)**

操作步骤略。

3) 在库存管理系统中审核红字销售出库单 **(微课视频：WZ05030403)**

操作步骤略。

4) 在应收款管理系统中审核红字销售专用发票并进行现结制单 **(微课视频：WZ05030404)**

操作步骤略。

5) 在存货核算系统中进行记账并生成冲销结转成本凭证 **(微课视频：WZ05030405)**

① 在存货核算系统中，执行"业务核算"|"正常单据记账"命令，对本业务红字专用发票进行记账。

② 执行"财务核算"|"生成凭证"命令，选择"销售专用发票"，自动生成一张红字凭证，冲销已结转的销售成本，如图 5-42 所示。

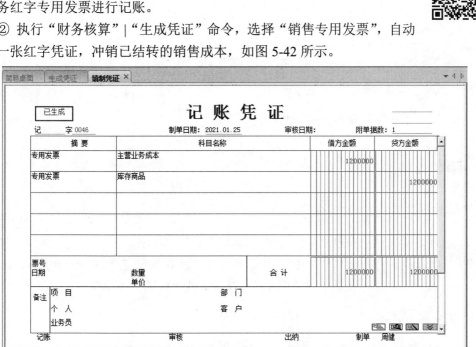

图 5-42 冲销结转销售成本凭证

5. 账套输出

销售退货业务全部完成后，将账套输出至"5-3 销售退货业务"文件夹中。

实验四　直运销售业务

实验目的

1. 了解直运销售的业务特征。
2. 掌握直运销售业务的处理方法。

实验内容

1. 直运销售订货。
2. 直运采购订货。
3. 直运采购发票。
4. 直运销售发票。
5. 账套输出。

实验准备

引入"5-3 销售退货业务"账套数据。

实验资料

1. 直运存货信息

(1) 增加计量单位。在自然单位组中增加计量单位：06 台。

(2) 增加存货。存货编码"Z01"、存货名称"云服务器"、存货分类"0101"、计量单位组"01 自然单位"、主计量单位"06 台"、存货属性"内销、外购"。

2. 直运销售订货

2021 年 1 月 25 日，北京优品商业集团向本公司订购云服务器 2 台，无税报价为 100 000 元/台。

3. 直运采购订货

2021 年 1 月 25 日，本公司向上海耀华科技股份有限公司订购云服务器 2 台，无税单价为 90 000 元，要求对方于本月 26 日将货物直接发给北京优品商业集团。

4. 直运采购发票

2021 年 1 月 26 日，本公司收到上海耀华科技股份有限公司开具的专用发票，发票号为 ZY5401。发票载明云服务器 2 台，无税单价为 90 000 元，增值税税率为 13%。货物已经发给北京优品商业集团，本公司确认应付账款。

5. 直运销售发票

2021 年 1 月 26 日，本公司给北京优品商业集团开具销售专用发票(发票号为 ZY5402)，发票载明云服务器 2 台，无税单价为 100 000 元，增值税税率为 13%，款项尚未收到。确认应收账款。

📢 实验要求

以账套主管"101 周健"的身份进行销售业务处理。

📢 操作指导

直运业务是指商品无须入库即可完成的购销业务。客户向本公司订购商品，双方签订购销合同；本公司向供应商采购客户所需商品，与供应商签订采购合同；供应商直接将商品发运给客户，结算时，由购销双方分别与企业结算。直运业务包括直运销售业务与直运采购业务，没有实物的出入库，货物流向是直接从供应商到客户，财务结算通过直运销售发票、直运采购发票进行。

1. 增加直运存货相关信息　(微课视频：WZ050401)

① 在企业应用平台基础设置中，执行"基础档案"|"存货"|"计量单位"命令，在自然单位组中增加计量单位"06 台"。

② 执行"基础档案"|"存货"|"存货档案"命令，增加存货如图 5-43 所示。

2. 直运销售订货　(微课视频：WZ050402)

① 在销售管理系统中，执行"销售订货"|"销售订单"命令，进入"销售订单"窗口。

图 5-43 增加存货

② 单击"增加"按钮，修改业务类型为"直运销售"，输入其他内容，保存并审核该销售订单，如图 5-44 所示。

图 5-44 直运销售订单

3. 直运采购订货 (微课视频：WZ050403)

① 在采购管理系统中，执行"采购订货"|"采购订单"命令，进入"采购订单"窗口。

② 单击"增加"按钮,选择业务类型为"直运采购"。单击"生单"下拉按钮,选择"销售订单",打开"查询条件选择—销售订单列表过滤"对话框。

③ 单击"确定"按钮,进入"拷贝并执行"窗口。选择要参照的直运销售订单,单击"OK 确定"按钮返回采购订单窗口。

④ 选择供应商为"耀华";输入原币单价为"90 000",修改计划到货日期为"2021-01-26",保存并审核采购订单,如图 5-45 所示。

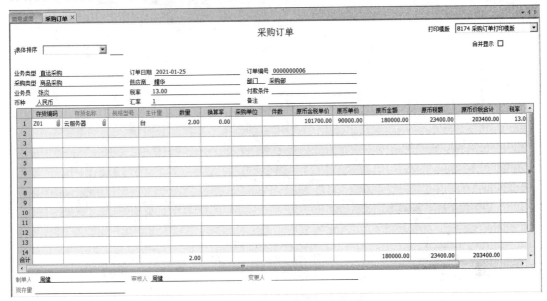

图 5-45 直运采购订单

4. 收到直运采购发票,确认应付账款

1) 收到直运采购发票 **(微课视频:WZ05040401)**

① 在采购管理系统中,执行"采购发票"|"专用采购发票"命令,进入"专用发票"窗口。

② 单击"增加"按钮,修改业务类型为"直运采购"。单击"生单"下拉按钮,选择"采购订单",打开"查询条件选择—采购订单列表过滤"窗口。

③ 单击"确定"按钮,进入"拷贝并执行"窗口。选择要参照的直运采购订单,单击"OK 确定"按钮,返回"专用发票"窗口。

④ 补充录入发票号,单击"保存"按钮,如图 5-46 所示。

2) 确认直运业务应付账款 **(微课视频:WZ05040402)**

① 在应付款管理系统中,执行"应付单据处理"|"应付单据审核"命令,对直运采购专用发票进行审核。

② 执行"制单处理"命令,选择发票制单,生成直运采购应付凭证,如图 5-47 所示。

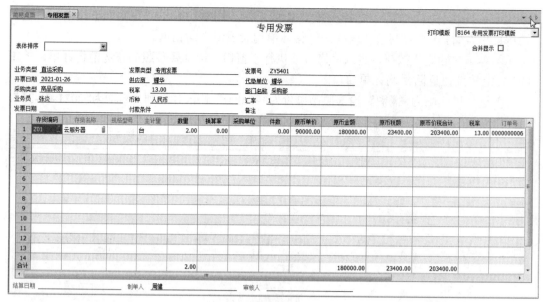

图 5-46　直运采购专用发票

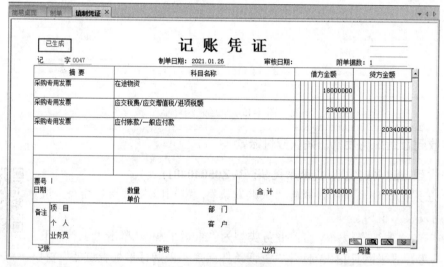

图 5-47　确认应付账款

5. 开具直运销售发票，确认应收，结转销售成本

1) 开具直运销售发票　**(微课视频：WZ05040501)**

① 在销售管理系统中，执行"销售开票"|"销售专用发票"命令，进入"销售专用发票"窗口。

② 单击"增加"按钮，打开"查询条件选择—发票参照发货单"对话框，单击"取消"按钮。

③ 选择业务类型为"直运销售"，单击"生单"按钮，选择"参照订单"，打开"查询条件选择-参照订单"对话框。单击"确定"按钮，进入"参照生单"窗口。

④ 选择要参照的直运销售订单，单击"OK 确定"按钮，生成销售专用发票。修改发票号为"ZY5402"。单击"保存"按钮，再单击"复核"按钮，确认直运销售业务完成，如图 5-48 所示。

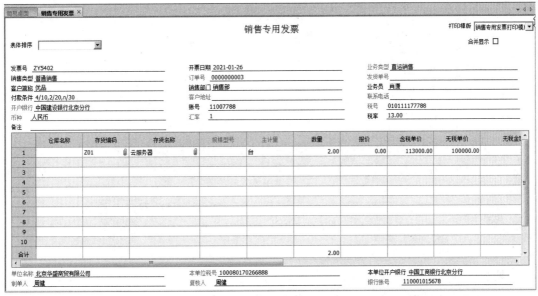

图 5-48　直运销售专用发票

提示：

- 对于直运业务，销售订单、采购订单、采购发票、销售发票中的采购类型为直运采购，销售类型为直运销售。
- 如果选择了"直运销售必有订单"，则直运销售发票和直运采购发票都只能参照销售订单生成发票；如果需要手工开具发票，则应先取消"直运销售必有订单"，同时还必须删掉销售订单。
- 如果在销售选项中没有设置"直运销售必有订单"，在销售管理系统中没有输入销售订单，这种直运模式下直运采购发票和直运销售发票可以互相参照。
- 如果在销售选项中没有设置"直运销售必有订单"，但是已经输入销售订单，则仍然需要按照"直运销售必有订单"模式的数据流程进行操作。
- 直运销售与直运采购发票上都不能输入仓库。
- 直运销售发票不可以录入受托代销属性的存货。
- 一张直运销售发票可以对应多张直运采购发票，可以拆单、拆记录。
- 一张直运采购发票也可以对应多张直运销售发票，可以拆单、拆记录。

2）确认直运业务应收账款　**（微课视频：WZ05040502）**

① 在应收款管理系统中，执行"应收单据处理"|"应收单据审核"命令，审核直运销售发票。

② 执行"制单处理"命令,选择"发票制单",生成直运销售凭证,单击"保存"按钮,如图 5-49 所示。

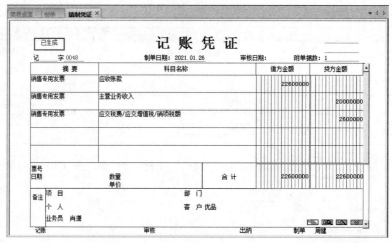

图 5-49　确认直运业务应收

 提示：

- 直运采购业务生成的直运采购发票在应付款管理系统中审核,但不能在此制单,其制单操作在存货核算系统中进行。
- 直运销售业务生成的直运销售发票在应收款管理系统中审核并制单,其销售成本的结转需要在存货核算系统中进行。

3) 直运单据记账并结转成本　(微课视频: WZ05040503)

已经审核的直运采购发票和直运销售发票需要在存货核算系统记账后,才能结转直运采购成本和直运销售成本。

① 在存货核算系统中,执行"业务核算"|"直运销售记账"命令,打开"直运采购发票核算查询条件"对话框,如图 5-50 所示。

图 5-50　"直运采购发票核算查询条件"对话框

② 选择要记账的单据类型，单击"确定"按钮，进入"直运销售记账"窗口，如图 5-51 所示。

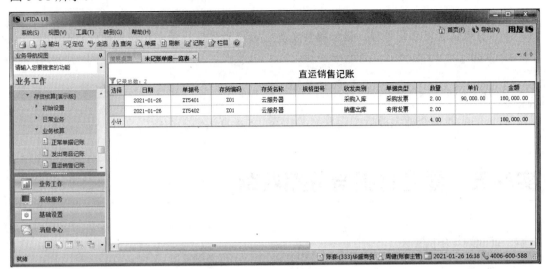

图 5-51 "直运销售记账"窗口

③ 选择要记账的单据记录，单击"记账"按钮，已记账单据不在界面中显示。

④ 执行"财务核算"|"生成凭证"命令，进入"生成凭证"窗口。

⑤ 单击"选择"按钮，打开"查询条件"对话框，选择"(26)直运销售发票"生成出库凭证，如图 5-52 所示。

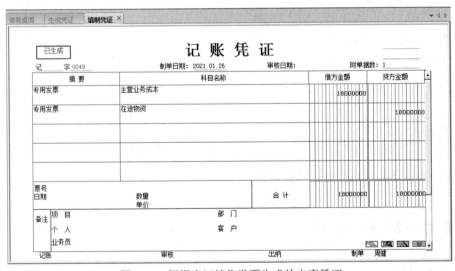

图 5-52 根据直运销售发票生成的出库凭证

提示：

- 根据直运采购发票生成的直运销售发票，必须在直运采购发票记账后再对直运销售发票记账。

- 根据直运采购发票或直运销售发票记入明细账时，仓库和所属部门均为空。
- 与普通采购业务不同，直运采购发票制单时，借方科目取存货对应的科目，贷方科目取结算方式对应的科目，如应付账款或银行存款(现结)科目等。
- 直运销售发票制单时，借方取收发类别对应的科目，贷方取存货对应的科目。

6. 账套输出

直运销售业务全部完成后，将账套输出至"5-4 直运销售业务"文件夹中。

实验五　零售日报与分期收款

📢 实验目的

1. 了解零售日报业务的特征。
2. 了解分期收款业务的特征。
3. 掌握零售日报和分期收款业务的处理方法。

📢 实验内容

1. 零售日报业务的处理。
2. 分期收款业务的处理。
3. 账套输出。

📢 实验准备

引入"5-4 直运销售业务"账套数据。

📢 实验资料

1. 零售日报

2021 年 1 月 26 日，门市部累计向零散客户销售华星 128G 平板电脑 8 部，无税单价为 3000 元；华星 32G 平板电脑 5 部，无税单价为 2350 元；华晨 32G 平板电脑 2 部，无税单价为 1600 元，已全部现金结算。

2. 分期收款

2021 年 1 月 26 日，天津百乐汇商业集团向本公司订购 120 部录音电话，无税单价为 260 元；120 部无绳电话，无税单价为 135 元。双方签订的销售合同中约定，一次发货，分 3 期收款。当日全部发货。

2021 年 1 月 26 日，本公司开具销售专用发票(ZY5501)，确认价税款。

2021 年 1 月 27 日，收到天津百乐汇商业集团电汇(DH0215555)，支付第 1 期款项 17 854 元。

📢 实验要求

以账套主管"101 周健"的身份进行销售业务处理。

📢 操作指导

1. 第 1 笔零售业务的处理

业务特征：本笔业务需要在销售管理系统中填制、复核零售日报，生成销售发货单；在库存管理系统中审核销售出库单，在存货核算系统中对零售日报记账并确认销售成本；在应收款管理系统中审核零售日报并确认收入和应收款项。

1）在销售管理系统中填制零售日报并现结　**（微课视频：WZ05050101）**

① 在销售管理系统中，执行"零售日报"|"零售日报"命令，进入"零售日报"窗口。

② 单击"增加"按钮，设置客户为"散户"及其他各项信息，设置完成后单击"保存"按钮，结果如图 5-53 所示。

零售日报

	仓库名称	存货编码	存货名称	规格型号	主计量	数量	报价	含税单价	无税单价	无税金
1	电脑仓	001	华星128G	9,7英寸	部	8.00	0.00	3390.00	3000.00	
2	电脑仓	002	华星32G	9,7英寸	部	5.00	0.00	2655.50	2350.00	
3	电脑仓	004	华晨32G	8英寸	部	2.00	0.00	1808.00	1600.00	
合计						15.00				

日报号 0000000001　　日报日期 2021-01-26　　销售类型 普通销售
客户简称 散户　　销售部门 销售部　　业务员 肖潇
客户地址　　税率 13.00　　备注

制单人 周健　　复核人

图 5-53　"零售日报"窗口

③ 单击"现结"按钮,用现金结算全部货款。

④ 单击"复核"按钮,复核零售日报。

2) 在销售管理系统中查看根据复核后的零售日报自动生成的发货单
(微课视频: WZ05050102)

在销售管理系统中,执行"销售发货"|"发货单"命令,进入"发货单"窗口,系统已经根据复核后的零售日报自动生成了发货单。

3) 在库存管理系统中,审核根据复核后的零售日报生成的销售出库单
(微课视频: WZ05050103)

在库存管理系统中,执行"出库业务"|"销售出库单"命令,找到根据零售日报生成的销售出库单,单击"审核"按钮。销售出库单如图 5-54 所示。

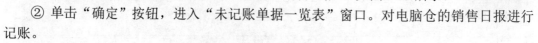

图 5-54 销售出库单

4) 在存货核算系统中对销售日报记账,结转销售成本 **(微课视频: WZ05050104)**

① 在存货核算系统中,执行"业务核算"|"正常单据记账"命令,打开"查询条件选择"对话框,选择单据类型为"销售日报",如图 5-55 所示。

② 单击"确定"按钮,进入"未记账单据一览表"窗口。对电脑仓的销售日报进行记账。

③ 执行"财务核算"|"生成凭证"命令,单击"选择"按钮,打开"查询条件"对话框。选择"销售日报",合成生成凭证,如图 5-56 所示。

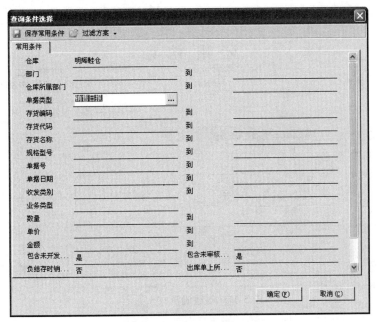

图 5-55 选择零售日报记账

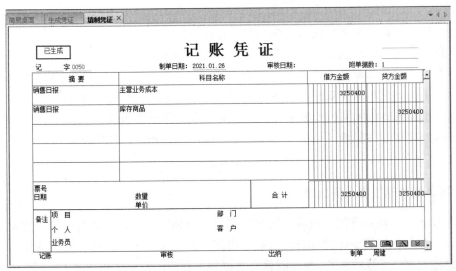

图 5-56 零售结转销售成本凭证

5) 在应收款管理系统中审核已现结的销售零售日报并制单 **(微课视**
频: WZ05050105)

① 在应收款管理系统中,执行"应收单据处理"|"应收单据审核"
命令,审核销售零售日报。

② 执行"制单处理"命令,选择"现结制单",生成零售确认收入凭证,如图 5-57
所示。

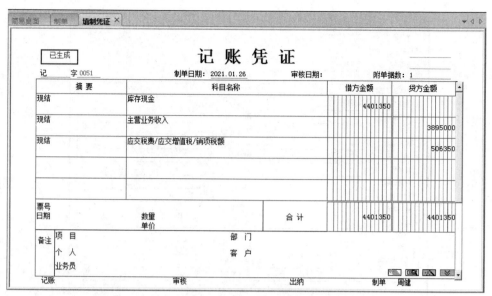

图 5-57 零售确认收入凭证

提示:

- 新增销售零售日报时默认税率为零,可以修改。
- 销售零售日报不能参照其他单据生成,只能手工输入。
- 在销售零售日报界面的表体中,右击,可以查看保存后的销售零售日报的存货现存量、当前单据收款情况、预估毛利、对应发货单、对应出库单等。
- 一张零售日报生成的发货单可以分仓库生成多张销售出库单。
- 根据复核后的零售日报生成的发货单不能修改、删除,只能查询。

2. 第 2 笔分期收款业务处理

分期收款销售业务是指将货物一次发给客户,分期收回货款。其特点是一次发货,分次收款。分期收款销售业务的订货、发货、出库、开票等处理与普通销售业务相同,只是业务类型应选择"分期收款"。分期收款开具销售发票时,结转销售成本。

1) 输入分期收款销售订单 **(微课视频:WZ05050201)**

① 在销售管理系统中,执行"销售订货"|"销售订单"命令,进入"销售订单"窗口。

② 单击"增加"按钮,选择业务类型为"分期收款",输入表头和表体的其他信息。单击"保存"按钮。

③ 单击"审核"按钮,分期收款销售订单如图 5-58 所示。

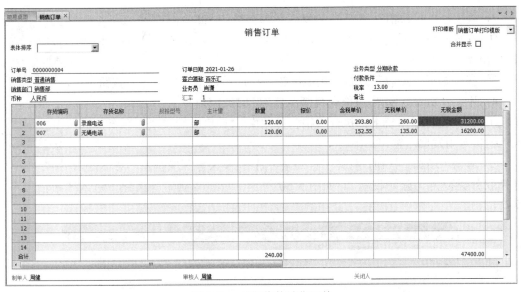

图 5-58 分期收款销售订单

2) 根据销售订单生成分期收款发货单 **(微课视频：WZ05050202)**

① 执行"销售发货" | "发货单"命令，进入"发货单"窗口。

② 单击"增加"按钮，打开"查询条件选择—参照订单"对话框。单击"取消"按钮。

③ 选择业务类型为"分期收款"，单击"订单"按钮，打开"查询条件选择-参照订单"对话框。单击"确定"按钮，进入"参照生单"窗口。

④ 选择天津百乐汇商业集团的订单，单击"OK确定"按钮，生成销售发货单。输入仓库为"电话仓"，单击"保存"按钮，再单击"审核"按钮。分期收款发货单如图 5-59 所示。

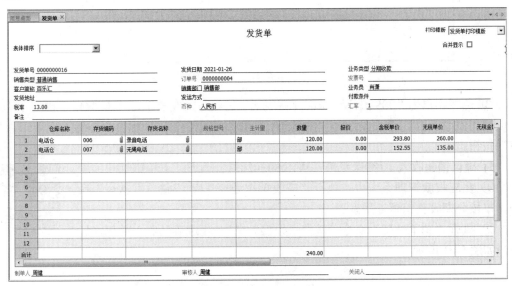

图 5-59 分期收款发货单

3) 审核分期收款销售出库单　**(微课视频：WZ05050203)**

① 在库存管理系统中，执行"出库业务"|"销售出库单"命令，进入"销售出库单"窗口。

② 找到根据分期收款发货单生成的销售出库单，单击"审核"按钮。

4) 开具分期收款发票　**(微课视频：WZ05050204)**

① 在销售管理系统中，执行"销售开票"|"销售专用发票"命令，进入"销售专用发票"窗口。

② 单击"增加"按钮，打开"查询条件选择-发票参照发货单"对话框。选择业务类型为"分期收款"，如图 5-60 所示，单击"确定"按钮，进入"参照生单"窗口。

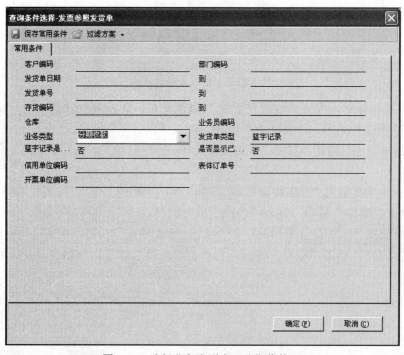

图 5-60　选择业务类型为"分期收款"

③ 选择客户为"005 天津百乐汇商业集团"的业务的发货单，单击"OK 确定"按钮，生成销售发票，补充录入发票号"ZY5501"。修改完毕后单击"保存"按钮，再单击"复核"按钮。

5) 确认销售收入　**(微课视频：WZ05050205)**

① 在应收款管理系统中，执行"应收单据处理"|"应收单据审核"命令，审核分期收款销售专用发票。

② 执行"制单处理"命令，选择"发票制单"，生成确认收入的记账凭证，如图 5-61 所示。

图 5-61　确认收入的记账凭证

👆 **提示：**

- 以分期收款销售方式发出商品、开具销售专用发票并确认收入后，应该立即结转销售成本。由于本实验中的电话采用全月加权平均法核算成本，因此，只能在月末结转销售成本，故此例中不涉及销售成本的结转。
- 分期收款销售业务成本的结转与普通销售业务类似，有关单据需要在存货核算系统中记账后，才能结转销售成本。

6) 收款核销　(微课视频：**WZ05050206**)

① 1 月 27 日，在应收款管理系统，执行"收款单据处理"|"收款单据录入"命令，进入"收款单"窗口。

② 单击"增加"按钮，输入结算方式为"电汇"，客户为"百乐汇"，结算金额为 17 854 元，票据号为"DH0215555"。单击"保存"按钮。收款单如图 5-62 所示。

③ 单击"审核"按钮，系统弹出"是否立即制单？"信息提示框。单击"是"按钮，系统自动生成一张记账凭证，单击"保存"按钮。

记账凭证的会计分录如下所示：

借：银行存款——工行人民币户　　　17 854
　　贷：应收账款　　　　　　　　　　　　17 854

👆 **提示：**

- 输入收款单后还需要进行核销处理，即对同一客户的应收单和收款单进行核销，以冲销应收账款。
- 核销应收单与收款单时可以采用手工核销的方法，也可以采用自动核销的方法。
- 如果存货采用先进先出法等可以随时结转销售成本的核算方法，则每次出库后，应该结转销售成本。

图 5-62　收款单

④ 关闭当前窗口。在收付款单录入界面，单击"核销"按钮，进入"单据核销"窗口。在销售专用发票"本次结算"栏输入"17 854"，如图 5-63 所示。单击"保存"按钮，完成核销。

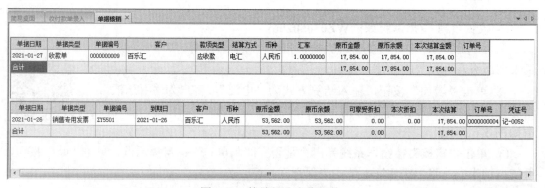

图 5-63　核销部分应收账款

7) 对分期收款发货单和销售发票进行记账处理　**(微课视频：WZ05050207)**

① 在存货核算系统中，执行"业务核算"|"发出商品记账"命令，打开"查询条件选择"对话框。单击"确定"按钮，进入"未记账单据一览表"窗口。

② 选择要记账的发货单和专用发票，单击"记账"按钮。

3. 账套输出

零售日报和分期收款业务全部完成后，将账套输出至"5-5 零售日报与分期收款"文件夹中。

实验六　委托代销业务

🔊 实验目的

1. 了解委托代销业务的特征。
2. 掌握委托代销业务的处理方法。

🔊 实验内容

委托代销业务的处理。

🔊 实验准备

引入"5-5 零售日报与分期收款"账套数据。

🔊 实验资料

1. 视同买断委托代销发货

2021 年 1 月 27 日，销售部与天津百乐汇商业集团签订委托代销合同，以视同买断方式委托对方代销游戏本，每月 30 日结算(2 月份 28 日结算)。同日，发出游戏本 100 部，无税单价为 6000 元。

2. 收取手续费委托代销发货

2021 年 1 月 27 日，销售部与青岛百信商贸有限公司签订委托代销合同，以支付代销手续费方式委托对方代销游戏本，代销手续费为销货款的 10%，每月 30 日结算(2 月份 28 日结算)。同日，发出游戏本 50 部，无税单价为 6000 元。

3. 视同买断委托代销结算

2021 年 1 月 30 日，销售部收到天津百乐汇商业集团委托代销清单，结算游戏本 68 部。财务部开具销售专用发票，确认收入。

4. 收取手续费委托代销结算

2021 年 1 月 30 日，销售部收到青岛百信商贸有限公司委托代销清单及转账支票 61 800 元(已扣除手续费 6000 元且不考虑付款折扣)，结算游戏本 10 部。财务部开具销售专用发票，确认收入。

🔊 实验要求

以账套主管"101 周健"的身份进行委托代销业务处理。

🔊 操作指导

1. 第 1 笔业务 (微课视频: WZ050601)

业务特征: 以视同买断方式委托代销。

① 委托代销订货。在销售管理系统中,执行"销售订货"|"销售订单"命令,进入"销售订单"窗口。单击"增加"按钮,选择业务类型为"委托代销",输入订单的其他信息,单击"保存"按钮,再单击"审核"按钮。委托代销销售订单如图 5-64 所示。

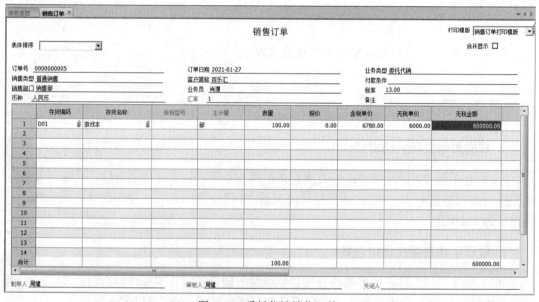

图 5-64　委托代销销售订单

② 委托代销发货。执行"委托代销"|"委托代销发货单"命令,进入"委托代销发货单"窗口。单击"增加"按钮,打开"查询条件选择"对话框。单击"确定"按钮,进入"参照生单"窗口。选择要参照的委托代销订单,单击"OK 确定"按钮,返回"委托代销发货单"窗口。选择仓库为"电脑仓",单击"保存"按钮,单击"审核"按钮。委托代销发货单如图 5-65 所示。

③ 委托代销出库。在库存管理系统中,执行"出库业务"|"销售出库单"命令,进入"销售出库单"窗口。找到根据委托代销发货单生成的销售出库单,单击"审核"按钮。委托代销出库单如图 5-66 所示。

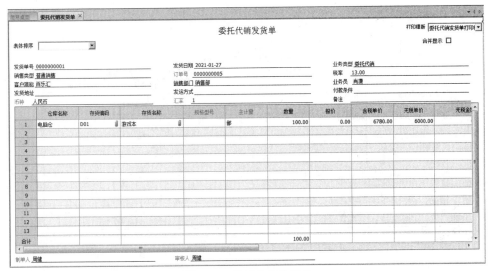

图 5-65 委托代销发货单

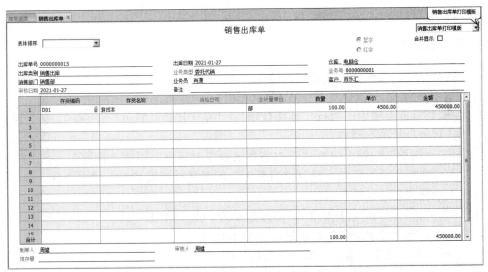

图 5-66 委托代销出库单

④ 委托代销发货记账。在存货核算系统中，执行"业务核算"|"发出商品记账"命令，打开"查询条件选择"对话框，选择仓库为"电脑仓"，单击"确定"按钮，进入"未记账单据一览表"窗口，对委托代销发出商品记账。

⑤ 生成出库凭证。在存货核算系统中，执行"财务核算"|"生成凭证"命令，对委托代销发货生成凭证，如图 5-67 所示。

2. 第 2 笔业务

业务特征： 收取手续费方式委托代销。　**(微课视频：WZ050602)**
委托代销发货操作参见上例。

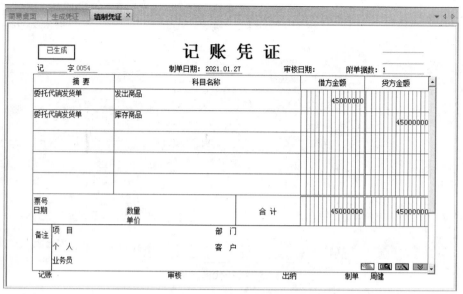

图 5-67　委托代销发货生成凭证

3. 第 3 笔业务

业务特征：视同买断方式委托代销结算。

1) 委托代销结算　**(微课视频：WZ05060301)**

① 在销售管理系统中，执行"委托代销"|"委托代销结算单"命令，进入"委托代销结算单"窗口。

② 单击"增加"按钮，打开"查询条件选择"对话框。单击"确定"按钮，进入"参照生单"窗口。选择"百乐汇"的委托代销发货单，单击"OK 确定"按钮，返回"委托代销结算单"窗口。

③ 修改销售类型为"委托销售"，修改数量为"68"，单击"保存"按钮。单击"审核"按钮，弹出"请选择发票类型"对话框，如图 5-68 所示。

④ 选择"专用发票"选项，单击"确定"按钮。

⑤ 执行"销售开票"|"销售专用发票"命令，找到根据委托代销结算单生成的销售专用发票，单击"复核"按钮。

2) 确认收入　**(微课视频：WZ05060302)**

① 在应收款管理系统中，执行"应收单据处理"|"应收单据审核"命令，对委托代销销售专用发票进行审核。

② 执行"制单处理"命令，生成凭证：

借：应收账款　　　　　　　　　　　　　461 040
　　贷：主营业务收入　　　　　　　　　　408 000
　　　　应交税费——应交增值税——销项税额　　　53 040

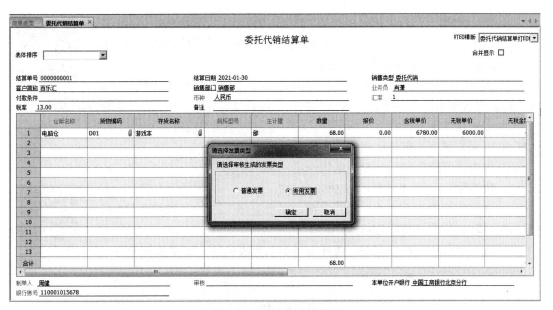

图 5-68　委托代销结算单

3) 结转销售成本　**(微课视频：WZ05060303)**

① 在存货核算系统中，执行"业务核算"|"发出商品记账"命令，对销售发票进行记账处理。

② 执行"财务核算"|"生成凭证"命令，根据专用发票生成凭证，如图 5-69 所示。

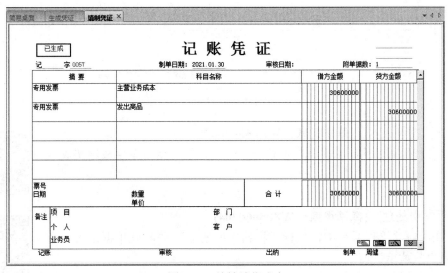

图 5-69　结转销售成本

4. 第 4 笔业务

业务特征： 收取手续费方式委托代销结算。

1) 委托代销结算 **(微课视频: WZ05060401)**

① 在销售管理系统中, 参照委托代销发货单填制委托代销结算单。修改结算数量, 审核后生成销售专用发票。

② 执行"销售开票"|"销售专用发票"命令, 找到根据委托代销结算单生成的销售专用发票, 单击"现结"按钮, 选择"转账支票", 结算金额为 61 800 元。

③ 在销售专用发票界面, 单击"支出"按钮, 进入"销售费用支出单"窗口, 录入手续费 6000 元。保存并审核销售费用支出单, 关闭当前窗口。

④ 单击"复核"按钮, 复核销售专用发票。

2) 确认收入 **(微课视频: WZ05060402)**

① 在应收款管理系统中, 执行"应收单据处理"|"应收单据审核"命令, 对已现结销售专用发票进行审核。

② 执行"制单处理"命令, 选择现结制单生成凭证, 如图 5-70 所示。

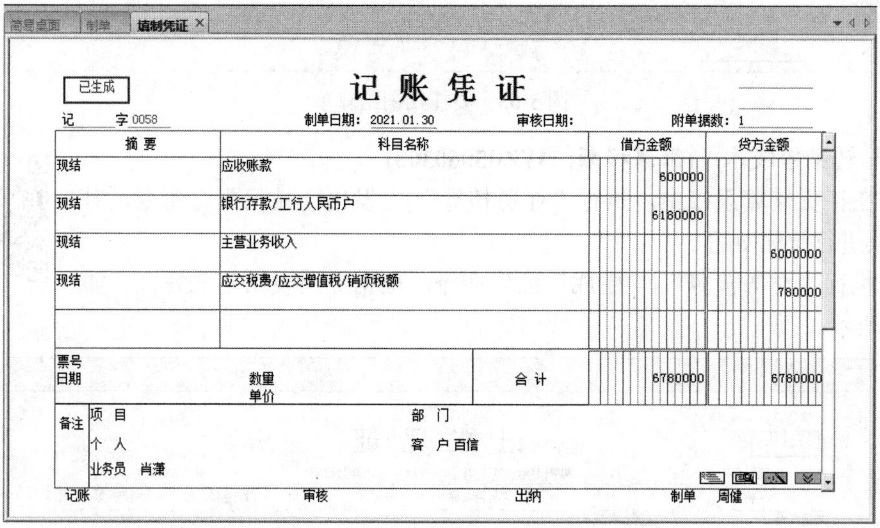

图 5-70　现结凭证

3) 结转销售成本 **(微课视频: WZ05060403)**

在存货核算系统中, 对发出商品进行记账。根据专用发票生成结转成本凭证。

4) 手续费处理 **(微课视频: WZ05060404)**

① 在应收款管理系统中, 执行"收款单据处理"|"收款单据录入"命令, 进入"收款单"窗口。

② 单击"增加"按钮, 选择客户为"百信", 结算方式为"其他", 结算科目为"6601", 金额为"6000", 摘要为"手续费", 单击"保存"按钮。手续费处理结果如图 5-71 所示。

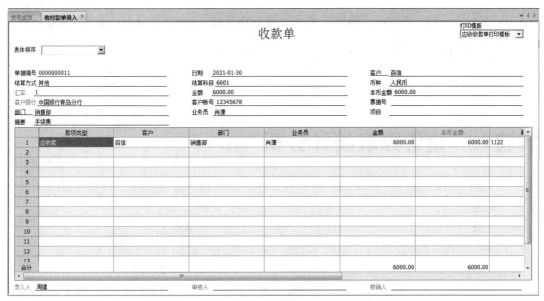

图 5-71　手续费处理结果

③ 单击"审核"按钮，生成手续费凭证，如图 5-72 所示。关闭当前窗口。

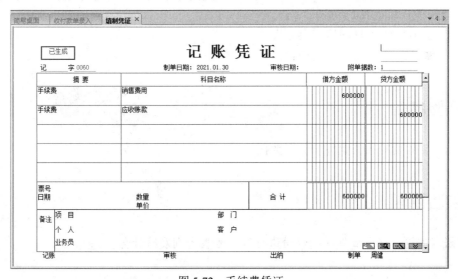

图 5-72　手续费凭证

✎ **提示:**

为保证月末期间损益结转正确，费用类科目发生额一般记在借方，因此可以将光标定位于销售费用一行，单击空格键将金额由贷方转到借方，再单击"−"键取消负数显示。

④ 单击"核销"按钮，核销销售专用发票 6000 元的应收款，单击"保存"按钮保存。

5. 输出账套

委托代销业务全部完成后，将账套输出至"5-6 委托代销业务"文件夹中。

实验七　销售账表统计分析

实验目的

掌握销售信息查询分析的方法。

实验内容

1. 查询销售收入明细账。
2. 查询销售统计表。
3. 查询 2021 年 1 月的信用余额表。
4. 查询 2021 年 1 月的产品销售排名。

实验准备

引入"5-6 委托代销业务"账套数据。

实验要求

以账套主管"101 周健"的身份进行销售账表查询及统计分析。

操作指导

1. 查询销售收入明细账

① 在销售管理系统中，执行"报表"|"明细表"|"销售收入明细账"命令，打开"查询条件选择"对话框。

② 单击"确定"按钮，进入"销售收入明细账"窗口，如图 5-73 所示。

图 5-73　销售收入明细账

2. 查询销售统计表

① 在销售管理系统中，执行"报表"|"统计表"|"销售统计表"命令，打开"查询条件选择"对话框。

② 单击"确定"按钮，进入"销售统计表"窗口，如图 5-74 所示。

图 5-74　销售统计表

3. 查询 2021 年 1 月的信用余额表

① 在销售管理系统中，执行"报表"|"统计表"|"信用余额表"命令，打开"查询

条件选择”对话框。

② 输入起止日期“2021-01-01”—“2021-01-31”，单击“确定”按钮，进入“信用余额表”窗口，如图 5-75 所示。

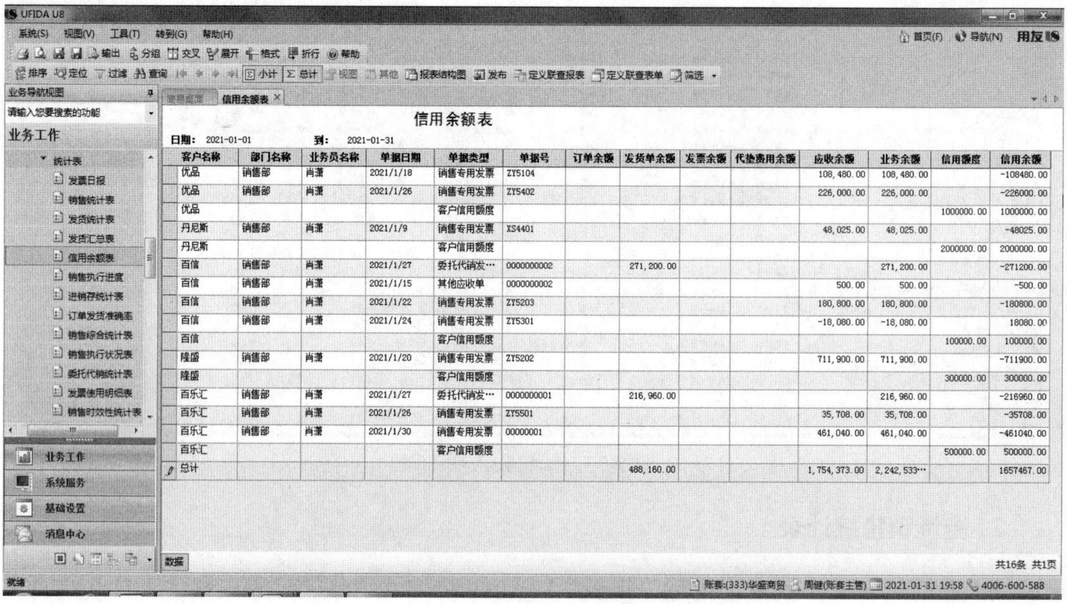

信用余额表

日期：2021-01-01　到：2021-01-31

客户名称	部门名称	业务员名称	单据日期	单据类型	单据号	订单余额	发货单余额	发票余额	代垫费用余额	应收余额	业务余额	信用额度	信用余额
优品	销售部	肖潇	2021/1/18	销售专用发票	ZY5104					108,480.00	108,480.00		-108480.00
优品	销售部	肖潇	2021/1/26	销售专用发票	ZY5402					226,000.00	226,000.00		-226000.00
优品				客户信用额度								1000000.00	1000000.00
丹尼斯	销售部	肖潇	2021/1/9	销售专用发票	XS4401					48,025.00	48,025.00		-48025.00
丹尼斯				客户信用额度								2000000.00	2000000.00
百信	销售部	肖潇	2021/1/27	委托代销发…	0000000002		271,200.00				271,200.00		-271200.00
百信	销售部	肖潇	2021/1/15	其他应收单	0000000002					500.00	500.00		-500.00
百信	销售部	肖潇	2021/1/22	销售专用发票	ZY5203					180,800.00	180,800.00		-180800.00
百信	销售部	肖潇	2021/1/24	销售专用发票	ZY5301					-18,080.00	-18,080.00		18080.00
百信				客户信用额度								100000.00	100000.00
隆盛	销售部	肖潇	2021/1/20	销售专用发票	ZY5202					711,900.00	711,900.00		-711900.00
隆盛				客户信用额度								300000.00	300000.00
百乐汇	销售部	肖潇	2021/1/27	委托代销发…	0000000001		216,960.00				216,960.00		-216960.00
百乐汇	销售部	肖潇	2021/1/26	销售专用发票	ZY5501					35,708.00	35,708.00		-35708.00
百乐汇	销售部	肖潇	2021/1/30	销售专用发票	00000001					461,040.00	461,040.00		-461040.00
百乐汇				客户信用额度								500000.00	500000.00
总计							488,160.00			1,754,373.00	2,242,533…		1657467.00

共16条 共1页

图 5-75　信用余额表

4. 查询 2021 年 1 月的产品销售排名

① 在销售管理系统中，执行“报表”|“客户分析”|“产品销售排名”命令，打开“产品销售排名”对话框。

② 选择销售实现标志“开票”，单击“确定”按钮，进入“产品销售排名”窗口，如图 5-76 所示。

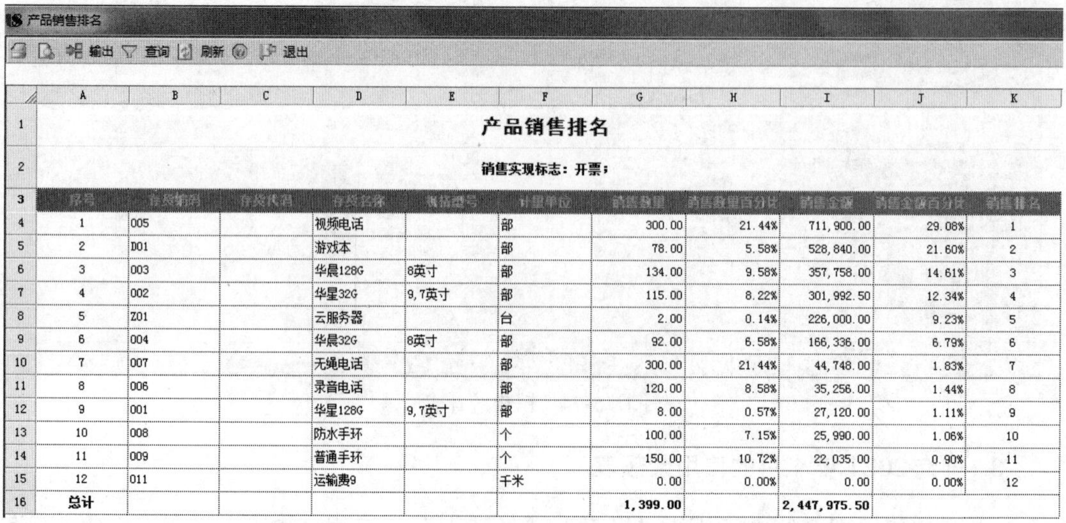

产品销售排名

销售实现标志：开票；

序号	存货编码	存货代码	存货名称	规格型号	计量单位	销售数量	销售数量百分比	销售金额	销售金额百分比	销售排名
1	005		视频电话		部	300.00	21.44%	711,900.00	29.08%	1
2	D01		游戏本		部	78.00	5.58%	528,840.00	21.60%	2
3	003		华晨128G	8英寸	部	134.00	9.58%	357,758.00	14.61%	3
4	002		华星32G	9.7英寸	部	115.00	8.22%	301,992.50	12.34%	4
5	Z01		云服务器		台	2.00	0.14%	226,000.00	9.23%	5
6	004		华晨32G	8英寸	部	92.00	6.58%	166,336.00	6.79%	6
7	007		无绳电话		部	300.00	21.44%	44,748.00	1.83%	7
8	006		录音电话		部	120.00	8.58%	35,256.00	1.44%	8
9	001		华星128G	9.7英寸	部	8.00	0.57%	27,120.00	1.11%	9
10	008		防水手环		个	100.00	7.15%	25,990.00	1.06%	10
11	009		普通手环		个	150.00	10.72%	22,035.00	0.90%	11
12	011		运输费9		千米	0.00	0.00%	0.00	0.00%	12
总计						1,399.00		2,447,975.50		

图 5-76　产品销售排名

巩固提高

判断题：

1. 可以设置是销售生成出库单还是库存生成出库单。 （　　）

2. 可以一次发货分次开票，但不能一次发货多次出库。 （　　）

3. 随销售过程发生的代垫费用需要在总账中直接填制凭证。 （　　）

4. 如果应收款管理系统和销售管理系统集成使用，则销售发票的输入和审核均应在应收款管理系统完成。 （　　）

5. 可以先发货后开票，也可以开票直接发货。 （　　）

6. 零售日报审核后可以直接生成发货单和销售出库单。 （　　）

选择题：

1. 销售管理与以下哪个模块存在数据关联？（　　）

　　A. 总账管理　　　　　　　　　　B. 采购管理

　　C. 库存管理　　　　　　　　　　D. 存货核算

　　E. 应收款管理　　　　　　　　　F. 应付款管理

2. 以下哪种存货计价方式，不能在实现销售后当即结转销售成本？（　　）

　　A. 先进先出　　　　　　　　　　B. 移动平均

　　C. 全月平均　　　　　　　　　　D. 售价法

3. 销售业务流程中，以下哪些环节不是必需的？（　　）

　　A. 销售报价　　　　　　　　　　B. 销售订货

　　C. 销售发货　　　　　　　　　　D. 销售出库

　　E. 销售开票

4. 向客户预收货款需要以哪种形式录入？（　　）

　　A. 应收单　　　　　　　　　　　B. 预收单

　　C. 收款单　　　　　　　　　　　D. 发票

5. 为客户代垫的运费用哪种形式记录？（　　）

　　A. 发票　　　　　　　　　　　　B. 应收单

　　C. 代垫费用单　　　　　　　　　D. 销售支出单

6. 应收单据包括以下哪些项目？（　　）

　　A. 应收单　　　　　　　　　　　B. 销售发票

　　C. 收款单　　　　　　　　　　　D. 商业汇票

问答题：

1. 简述先发货后开票销售业务的处理流程。

2. 简述分期收款业务的处理流程。

3. 直运业务有何特征？

4. 销售现结与普通销售有何区别？

5. 应收款管理系统中的收款单据包括哪些？

6. 代垫费用和销售支出有何不同？

实操题：

1. 什么情况下必须设置"库存生成销售出库单"？如何设置？

2. 如果某种存货的"出库超额上限"设置为"1"，发货单数量为"100"，那么出库数量最多为多少？验证一下。

第 6 章

库 存 管 理

学习目标

知识目标：

- 了解库存管理系统的主要功能
- 了解库存管理系统与供应链其他子系统的数据关联
- 掌握不同库存业务的处理方法

能力目标：

- 能够正确处理不同类型的库存业务

案例导入

手工管理状态下，困扰仓管人员的主要问题有如下两个。

首先，账实相符是企业内部管理与控制的一项内容，也是财产物资安全的基本要求。但财务账和库存台账总是对不上，用友 U8 的上线有助于解决这个问题吗？答案是肯定的。企业在财务业务一体化应用模式下，在业务活动发生、确认的同时，可以自动生成相应的财务信息，由于数出一源，因此确保业务账和财务账的一致。

其次，库存管理是对存货收发存数量进行管理。存货库存量不足会影响生产，库存量过大会增加存货的储存成本，进而提高整个产品成本。如何及时反映商品的积压、超量等多种异常状态，做到既不积压又不短缺？在 U8 库存管理系统中，可以设置存货的最高库存量和最低库存量，当存货库存量高于最高库存或低于最低库存时报警。

理论知识

6.1 了解库存管理系统

6.1.1 库存管理系统的主要功能

用友 U8 库存管理主要是对企业存货的收入、发出、结存数量进行管理。库存管理系统的主要功能如下。

1. 日常收发存业务处理

库存管理系统的主要功能是对采购入库、销售出库及库存管理系统填制的各种出入库单据进行审核，形成各类库存账簿，对存货的出入库数量进行管理。

除管理采购业务、销售业务形成的入库和出库业务外，还可以处理仓库间的调拨业务、盘点业务、组装拆卸业务、形态转换业务等。

2. 库存控制

库存管理系统支持批次跟踪、保质期管理、委托代销商品管理、不合格品管理、现存量(可用量)管理、安全库存管理，对超储、短缺、呆滞积压、超额领料等情况进行报警。

3. 库存账簿及统计分析

库存管理系统可以提供出入库流水账、库存台账、受托代销商品备查簿、委托代销商品备查簿、呆滞积压存货备查簿供用户查询，同时提供各种统计汇总表。

6.1.2 库存管理系统与其他系统的主要关系

库存管理系统既可以和采购管理、销售管理、存货核算集成使用，也可以单独使用。在集成应用模式下，库存管理系统与其他系统的主要关系如图 6-1 所示。

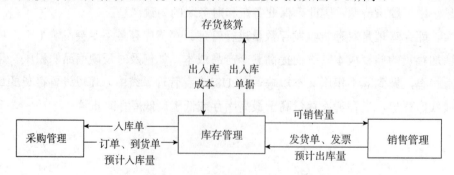

图 6-1 库存管理系统与其他系统的主要关系

库存管理系统可以参照采购管理系统的采购订单、采购到货单生成采购入库单，库存管理系统将入库情况反馈到采购管理系统。采购管理系统向库存管理系统提供预计入库量。

根据选项设置，销售出库单可以在库存管理系统填制、生成，也可以先在销售管理系统生成后传递到库存管理系统，再由库存管理系统进行审核。如果在库存管理系统生成，则需要参照销售管理系统的发货单、销售发票。销售管理系统为库存管理系统提供预计出库量。库存管理系统为销售管理系统提供可用于销售的存货的可用量。

库存管理系统为存货核算系统提供各种出入库单据。所有出入库单据均由库存管理系统填制，存货核算系统只能填写出入库单的单价、金额，并可对出入库单进行记账操作，核算出入库的成本。

6.2 库存管理业务类型及处理

6.2.1 入库业务处理

库存管理系统主要是对各种入库业务进行单据的填制和审核。库存管理系统中的审核具有多层含义，既可表示通常意义上的审核，也可用单据是否审核代表实物的出入库行为，即在入库单上的所有存货均办理了入库手续后，对入库单进行审核。

库存管理系统的入库业务主要包括以下几类。

1. 采购入库

采购业务员将采购回来的存货交到仓库时，仓库保管员对其所购存货进行验收确定，填制采购入库单。采购入库单生成的方式有 4 种：参照采购订单、参照采购到货、检验入库(与 GSP 集成使用时)、直接填制。采购入库单的审核相当于仓库保管员对采购的实际到货情况进行质量、数量的检验和签收。

2. 产成品入库

产成品入库单是管理工业企业的产成品入库、退回业务的单据。

工业企业对原材料及半成品进行一系列的加工后，形成可销售的商品，然后验收入库。只有工业企业才有产成品入库单，商业企业没有此单据。

一般在产成品入库时，企业是无法确定产成品的总成本和单位成本的，因此，在填制产成品入库单时，一般只有数量，没有单价和金额。

产成品入库的业务流程，如图 6-2 所示。

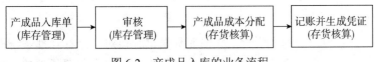

图 6-2　产成品入库的业务流程

3. 其他入库

其他入库指除了采购入库、产成品入库之外的其他入库业务，如调拨入库、盘盈入库、组装拆卸入库、形态转换入库等业务形成的入库单。

需要注意的是，调拨入库、盘盈入库、组装拆卸入库、形态转换入库等业务可以自动形成相应的入库单，除此之外的其他入库单由用户填制。

6.2.2 出库业务处理

1. 销售出库

如果没有启用销售管理系统，销售出库单需要手工增加。

如果启用了销售管理系统，则在销售管理系统中填制的销售发票、发货单、销售调拨单、零售日报，经复核后均可以参照生成销售出库单。根据选项设置，销售出库单可以在库存管理系统填制、生成，也可以在销售管理系统生成后传递到库存管理系统，再由库存管理系统进行审核。

2. 材料出库

材料出库单是工业企业领用材料时所填制的出库单据，材料出库单也是进行日常业务处理和记账的主要原始单据之一。只有工业企业才有材料出库单，商业企业没有此单据。

3. 其他出库

其他出库指除了销售出库、材料出库之外的其他出库业务，如维修、办公耗用、调拨出库、盘亏出库、组装拆卸出库、形态转换出库等。

需要注意的是，调拨出库、盘亏出库、组装出库、拆卸出库、形态转换出库等业务可以自动形成相应的出库单，除此之外的其他出库单由用户填制。

6.2.3 其他业务

1. 调拨业务

库存管理系统提供了调拨单用于处理仓库之间存货的转库业务或部门之间的存货调拨业务。如果调拨单上的转出部门和转入部门不同，就表示是部门之间的调拨业务；如果转出部门和转入部门相同，但转出仓库和转入仓库不同，就表示是仓库之间的转库业务。

2. 盘点业务

盘点是指将仓库中存货的实物数量和账面数量进行核对。库存管理系统提供了盘点单用来定期对仓库中的存货进行盘点。存货盘点报告表是证明企业存货盘盈、盘亏和毁损并

据以调整存货实存数的书面凭证，经企业领导批准后，即可作为原始凭证入账。

本功能提供两种盘点方法，即按仓库盘点和按批次盘点，还可对各仓库或批次中的全部或部分存货进行盘点，盘盈、盘亏的结果可自动生成出入库单。

注意:

- 上次盘点的仓库的存货所在的盘点表未记账之前，不应再对此仓库、此存货进行盘点，否则账面数不准确。即同一时刻不能有两张相同仓库、相同存货的盘点表未记账。
- 盘点前应将所有已办理实物出入库但未录入 U8 系统的出入库单或销售发货单、销售发票录入 U8 系统中。
- 盘点前应将所有委托代管或受托代管的存货进行清查，并将这些存货与已记录在账簿上需盘点的存货区分出来。盘点表中的盘点数量不应包括委托代管或受托代管的数量。
- 盘点开始后至盘点结束前不应再办理出入库业务。即新增盘点表后，不应再录入出入库单、发货单及销售发票等单据，也不应办理实物出入库业务。
- 盘点表中的账面数，为增加盘点表时该存货的现存量，是库存系统中该仓库、该存货的账面结存数减去销售系统中已开具发货单或发票但未生成出库单的货物的数量的差。

3. 组装和拆卸

有些企业中的某些存货既可单独出售，又可与其他存货组装在一起销售。例如，计算机销售公司既可将显示器、主机、键盘等单独出售，又可按客户的要求将显示器、主机、键盘等组装成计算机销售，这时就需要对计算机进行组装；如果企业库存中只存有组装好的计算机，但客户只需要买显示器，此时又需将计算机进行拆卸，然后将显示器卖给客户。

组装指将多个散件组装成一个配套件的过程。组装单相当于两张单据，一个是散件出库单，一个是配套件入库单。配套件和散件之间是一对多的关系。配套件和散件之间的关系在产品结构中设置。用户在组装之前应先进行产品结构定义，否则无法进行组装。

拆卸指将一个配套件拆卸成多个散件的过程。拆卸单相当于两张单据，一个是配套件出库单，一个是散件入库单。配套件和散件之间是一对多的关系。配套件和散件之间的关系在产品结构中设置。用户在拆卸之前应先进行产品结构定义，否则无法进行拆卸。

4. 形态转换

由于自然条件或其他因素的影响，某些存货会由一种形态转换成另一种形态(如煤块由于风吹、雨淋变成了煤渣，活鱼由于缺氧变成了死鱼等)，从而引起存货规格和成本的变化。因此，库管员需根据存货的实际状况填制形态转换单，或叫规格调整单，报请主管部门批准后进行调账处理。

6.3 重点难点解析

6.3.1 可用量与现存量

在用友 U8 中，可用量是指企业实际可以使用的存量；现存量是指企业实际的库存量。

可用量=现存量−冻结量+预计入库量−预计出库量

- 冻结量：指虽然已入库但因各种原因不能办理出入库的存货量。
- 预计入库量：指采购业务或调拨业务已发生或生产订单已下达，实物还未入库但在可预见的未来将要入库的量。其包括已请购量、采购在途量、生产订单量、委外订单量、到货/在检量、调拨在途量等。
- 预计出库量：指销售或调拨业务已发生，实物还未出库但在可预见的未来将要出库的量。其包括销售订单量、备料计划量、生产未领量、委外未领量、待发货量、调拨待发量等。

在库存选项设置中，可以由用户定义预计入库量和预计出库量的构成，如图 6-3 所示。

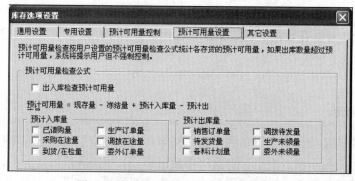

图 6-3 库存选项设置—预计可用量设置

6.3.2 最高、最低库存控制

每个企业在业务发生过程中都希望建立物料的合理库存储备，既不能发生因物料短缺而停工待料，也不能因为库存过高而呆滞积压。

用友 U8 中，可以通过设定存货的最高、最低和安全库存为仓库管理人员提供存货管理的基本方法。

- 最高库存：存货在仓库中存储的最大数量。超过此量就可能形成存货积压。
- 最低库存：存货在仓库中存储的最小数量。低于此量就可能形成短缺影响正常生产。
- 安全库存：为了预防需求或供应方面不可预料的波动而设置的仓库中应存储的存货数量。

例如，设定存货"1003 主板"，最高库存为 500 个，最低库存为 100 个，安全库存为

300 个，进行最高、最低库存控制。

操作指引：

① 在企业应用平台基础设置中，执行"基础档案"|"存货"|"存货档案"命令，修改存货"1003 主板"的控制信息，如图 6-4 所示。

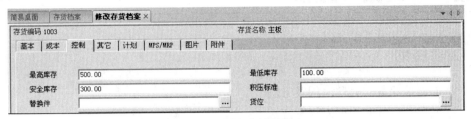

图 6-4　设置存货控制信息

② 进入库存管理系统，执行"初始设置"|"选项"命令，在专用设置选项卡中选中"最高最低库存控制"复选框，如图 6-5 所示。

图 6-5　库存选项设置

③ 当发生与主板有关的出入库业务时，系统会自动检测是否超出最高、最低库存限制，若超过，则自动报警。在库存管理系统中增加一张采购入库单，主板的入库数量为 200 个(输入存货"主板"后，在入库单底部能看到主板的现存量信息，目前为 433 个)，超过最高库存 133 个，保存该单据时，系统给出最高、最低库存控制信息，如图 6-6 所示。

图 6-6　最高、最低库存控制信息

实践应用

实验一　调拨与盘点

📢 实验目的

1. 掌握调拨业务的处理流程及方法。
2. 掌握盘点业务的处理流程及方法。

📢 实验内容

1. 调拨业务的处理。
2. 盘点业务的处理。

📢 实验准备

引入"5-6 委托代销业务"账套数据。

📢 实验资料

1. 仓库调拨

2021 年 1 月 30 日，由于电话仓漏水，仓储部将录音电话转移到代销仓，以方便维修。

2. 仓库盘点

2021 年 1 月 30 日，仓储部管虎对电脑仓中的所有存货进行盘点。仓库中的实际数量如表 6-1 所示。

表 6-1　仓库中的实际数量

仓库名称	存货名称	主计量单位	辅计量单位	换算率	盘点数量
电脑仓	华星 128G	部	箱	20.00	240
电脑仓	华星 32G	部	箱	20.00	395
电脑仓	华晨 128G	部	箱	20.00	186
电脑仓	华晨 32G	部	箱	20.00	850
电脑仓	游戏本	部	箱	20.00	250

经核查，华星 128G 平板电脑参考成本为 2500 元/部，华晨 32G 平板电脑参考成本为 1300 元/部。

3. 存货盘点

2021 年 1 月 30 日，仓储部对电话仓中的无绳电话进行盘点，盘点数量为 900 部，经核查，无绳电话参考成本为 100 元/部。

实验要求

以账套主管"101 周健"的身份进行库存业务处理。

操作指导

1. 第 1 笔业务处理

业务特征：仓库之间调拨。

1) 在库存管理系统中填制调拨单并审核 **(微课视频：WZ06010101)**

① 在库存管理系统中，执行"调拨业务"|"调拨单"命令，进入"调拨单"窗口。

② 单击"增加"按钮，输入转出仓库为"电话仓"、转入仓库为"代销仓"、出库类别为"其他出库"、入库类别为"其他入库"。

③ 选择存货"006 录音电话"，调拨单底部显示录音电话现存量为"780"，在"数量"栏中输入"780"，单击"保存"按钮。

④ 单击"审核"按钮，审核调拨单。审核后的调拨单如图 6-7 所示。

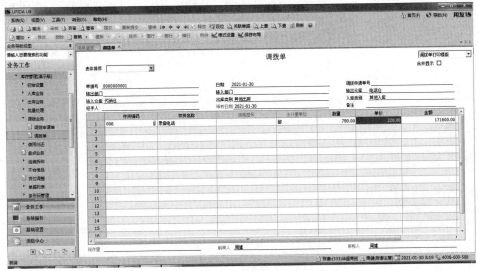

图 6-7 填制调拨单并审核

2) 在库存管理系统中审核调拨单生成的其他出入库单 **(微课视频：**
WZ06010102)

① 在库存管理系统中，执行"入库业务"|"其他入库单"命令，进入
"其他入库单"窗口。

② 单击"末张"按钮 ➡|，找到调拨单生成的其他入库单。单击"审核"按钮，弹出
"该单据审核成功！"信息提示框，单击"确定"按钮返回，结果如图 6-8 所示。

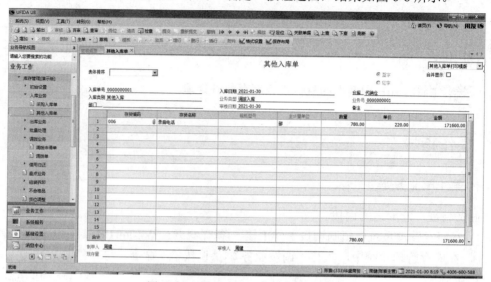

图 6-8 审核调拨单生成的其他入库单

③ 在库存管理系统中，执行"出库业务"|"其他出库单"命令，进入"其他出库单"
窗口。

④ 单击"末张"按钮 ➡|，找到调拨单生成的其他出库单。单击"审核"按钮，弹出
"该单据审核成功！"信息提示框，单击"确定"按钮返回，结果如图 6-9 所示。

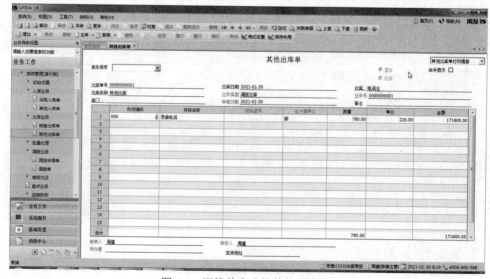

图 6-9 调拨单生成的其他出库单

3) 在存货核算系统中进行特殊单据记账 **(微课视频: WZ06010103)**

① 在存货核算系统中,执行"业务核算"|"特殊单据记账"命令,打开"特殊单据记账条件"对话框。

② 选择单据类型为"调拨单"。此处出库单金额应该来自于存货核算,建议选中"出库单上系统已填写的金额记账时重新计算"复选框,如图 6-10 所示。

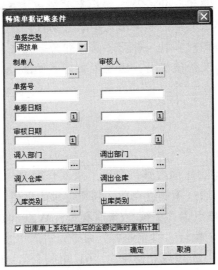

图 6-10 "特殊单据记账条件"对话框

③ 单击"确定"按钮,进入"未记账单据一览表"窗口。选择要记账的特殊单据,如图 6-11 所示。

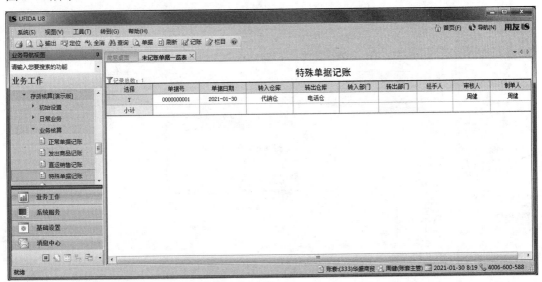

图 6-11 选择要记账的特殊单据

④ 单击"记账"按钮,系统弹出"记账成功。"信息提示框。单击"确定"按钮。

✎ **提示:**
- 在期初存货核算模块中设置存货按照仓库核算,那么此处转出仓库和转入仓库必须输入。
- 为了便于账表统计,选择出库类别和入库类别。
- 审核之后系统自动根据调出或调入,生成其他出库单和对应的其他入库单。如果调拨单被弃审,那么相应的其他出入库单自动被删除。
- 如果调拨单上转出部门和转入部门不同,即为部门之间的调拨业务。
- 由于转库业务不涉及价值变动,因此不必生成凭证。

2. 第2笔业务处理

业务特征:按存货盘点。

根据记录的所有业务得到账面数量,在手工录入仓库中,实际库存数量即盘点数量,系统根据它们之间的差异,通过填制盘点单,判断盘亏或盘盈,再自动生成其他出入库单。

1) 在库存管理中填制盘点单并审核 **(微课视频:WZ06010201)**

① 在库存管理系统中,执行"盘点业务"命令,进入"盘点单"窗口。

② 单击"增加"按钮,选择盘点仓库为"01 电脑仓",出入库类别分别为"盘亏出库"和"盘盈入库",部门为"仓储部",经手人为"管虎"。

③ 单击"盘库"按钮,系统提示如图 6-12 所示。

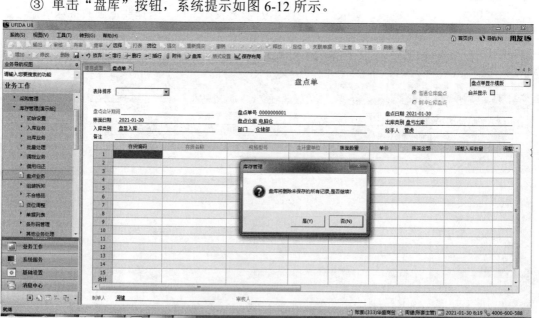

图 6-12 "盘库"系统提示

④ 单击"是"按钮,打开"盘点处理"对话框。选中"按仓库盘点"单选按钮和"账面为零时是否盘点"复选框,如图 6-13 所示。

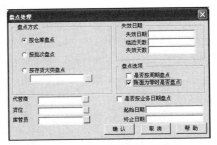

图 6-13 "盘点处理"对话框

⑤ 单击"确认"按钮，系统自动将该仓库中存货和存货在该仓库中的账面数量逐一列出。按照实际盘点情况输入盘点数量，如图 6-14 所示。

图 6-14 输入盘点数量

⑥ 单击"保存"按钮，保存该盘点单。

⑦ 单击"审核"按钮，审核该盘点单。

提示：

- 必须先选择仓库才能选择存货。
- 盘点时在日常业务中允许零出库(即允许账面负结存)，盘库时选中"账面为零时是否盘点"复选框，或者在表体内容中找出此结存的存货记录，先将其删掉，待后期账面为正数时再对其进行盘点。
- 存货可以设置盘点周期和盘点时间，盘点时可以按周期进行盘点。

2) 在库存管理中审核根据盘点单生成的其他出入库单 **(微课视频：WZ06010202)**

① 在盘点单上如果有盘亏的存货，则在库存管理系统中，执行"出库业务"|"其他出库单"命令，进入"其他出库单"窗口。

② 单击"末张"按钮➡️，找到盘点单生成的其他出库单。单击"审核"按钮，弹出"该单据审核成功!"信息提示框，单击"确定"按钮返回，结果如图 6-15 所示。

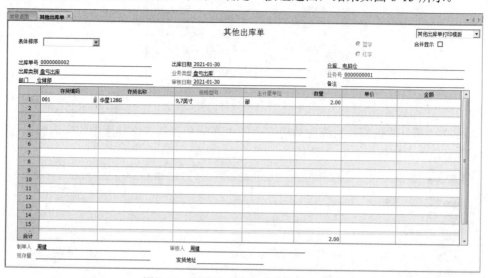

图 6-15 审核盘点单生成的其他出库单

③ 同理，在库存管理系统中，执行"入库业务"|"其他入库单"命令，审核盘点单生成的其他入库单。

3) 在存货核算系统中对盘点生成的其他出入库单进行记账并生成凭证
(微课视频: WZ06010203)

① 在存货核算系统中，执行"日常业务"|"其他入库单"命令，找到盘点单生成的其他入库单。单击"修改"按钮，录入华晨 32G 平板电脑单价为"1300"，再单击"保存"按钮。如图 6-16 所示。同理，在其他出库单中录入华星 128G 平板电脑单价为"2500"。

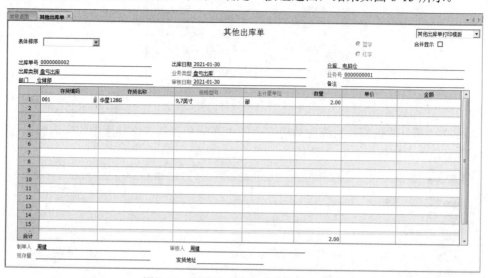

图 6-16 修改其他入库单单价

② 执行"业务核算"|"正常单据记账"命令，对盘点单生成的其他出入库单进行记账。

③ 执行"财务核算"|"生成凭证"命令，对盘点单生成的其他出入库单生成凭证，如图 6-17 和图 6-18 所示。

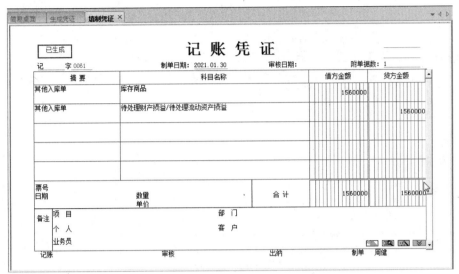

图 6-17 盘盈入库凭证

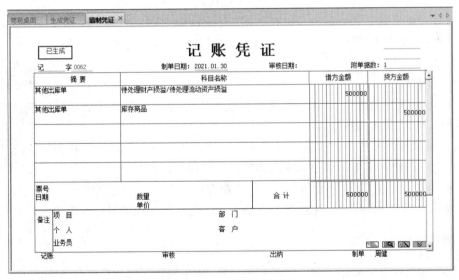

图 6-18 盘亏出库凭证

3. 第 3 笔业务处理

业务特征：本例针对某种存货进行盘点。

1) 在库存管理系统中填制盘点单并审核 **（微课视频：WZ06010301）**

① 在库存管理系统中，执行"盘点业务"命令，进入"盘点单"窗口。

② 单击"增加"按钮，选择盘点仓库为"02 电话仓"，出入库类别分别为"盘亏出库"和"盘盈入库"。在表体中选择存货"007 无绳电话"，系统自

动显示出该存货的账面数量，在"盘点数量"栏中输入无绳电话的实际盘点数量为"900"，单击"保存"按钮，盘点单如图 6-19 所示。

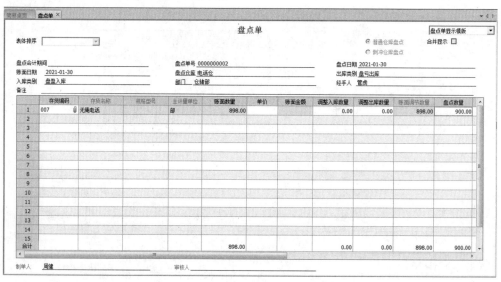

图 6-19　盘点单

③ 单击"审核"按钮，弹出"该单据审核成功！"信息提示框。单击"确定"按钮返回。关闭盘点单界面。

2) 在库存管理中审核根据盘点单生成的其他入库单　**(微课视频：WZ06010302)**

操作步骤略。

3) 在存货核算系统中对盘点生成的其他入库单进行记账并生成凭证 **(微课视频：WZ06010303)**

① 在存货核算系统中，执行"日常业务"|"其他入库单"命令，找到盘点单生成的其他入库单，修改无绳电话单价为"100"，保存。

② 执行"业务核算"|"正常单据记账"命令，对盘点单生成的其他入库单进行记账。

③ 执行"财务核算"|"生成凭证"命令，对盘点单生成的其他入库单生成凭证。

4．账套输出

调拨与盘点业务全部完成后，将账套输出至"6-1 调拨与盘点"文件夹中。

实验二　其他出入库

 实验目的

1．了解其他入库业务的处理。

2. 了解其他出库业务的处理。

实验内容

1. 其他入库处理。
2. 其他出库处理。

实验准备

引入"6-1 调拨与盘点"账套数据。

实验资料

1. 存货损耗处理

2021 年 1 月 31 日,经查由于仓库管理员管虎保管不善,造成电脑仓中 1 部华星 32G 平板电脑严重损坏,无法出售。经领导批示,损失由管虎承担。

2. 收到赠品

2021 年 1 月 31 日,北京致安科技有限公司研发了新款"小天才"儿童电话手表,单价为 200 元,赠送给华盛商贸 10 部,华盛商贸收到赠品后将其入电话仓。

实验要求

以账套主管"101 周健"的身份进行库存业务处理。

操作指导

1. 第 1 笔业务处理

1) 在库存管理系统填制其他出库单并审核　**(微课视频:WZ06020101)**

① 在库存管理系统中,执行"出库业务"|"其他出库单"命令,进入 "其他出库单"窗口。

② 单击"增加"按钮,选择仓库为"01 电脑仓"、出库类别为"其他 出库"、存货名称为"华星 32G"、数量为"1"等信息,单击"保存"按钮。

③ 单击"审核"按钮,审核其他出库单,如图 6-20 所示。

图 6-20 其他出库单

2) 在存货核算系统中对其他出库单记账并生成凭证 **(微课视频：**
WZ06020102)

① 在存货核算系统中，执行"业务核算"|"正常单据记账"命令，选
择对本业务其他出库单进行记账。

② 执行"财务核算"|"生成凭证"命令，选择其他出库单生成凭证，补充输入对方该科
目"1221 其他应收款"，单击"生成"按钮生成凭证，如图 6-21 所示。

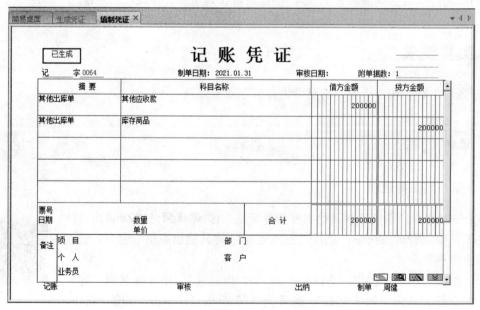

图 6-21 其他出库单生成凭证

2. 第2笔业务处理

1) 增加存货"010小天才"　**(微课视频: WZ06020201)**

① 在企业应用平台基础设置选项卡中,执行"基础档案"|"存货"|"存货档案"命令,进入"存货档案"窗口。

② 选择存货分类为"电话",增加存货"010小天才",计量单位组为"02-换算1组",主计量单位为"部",销项税率和进项税率均为"13%",存货属性选中"内销"和"外购",如图6-22所示。

③ 单击"保存"按钮。

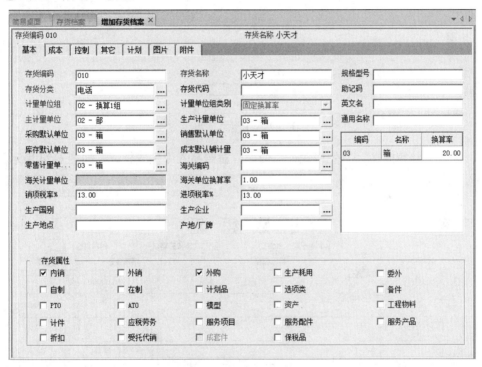

图6-22　新增存货

2) 在库存管理系统中填制其他入库单并审核　**(微课视频: WZ06020202)**

① 在库存管理系统中,执行"入库业务"|"其他入库单"命令,进入"其他入库单"窗口。

② 单击"增加"按钮,填制其他入库单。单击"保存"按钮。

③ 单击"审核"按钮,其他入库单如图6-23所示。

3) 在存货核算系统中对其他入库单记账并生成凭证　**(微课视频: WZ06020203)**

① 在存货核算系统中,执行"业务核算"|"正常单据记账"命令,对其他入库单进行记账。

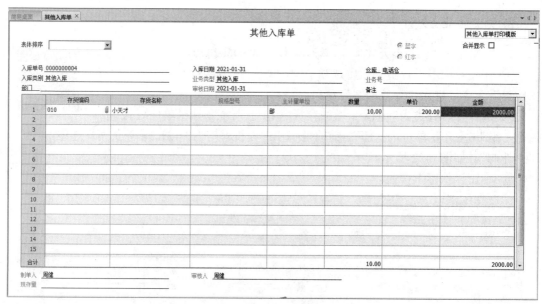

图 6-23 其他入库单

② 执行"财务核算"|"生成凭证"命令，对赠品入库生成凭证，如图 6-24 所示。

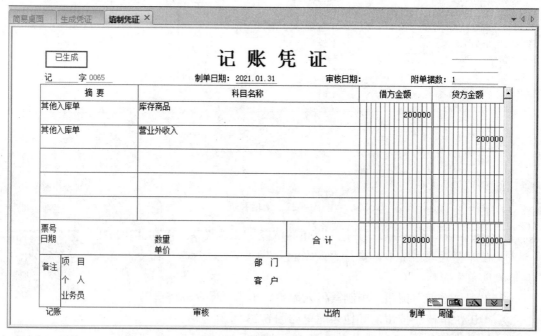

图 6-24 赠品入库生成凭证

3. 账套输出

其他出入库业务全部完成后，将账套输出至"6-2 其他出入库"文件夹中。

实验三 库存账表查询

🔊 实验目的

掌握库存信息查询和分析的方法。

🔊 实验内容

1. 查询现存量。
2. 查看库存台账。
3. 查询存货分布表。
4. 进行库龄分析。

🔊 实验准备

引入"6-2 其他出入库"账套数据。

🔊 实验要求

以账套主管"101 周健"的身份进行库存信息查询与分析。

🔊 操作指导

1. 查看现存量

① 在库存管理系统中，执行"报表"|"库存账"|"现存量查询"命令，打开"查询条件选择"对话框。

② 单击"确定"按钮，进入"现存量查询"窗口，如图 6-25 所示。

2. 查看库存台账

① 在库存管理系统中，执行"报表"|"库存账"|"库存台账"命令，打开"输入查询条件"对话框。

② 单击"确定"按钮，进入"现存量查询"窗口，如图 6-26 所示。

图 6-25 现存量查询

库存台账

图 6-26 库存台账

3. 查询存货分布表

① 在库存管理系统中,执行"报表"|"统计表"|"存货分布表"命令,打开"查询条件选择"对话框。

② 单击"确定"按钮,进入"存货分布表"窗口,如图 6-27 所示。

4. 进行库龄分析

① 在库存管理系统中,执行"报表"|"储备分析"|"库龄分析"命令,打开"库龄分析过滤条件"对话框。

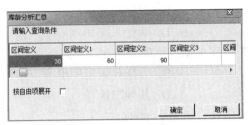

图 6-27 存货分布表

存货编码	期初结存数量	期初结存金额	本期入库数量	本期入库金额	本期出库数量	本期出库金额	期末结存数量	期末结存金额
001	150.00	375,000.00	100.00	250,000.00	10.00	25,000.00	240.00	600,000.00
002	260.00	520,000.00	200.00	400,000.00	66.00	132,000.00	394.00	788,000.00
003	130.00	260,000.00	190.00	380,000.00	134.00	268,000.00	186.00	372,000.00
004	900.00	1,170,000.00	12.00	15,600.00	62.00	80,600.00	850.00	1,105,000.00
D01	400.00	1,800,000.00			150.00	675,000.00	250.00	1,125,000.00
005	300.00	540,000.00	295.00	531,000.00	300.00	540,000.00	295.00	531,000.00
006	500.00	110,000.00	400.00	88,000.00	900.00	198,000.00		
007	270.00	27,000.00	930.00	93,000.00	300.00	30,000.00	900.00	90,000.00
010			10.00				10.00	
006			780.00	171,600.00			780.00	171,600.00
008	370.00	74,000.00	500.00	100,000.00	100.00	20,000.00	770.00	154,000.00
009	440.00	44,000.00	300.00	30,000.00	150.00	15,000.00	590.00	59,000.00
总计	3,720.00	4,920,000.00	3,717.00	2,059,200.00	2,172.00	1,983,600.00	5,265.00	4,995,600.00

共12条 共12组，共1页

图 6-27 存货分布表

② 单击"设置库龄区间"按钮，打开"库龄分析汇总"对话框，设置库龄区间如图 6-28 所示。

图 6-28 设置库龄区间

③ 单击"确定"按钮返回。单击"确定"按钮，进入"库龄分析汇总表"窗口，如图 6-29 所示。

库龄分析汇总表

存货编码	存货代码	存货名称	规格型号	存货分类编码	存货分类名称	主计量单位	库存单位	批号	最新出库日期	小于30天			30-59天			60-89天	
										数量	件数	金额	数量	件数	金额	数量	件数
001		华星128G	9.7英寸	0101	电脑	部	箱			110.00	5.50	274880.00	130.00	6.50	325000.00		
002		华星32G	9.7英寸	0101	电脑	部	箱			200.00	10.00	400000.00	194.00	9.70	388000.00		
003		华晨128G	8英寸	0101	电脑	部	箱			186.00	9.30	372000.00					
004		华晨32G	8英寸	0101	电脑	部	箱			12.00	0.60	15600.00	838.00	41.90	1089400.00		
005		视频电话		0102	电话	部	箱			295.00	14.75	531000.00					
006		录音电话		0102	电话	部	箱			780.00	39.00	171600.00					
007		无绳电话		0102	电话	部	箱			900.00	45.00	90151.20					
008		防水手环		0103	手环	个	盒			500.00	50.00	100000.00	270.00	27.00	54000.00		
009		普通手环		0103	电话	部	箱			300.00	30.00	30000.00	290.00	29.00	29000.00		
010		小天才		0102	电话	部	箱			10.00	0.50	2000.00					
D01		游戏本		0101	电脑	部	箱						250.00	12.50	1125000.00		
合 计										3,293.00	204.65	1987231.20	1,972.00	126.60	3010400.00	0.00	

图 6-29 库龄分析汇总表

巩固提高

判断题：

1. 库存管理和存货核算必须集成使用。   （   ）

2. 产成品入库单上的单价在产成品成本分配后能自动写入。 （　　）

3. 盘盈生成的入库单不能删除。 （　　）

4. 调拨单审核后自动生成其他入库单和其他出库单。 （　　）

5. 库存调拨不涉及账务处理，因此调拨单无须记账。 （　　）

6. 存货发生损耗时需要填制其他出库单进行处理。 （　　）

选择题：

1. 库存管理系统与以下哪个系统存在数据关联？（　　）
   A. 总账管理　　　B. 采购管理　　　C. 销售管理
   D. 存货核算　　　E. 应收款管理　　F. 应付款管理

2. 以下哪种存货计价方式，不能在实现销售后当即结转销售成本？（　　）
   A. 先进先出　　　　　　B. 移动平均
   C. 全月平均　　　　　　D. 售价法

3. 库存管理系统中的入库单据包括哪些？（　　）
   A. 采购入库单　　　　　B. 受托代销入库单
   C. 产成品入库单　　　　D. 其他入库单

4. 库存管理系统中的出库单据包括哪些？（　　）
   A. 销售出库单　　　　　B. 委托代销出库单
   C. 对外捐赠出库单　　　D. 其他出库单

5. 收到赠品入库需要用什么单据记录？（　　）
   A. 采购入库单　　　　　B. 产成品入库单
   C. 赠品入库单　　　　　D. 其他入库单

问答题：

1. 库存管理系统的功能有哪些？
2. 库存管理系统与其他系统的主要关系是什么？
3. 哪些业务可自动形成其他入库单？
4. 哪些业务可自动形成其他出库单？
5. 盘点的方法有哪几种？需注意什么问题？
6. 调拨分为哪两种情况？

实操题：

1. 如果要进行最高、最低库存控制，如何设置？
2. 盘点单保存后还能删除吗？请验证。

第7章

存 货 核 算

学习目标

知识目标：

- 了解存货核算系统的主要功能
- 了解存货核算与供应链其他子系统的数据关联
- 掌握存货核算典型业务的处理流程

能力目标：

- 能够正确处理存货核算的典型业务

案例导入

前面学习了采购管理、销售管理和库存管理，它们分别管理企业存货的采购业务、销售业务和仓储业务，存货核算管理的对象也是存货，那么它和采购管理、销售管理、库存管理是怎样的关系呢？

库存管理和存货核算管理的对象都是企业的存货。库存管理是从物流的角度侧重管理存货出入库及结存的数量。存货核算是从资金的角度管理存货的出入库业务，核算企业的入库成本、出库成本和结存成本，反映和监督存货的收发、领退和保管情况，及时准确地把各类存货成本归集到各成本项目和成本对象上，为企业的成本核算提供基础数据；及时掌控存货资金的占用情况，提高资金的使用效率。

理论知识

7.1 了解存货核算系统

7.1.1 存货核算系统的主要功能

存货核算是从资金的角度管理存货的出入库业务，核算企业的入库成本、出库成本和结存成本，及时准确地把各类存货成本归集到各成本项目和成本对象上，为企业的成本核算提供基础数据。存货核算系统的主要功能如下。

1. 初始设置

初始设置主要包括存货核算选项设置、存货系统自动凭证相关的科目设置和存货期初数据录入。

2. 日常业务处理

日常业务处理主要完成存货核算业务数据的录入和成本核算。与供应链其他系统集成使用的情况下，可以针对出入库单据的单价进行调整、对出入库成本进行调整、进行暂估成本录入和结算成本处理、产成品成本分配、计提存货跌价准备、完成出入库业务相关凭证的生成。

3. 期末处理

期末处理指计算全月平均法核算的存货的全月平均单价及本月出库成本，计算存货的差异率/差价率，完成月末结账。

7.1.2 存货核算系统与其他系统的主要关系

存货核算系统与其他系统的主要关系，如图 7-1 所示。

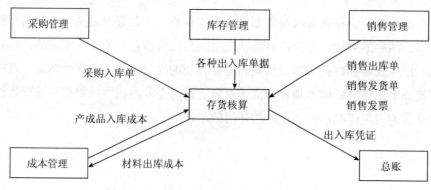

图 7-1 存货核算系统与其他系统的主要关系

存货核算系统可对采购管理系统生成的采购入库单进行记账，对采购暂估入库单进行暂估报销处理。存货核算系统可对库存管理系统生成的各种出入库单据进行记账核算。企业发生的正常销售业务的销售成本可以在存货核算系统根据所选的计价方法自动计算；企业发生分期收款业务和委托代销业务时，存货核算系统可以对销售系统生成的发货单和发票进行记账并确认成本。在存货核算系统，进行了出入库成本记账的单据可以生成一系列的物流凭证传入总账系统，实现财务和业务的一体化。成本管理系统可以将存货核算系统中材料出库单的出库成本自动读取出来，作为成本核算时的材料成本；成本管理系统完成成本计算后，存货核算系统可以从成本管理系统读取其计算的产成品成本并且分配到未记账的产成品入库单中，作为产成品入库单的入库成本。

7.2 存货核算业务类型及处理

7.2.1 出入库业务及调整

1. 入库业务

存货核算中的入库业务包括采购入库、产成品入库和其他入库。

采购入库单在库存管理系统中录入，在存货核算系统中可以修改采购入库单上的入库金额，采购入库单上"数量"的修改只能在该单据填制的系统进行。

产成品入库单在填制时一般只填写数量，单价与金额既可以通过修改产成品入库单直接填入，也可以由存货核算系统的产成品成本分配功能自动计算填入。

大部分其他入库单都是由相关业务直接生成的，如果与库存管理系统集成使用，可以通过修改其他入库单的操作对盘盈入库业务生成的其他入库单的单价进行输入或修改。

2. 出库业务

出库单据包括销售出库、材料出库和其他出库。在存货核算系统可以修改出库单据上的单价或金额。

3. 调整业务

出入库单据记账后，如果发现单据金额录入错误，通常采用修改方式进行调整。但如果遇到由于暂估入库后发生零出库业务等原因所造成的出库成本不准确，或库存数量为零而仍有库存金额的情况，就需要利用调整单据进行调整。

调整单据包括入库调整单和出库调整单。它们都只针对当月存货的出入库成本进行调整，并且只调整存货的金额，不调整存货的数量。

出入库调整单保存即记账，因此已保存的单据不可修改、删除。

7.2.2　业务和财务核算

1. 业务核算

1) 单据记账

单据记账是指登记存货明细账、差异明细账/差价明细账、受托代销商品明细账和受托代销商品差价账；同时是对除全月平均法外的其他几种存货的计价方法，对存货进行出库成本的计算。

特殊单据记账是针对调拨单、形态转换、组装单据的，它的特殊性在于这类单据都是出入库单据对应的，并且其入库的成本数据来源于该存货原仓库按照存货计价方法计算出的出库成本。

单据记账应注意以下几点。

(1) 无单价的入库单据不能记账，因此，记账前应对暂估入库的成本、产成品入库单的成本进行确认或修改。

(2) 各个仓库的单据应该按照时间顺序记账。

(3) 已记账单据不能修改和删除。如果发现已记账单据有错误，在本月未结账状态下可以取消记账。如果已记账单据已生成凭证，则不能取消记账，除非先删除相关凭证。

2) 暂估处理

存货核算系统中对采购暂估入库业务提供了月初回冲、单到回冲、单到补差三种处理方式，暂估处理方式一旦选择不可修改。无论采用哪种方式，都要遵循以下步骤，即待采购发票到达后，在采购管理系统填制发票并进行采购结算，然后在存货核算系统中完成暂估入库业务成本处理。

2. 财务核算

在存货核算系统中，可以将各种出入库单据中涉及存货增减和价值变动的单据生成凭证传递到总账。

对比较规范的业务，在存货核算系统的初始设置中可以事先设置好凭证上的存货科目和对方科目，系统将自动采用这些科目生成相应的出入库凭证，并传送到总账。

生成凭证操作一般由在总账中有填制凭证权限的操作员来完成。

7.2.3　综合查询

1. 单据查询

单据查询可以对存货核算系统中各种出入库单据、调整单据进行查询。

2. 存货账簿

存货账簿包括存货总账、存货明细账、出入库流水账、发出商品明细账、个别计价明细账、计价辅助数据。

3. 存货汇总表

存货汇总表包括入库汇总表、出库汇总表、差异分摊表、收发存汇总表、发出商品汇总表和暂估材料/商品余额表。

4. 分析表

存货分析表包括存货周转率分析、ABC 成本分析、入库成本分析、库存资金占用分析、库存资金占用规划。

5. 月末处理

存货核算系统的月末处理工作包括期末处理和结账两部分。当存货核算系统日常业务全部完成后，进行期末处理。系统自动计算全月平均单价及本会计月出库成本，自动计算差异率(差价率)及本会计月的分摊差异/差价，并对已完成日常业务的仓库/部门做处理标志。存货核算系统期末处理完成后，就可以进行月末结账。如果是集成应用模式，必须在采购管理、销售管理、库存管理全部结账后，存货核算系统才能结账。

7.3　重点难点解析

7.3.1　关于存货的核算方法

在存货系统选项设置中，有一类选项决定了企业存货的核算方式，重点说明如下。

1. 核算方式

核算方式指存货的计价方式，系统提供了 3 个选项：按仓库核算、按部门核算和按存货核算。选择按仓库核算，即在仓库档案中设置存货计价方式，并且每个仓库单独核算出库成本；选择按部门核算，则在仓库档案中按部门设置计价方式，并且所属部门相同的各仓库统一核算出库成本；选择按存货核算，则按存货档案中设置的计价方式进行核算。

2. 销售成本核算方式

销售成本核算方式是确定销售出库成本的确认依据。系统提供了两个选项：按销售出库单和按销售发票。选择按销售出库单核算，则销售出库单审核、记账后即可结转销售成本。

3. 委托代销成本核算方式

委托代销是商业企业特有的一种销售方式。委托代销成本核算方式是选择委托代销记账的单据，系统提供按发出商品核算和按普通销售核算两种选择。选择按发出商品核算则按"发货单+发票"记账；选择按普通销售方式核算，则按在系统选项的销售成本核算方式中选择的销售发票或销售出库单进行记账。

4. 暂估方式

暂估是指货到票未到时，企业需要暂估入库。系统提供了 3 种暂估入库存货成本的回冲方式：月初回冲、单到回冲和单到补差。

7.3.2 期末处理

前已述及，系统提供了 6 种存货核算方式，工业企业为计划价法、全月平均法、移动平均法、先进先出法、后进先出法和个别计价法；商业企业为售价法、全月平均法、移动平均法、先进先出法、后进先出法和个别计价法。如果选择了移动平均法、先进先出法、后进先出法和个别计价法计价，可以在业务发生的同时结转出库成本；而如果采用计划价/售价法和全月平均法，则需要在当月日常业务处理全部完成后，才能计算按全月平均方式核算的存货的全月平均单价及其本会计月出库成本，计算按计划价/售价方式核算的存货的差异率/差价率及其本会计月的分摊差异/差价，这就是存货核算系统期末处理的主要功能。

存货核算期末处理在采购管理和销售管理系统结账处理后才能进行。

实践应用

实验一　存货核算业务处理

📢 实验目的

1. 了解暂估入库单价格的检查方法和暂估价的几种录入方法。
2. 了解仓库中存货价格的调整方法或者单据中存货价格的调整方法。
3. 了解暂估处理的流程和方法。
4. 了解单据记账的作用及方法。

📢 实验内容

1. 暂估成本录入。
2. 存货价格调整。
3. 暂估处理。
4. 单据记账。

📣 实验准备

引入"6-2 其他出入库"账套数据。

📣 实验资料

1. 暂估入库业务办理

2021 年 1 月 30 日,公司收到上海耀华科技股份有限公司的 100 部华晨 128G 平板电脑,办理入库,发票未到。

2. 暂估单价录入

2021 年 1 月 31 日,公司检查是否有入库单上存货无价格,并给这些单据录入价格。

2021 年 1 月 30 日,入库的 100 部华晨 128G 平板电脑,暂估单价为 2000 元,被记账并生成暂估凭证。

3. 调整存货成本

2021 年 1 月 31 日,公司将 1 月 1 日发生的采购华星 128G 平板电脑的入库成本减少 500 元。

4. 计提存货跌价准备

2021 年 1 月 31 日,技术升级原因,华星 32G 平板电脑可变现价格为 1600 元/部。公司据此计提存货跌价准备。

📣 实验要求

以账套主管"101 周健"的身份进行业务处理。

📣 操作指导

1. 第 1 笔业务 (微课视频: WZ070101)

业务特征:本笔业务属于本期货到票未到的业务。货到时,先办理入库手续。

① 在库存管理系统中,执行"入库业务"|"采购入库单"命令,进入"采购入库单"窗口。

② 单击"增加"按钮,按实验资料输入各项信息,单击"保存"按钮。采购入库

单如图 7-2 所示。

③ 单击"审核"按钮。

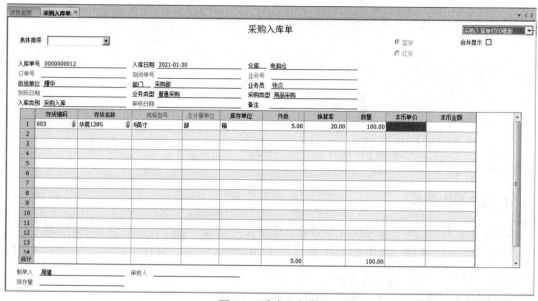

图 7-2　采购入库单

提示：

发票未到，采购入库单不录入单价。

---

2. 第 2 笔业务的处理　(微课视频：WZ070102)

业务特征：暂估入库存货单价录入。

检查所有采购入库单和其他入库单上存货是否有价格，对于尚无单价的入库单，可以在存货核算模块的暂估成本录入窗口中录入单价。

1) 录入暂估单价

① 在存货核算系统中，执行"业务核算"|"暂估成本录入"命令，打开"查询条件选择"对话框。

② 查询条件如果不输入，默认为所有单据。如果是有暂估价的单据，要查询所有单据，必须选择"包括已有暂估金额的单据"，如图 7-3 所示。

③ 单击"确定"按钮，进入"暂估成本录入"窗口，如图 7-4 所示。

④ 如果需要修改单价或金额，可以直接在表体中进行修改，也可以通过图 7-4 右上角的下拉列表选择售价成本、参考成本、上次入库成本、上次出库成本或结存成本，再单击"录入"按钮进行系统自动录入。本例录入华晨 128G 平板电脑单价为"2000"。

⑤ 单击"保存"按钮，系统弹出"保存成功！"信息提示框，单击"确定"按钮返回。

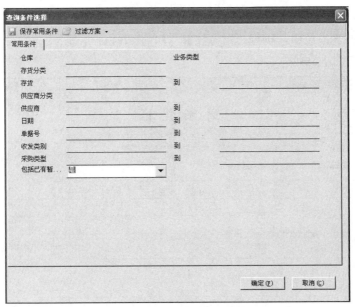

图 7-3 查询条件选择—包括已有暂估金额的单据

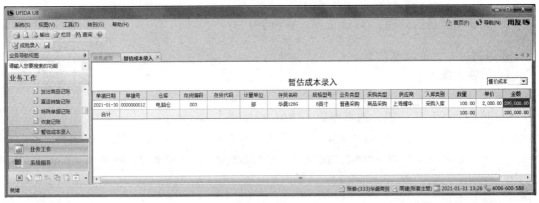

图 7-4 暂估成本成批录入

✏ **提示：**

- 在进行暂估成本录入单据查询时，如果企业这类单据数量特别大，建议设置查询条件，分批进行录入，以免造成错误，从而提高效率。
- 对于有暂估价的单据也可以在此处修改。
- 也可以通过执行"日常业务"|"采购入库单"命令，修改采购入库单的单价。
- 可以在存货核算系统选项设置中设置入库单成本来自上次出库成本、参考成本、结存成本、上次入库成本作为暂估入库成本。

2) 进行暂估入库记账并生成凭证

① 在存货核算系统中，执行"业务核算"|"正常单据记账"命令。对暂估入库单进

行记账。

② 在存货核算系统中，执行"财务核算"|"生成凭证"命令，对采购入库单(暂估入库)生成凭证，如图 7-5 所示。

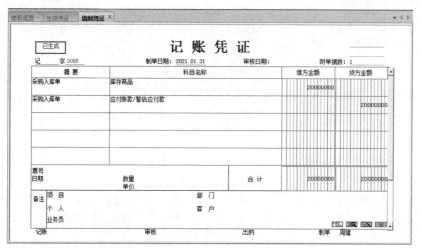

图 7-5 暂估入库生成凭证

3. 第 3 笔业务的处理 (微课视频: **WZ070103**)

业务特征: 存货成本调整。

1) 调整入库成本

① 在存货核算系统中，执行"日常业务"|"入库调整单"命令。

② 单击"增加"按钮，选择仓库为"01 电脑仓"，收发类别为"采购入库"，存货为"001 华星 128G"，调整金额为"-500"，单击"保存"按钮。入库调整单如图 7-6 所示。

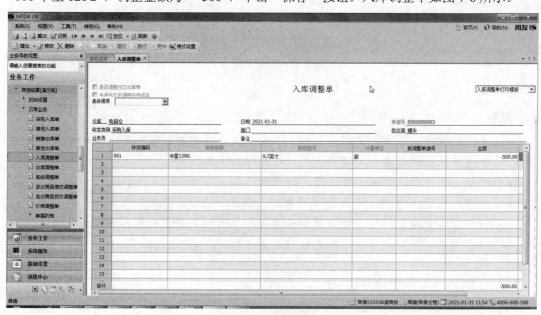

图 7-6 入库调整单

③ 单击"记账"按钮，使减少的金额入账。

④ 执行"财务核算"|"生成凭证"命令，选择入库调整单生成凭证，如图 7-7 所示。

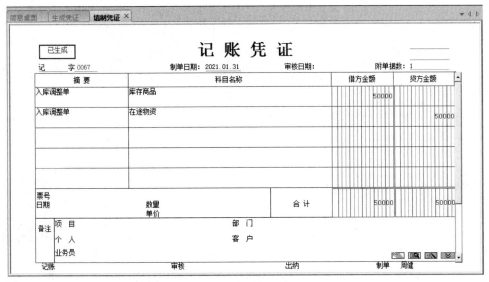

图 7-7 入库调整单生成凭证

2) 查看相关账簿

① 在存货核算系统中，执行"账表"|"账簿"|"明细账"命令，打开"明细账查询"对话框。

② 选择仓库为"(01)电脑仓"，商品为"(001)华星 128G"，单击"确定"按钮。明细账如图 7-8 所示。

图 7-8 明细账

提示:

- 在出入库调整单中，如果不输入被调整单据号，则视作调整该仓库下的所有存货，金额记入仓库下存货的总金额。
- 如果是要调整某一张出入库单据，应先记下该单据的单据号，并填列到出入库调整单中的"被调整单据号"中，此时"金额"栏中的金额对应出入库单上该存货的金额。
- 要调整采购入库单，该采购入库单必须是在采购管理系统中做了采购结算的采购入库单。

4. 计提存货跌价准备 （微课视频：WZ070104）

1) 跌价准备设置

① 在存货核算系统中，执行"跌价准备"|"跌价准备设置"命令，进入"跌价准备设置"窗口。

② 选择存货分类为"01 商品"，设置跌价准备科目为"1471 存货跌价准备"，计提费用科目为"6701 资产减值损失"，单击"保存"按钮，结果如图 7-9 所示。

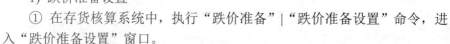

图 7-9　跌价准备设置

2) 计提跌价准备

① 在存货核算系统中，执行"跌价准备"|"计提跌价准备"命令，进入"计提跌价处理单"窗口。

② 单击"增加"按钮，选择存货为"002 华星 32G"，系统自动带出其结存数量和结算单价，在可变现价格一栏输入"1600"，单击"保存"按钮。如图 7-10 所示。

③ 单击"审核"按钮，系统弹出"该单据审核成功！"信息提示框，单击"确定"按钮返回。

3) 跌价准备制单

① 在存货核算系统中，执行"跌价准备"|"跌价准备制单"命令，进入"生成凭证"窗口。

② 单击"选择"按钮，打开"查询条件"对话框，选中"(47)跌价准备单"复选框，

单击"确定"按钮，进入"选择单据"窗口。

计提跌价处理单

	存货编码	存货名称	规格型号	计量单位	结存数量	结存单价	结存金额	可变现价格	百
1	002	华星32G	9.7英寸	部	344.00	2000.00	688000.00	1600.00	
2									
3									
4									
5									
6									
7									
8									
9									
10									
11									
12									
13									
14									
15									
16									
合计					344.00		688000.00		

图 7-10　计提跌价准备

③ 选择要生成凭证的单据，单击"确定"按钮，返回"生成凭证"窗口。

④ 单击"生成"按钮，进入"填制凭证"窗口。单击"保存"按钮，生成凭证：

借：资产减值损失　　　　　137 600
　　贷：存货跌价准备　　　　　137 600

5. 账套备份

存货核算业务全部完成后，将账套输出至"7-1 存货核算业务"文件夹中。

实验二　存货账表查询

📢 实验目的

掌握存货信息查询和分析的方法。

📢 实验内容

1. 查询"01 电脑仓"存货明细账。
2. 查询收发存汇总表。
3. 查看在存货核算中生成的凭证列表。
4. 进行存货周转率分析。

📢 实验准备

引入"7-1 存货核算业务"账套数据。

📢 实验要求

以账套主管"101 周健"的身份进行业务处理。

📢 操作指导

存货核算系统提供了多角度、多方位的综合查询和分析，可以查询账簿、汇总表和分析表。

1. 查询存货明细表

① 在存货核算系统中，执行"账表"|"账簿"|"明细账"命令，打开"明细账查询"对话框。

② 选择仓库为"(01)电脑仓"，单击"确定"按钮，进入"明细账"窗口，如图 7-11 所示。

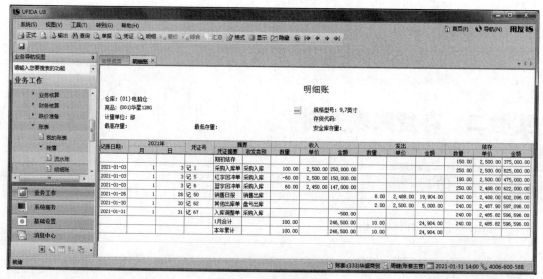

图 7-11　电脑仓明细账

2. 查看收发存汇总表

① 在存货核算系统中，执行"账表"|"汇总表"|"收发存汇总表"命令，打开"收发存汇总表查询"对话框。

② 如果是查询具体存货，可以在"存货分类"或"存货"中选择；如果查询具体仓库的信息，则在"汇总方式选择"选项卡中选择。设置好查询条件后单击"确定"按钮，进入"收发存汇总表"窗口，如图 7-12 所示。

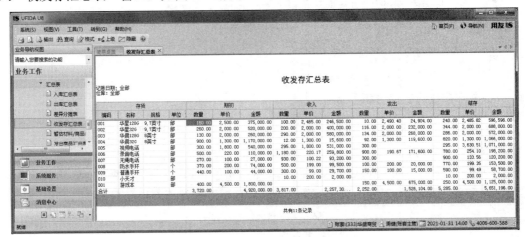

图 7-12　收发存汇总表

3. 查看在存货核算中生成的凭证列表

① 在存货核算系统中，执行"财务核算"|"凭证列表"命令，打开"查询条件"对话框。

② 单击"确定"按钮，进入"凭证列表"窗口，如图 7-13 所示。

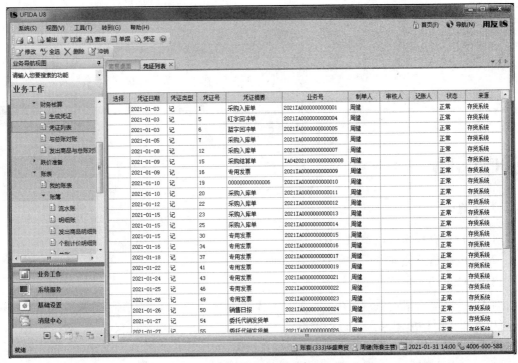

图 7-13　凭证列表

> 提示：
> - 企业购销业务涉及价值变动的均在存货核算中生成凭证传给总账。
> - 在存货核算的凭证列表中可对凭证进行修改、删除和冲销处理。
> - 从其他系统传递到总账中的凭证在总账系统中不能修改、删除，可以进行审核、记账。

4. 进行存货周转率分析

① 在存货核算系统中，执行"账表"|"分析表"|"存货周转率分析"命令，打开"查询条件选择"对话框。

② 单击"确定"按钮，进入"存货周转率分析"窗口，如图 7-14 所示。

存货周转率分析

起始日期	结束日期	仓库编码	仓库名称	存货分类	存货编码	存货名称	存货代码	规格	单位	平均库存	周转率	出库成本	周转天数
2021-01-01	2021-01-31	01	电脑仓	0101	001	华星128G		9.7英寸	部	598,299.29	0.04	24,904.00	775.00
2021-01-01	2021-01-31	01	电脑仓	0101	002	华星32G		9.7英寸	部	783,677.42	0.30	232,000.00	103.33
2021-01-01	2021-01-31	01	电脑仓	0101	003	华晨128G		8英寸	部	373,806.45	0.72	268,000.00	43.06
2021-01-01	2021-01-31	01	电脑仓	0101	004	华晨32G		8英寸	部	1,123,535.48	0.11	119,600.00	281.82
2021-01-01	2021-01-31	02	电话仓	0102	005	视频电话			部	925,403.23			
2021-01-01	2021-01-31	02	电话仓	0102	006	录音电话			部	177,093.55	0.97	171,600.00	31.96
2021-01-01	2021-01-31	03	代销仓	0102	006	录音电话			部	8,303.23			
2021-01-01	2021-01-31	02	电话仓	0102	007	无绳电话			部	87,800.00			
2021-01-01	2021-01-31	03	代销仓	0103	008	防水手环			个	128,491.94	0.16	20,000.00	193.75
2021-01-01	2021-01-31	03	代销仓	0103	009	普通手环			个	53,711.29	0.28	15,000.00	110.71
2021-01-01	2021-01-31	02	电话仓	0102	010	小天才			部	32.26			
2021-01-01	2021-01-31	01	电脑仓	0101	D01	游戏本			部	1,702,016.13	0.40	675,000.00	77.50
2021-01-01	2021-01-31			0101	Z01	云服务器			台			180,000.00	
合计										5,962,170.27	2.98	1,706,1...	1,617.13

图 7-14　存货周转率分析

巩固提高

判断题：

1. 存货核算系统可以单独使用。　　　　　　　　　　　　　　　　　(　)

2. 直运销售业务通过正常单据记账实现。　　　　　　　　　　　　　(　)

3. 无单价的入库单据不能记账。　　　　　　　　　　　　　　　　　(　)

4. 存货核算与采购系统集成使用时，对于当期货到票未到、未结算的采购入库单的单价可以利用"暂估成本录入"进行批量修改。　　　　　　　　　　　　　　(　)

5. 已记账单据在未生成凭证前可以取消记账。　　　　　　　　　　　(　)

6. 出入库调整单既可以调整存货数量，也可以调整存货单价。　　　　(　)

选择题：

1. 存货核算系统中特殊单据记账所指的特殊单据包括( )。
   A. 采购入库单　　　B. 其他出入库单　C. 出入库调整单
   D. 调拨单　　　　　E. 盘点单　　　　　F. 组装单

2. 以下哪种存货计价方式，不能在实现销售后当即结转销售成本？( )
   A. 先进先出法　　　B. 移动平均法　　　C. 全月平均法　　　D. 售价法

3. 存货核算系统中的入库单据包括( )。
   A. 采购入库单　　　　B. 入库调整单
   C. 产成品入库单　　　D. 其他入库单

4. 如果按照存货核算成本，以下哪步操作是必需的？( )
   A. 在存货档案中设置存货的计价方式
   B. 在仓库档案中设置仓库的计价方式
   C. 在部门档案中设置存货的计价方式
   D. 设置存货货位对照表

5. 关于入库调整单，以下说法正确的有( )。
   A. 只能对存货的入库数量进行调整
   B. 只能对存货的入库金额进行调整
   C. 只能针对当月存货进行调整
   D. 可以针对单据也可以针对存货进行调整

问答题：

1. 存货核算系统的功能有哪些？
2. 存货核算系统与其他子系统的数据关联是什么？
3. 什么情况下会用到调整单据？

实操题：

1. 委托代销成本核算方式一旦设定还能修改吗？
2. 在存货核算系统生成的凭证能修改吗？能删除吗？

第8章

供应链管理系统期末处理

学习目标

知识目标：

- 了解供应链管理系统期末处理的程序及工作内容
- 了解供应链管理系统月末结账的处理流程

能力目标：

- 能够按正确步骤进行供应链系统期末处理
- 能够正确进行供应链管理系统月末结账

案例导入

前面按模块学习了供应链管理系统日常主要业务类型及处理方法，那么每个会计期末需要做哪些工作以结束当前会计期，开始新一期的业务处理呢？

本章我们就对华盛商贸1月份供应链管理系统进行期末处理与月末结账。

理论知识

8.1 了解供应链管理期末处理

供应链管理期末处理主要包括两项内容：期末处理和月末结账。在采购管理、销售管理、库存管理、存货核算集成应用模式下，期末处理只涉及存货核算子系统，月末结账则涉及所有系统。

8.1.1　期末处理

当日常业务全部完成后，存货核算系统需要进行期末处理。对于采用全月平均法核算的存货，期末处理时计算全月平均单价及本月出库成本；对于按计划价/售价核算的存货，期末处理时计算差异率并分摊差异。对于按照移动平均、先进先出、后进先出、个别计价核算的存货，期末处理仅作为本月业务完结的标志。

8.1.2　月末结账

结账表示本期业务处理终结。

在财务业务一体化各系统集成应用时，期末结账要遵从一定的顺序。按照子系统之间的数据传递关系，各子系统结账的先后顺序如图 8-1 所示。

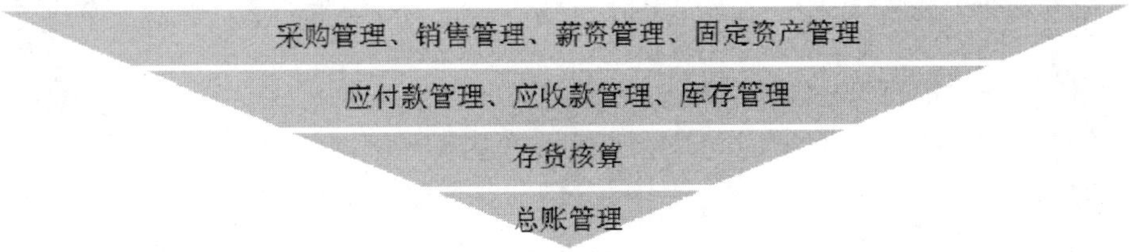

图 8-1　财务业务一体化应用结账顺序

8.2　重点难点解析

8.2.1　期末处理的流程

本书案例中，电话仓采用"全月平均法"进行存货计价，需要在存货核算系统中进行期末处理，以计算全月平均单价，进而核算本月出库成本。期末处理要遵从以下顺序。

(1) 在采购管理系统中，进行采购管理系统月末结账。

(2) 在销售管理系统中，进行销售管理系统月末结账。

(3) 在库存管理系统中，进行库存管理系统月末结账。

(4) 在存货核算系统中，对仓库进行期末处理。核算出库成本，生成业务凭证，最后存货核算系统结账。

8.2.2　反结账

如果供应链管理各子系统结账后发现尚有未处理的业务，则可以反结账。反结账时要按照结账次序的逆序进行，即先取消存货核算结账，再取消库存管理结账，最后再取消采购管理结账和销售管理结账。

实验一　月末结账

📢 实验目的

1. 了解期末处理的意义。
2. 了解月末结账的流程和方法。

📢 实验内容

1. 采购管理、销售管理、库存管理月末结账。
2. 存货核算系统期末处理。
3. 存货核算生成凭证。
4. 存货核算系统月末结账。

📢 实验准备

引入"7-1 存货核算业务"账套数据。

📢 实验资料

1. 2021 年 1 月 31 日，采购管理月末结账。
2. 2021 年 1 月 31 日，销售管理月末结账。
3. 2021 年 1 月 31 日，库存管理月末结账。
4. 2021 年 1 月 31 日，存货核算期末处理。
5. 将除其他出入库单之外的所有单据生成凭证。
6. 存货核算月末结账。

📢 实验要求

以账套主管"101 周健"的身份进行操作。

操作指导

1. 采购管理月末结账 (微课视频：**WZ080101**)

① 在采购管理系统中，执行"月末结账"命令，打开"结账"对话框。

② 选择会计月份为 1 月份，单击"结账"按钮，弹出"月末结账"信息提示框，如图 8-2 所示。

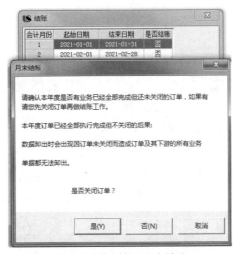

图 8-2 采购管理月末结账

③ 单击"否"按钮，1 月份"是否结账"处显示"是"。单击"退出"按钮退出结账界面。

2. 销售管理月末结账 (微课视频：**WZ080102**)

① 在销售管理系统中，执行"月末结账"命令，打开"结账"对话框。

② 单击"结账"按钮，系统弹出信息提示框。单击"否"按钮，完成销售系统结账。

③ 单击"退出"按钮退出结账界面。

3. 库存管理月末结账 (微课视频：**WZ080103**)

① 在库存管理系统中，执行"月末结账"命令，打开"结账"对话框。

② 单击"结账"按钮，系统弹出信息提示框。

③ 单击"是"按钮，结账完成。单击"退出"按钮退出结账界面。

4. 存货核算期末处理 (微课视频：**WZ080104**)

① 在存货核算系统中，执行"业务核算"|"期末处理"命令，打开"期末处理"对话框，如图 8-3 所示。

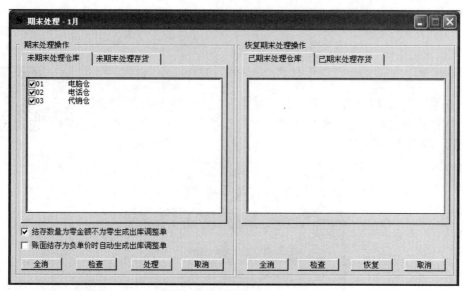

图 8-3 "期末处理"对话框

② 选中"结存数量为零金额不为零生成出库调整单"复选框,单击"处理"按钮,由于电话仓采用"全月平均法"核算存货,系统根据成本核算方法计算并生成"仓库平均单价计算表",如图 8-4 所示。

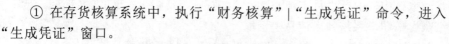

部门编码	部门名称	仓库编码	仓库名称	存货编码	存货名称	存货代码	存货规格	存货位	期初数量	期初金额	入库数量	入库金额	有金额出库数量	有金额出库成本	平均单价	原单价
		02	电话仓	005	视频电话			部	300.00	540,000.00	295.00	531,000.00	0.00	0.00	1,800.00	1,800.00
		02	电话仓	006	录音电话			部	500.00	110,000.00	400.00	88,200.00	780.00	171,600.00	221.67	221.67
		02	电话仓	007	无绳电话			部	270.00	27,000.00	930.00	93,200.00	0.00	0.00	100.17	100.17
小计																

图 8-4 仓库平均单价计算表

③ 单击"确定"按钮,系统弹出"期末处理完毕!"信息提示框,单击"确定"按钮。

5. 生成记账凭证 (微课视频:**WZ080105**)

① 在存货核算系统中,执行"财务核算"|"生成凭证"命令,进入"生成凭证"窗口。

② 单击"选择"按钮,打开"查询条件"对话框。

③ 选中除"其他入库单"和"其他出库单"之外的所有单据,单击"确定"按钮,进入"未生成凭证单据一览表"窗口,如图 8-5 所示。

图 8-5 "未生成凭证单据一览表"窗口

④ 单击"全选"按钮，再单击"确定"按钮，进入"生成凭证"窗口，如图 8-6 所示。

选择	单据类型	单据号	摘要	科目类型	科目编码	科目名称	借方金额	贷方金额	借方数量	贷方数量	科目方向	存货编码	存货名称	存货代码	规格型号	部门编码	部门名称
	发货单	0000000016	发货单	发出商品	1406	发出商品	26,600.00		120.00		1	006	录音电话			3	销售部
				存货	1405	库存商品		26,600.00		120.00	2	006	录音电话			3	销售部
				发出商品	1406	发出商品	12,020.40		120.00		1	007	无绳电话			3	销售部
				存货	1405	库存商品		12,020.40		120.00	2	007	无绳电话			3	销售部
1		ZY5201		对方	6401	主营业务成本	20,034.00		200.00		1	007	无绳电话			3	销售部
				存货	1405	库存商品		20,034.00		200.00	2	007	无绳电话			3	销售部
		ZY5202		对方	6401	主营业务成本	540,000.00		300.00		1	005	视频电话			3	销售部
	专用发票		专用发票	存货	1405	库存商品		540,00...		300.00	2	005	视频电话			3	销售部
		ZY5302		对方	6401	主营业务成本	-2,003.40		-20.00		1	007	无绳电话			3	销售部
				存货	1405	库存商品		-2,003.40		-20.00	2	007	无绳电话			3	销售部
				对方	6401	主营业务成本	26,600.00		120.00		1	006	录音电话			3	销售部
		ZY5501		发出商品	1406	发出商品		26,600.00		120.00	2	006	录音电话			3	销售部
				对方	6401	主营业务成本	12,020.40		120.00		1	007	无绳电话			3	销售部
				发出商品	1406	发出商品		12,020.40		120.00	2	007	无绳电话			3	销售部
合计							635,271.40	635,27...									

凭证类别 记 记账凭证

图 8-6 "生成凭证"窗口

⑤ 单击"生成"或"合成"按钮生成凭证，其中生成是指在生成凭证时，一笔业务对应一张凭证；合成是将所有选择号一样的单据生成一张凭证。单击"合成"按钮，合并生成一张记账凭证。

提示：

● 在选择单据生成凭证时，对于不同的选择号可以生成在不同的凭证上。

● 生成凭证时可以按照不同的收发类别分开合并生成，以方便查阅。

● 如果有业务单据没有设置收发类别，此处可能部分单据不能自动带出预设的会计科目。

6. 存货核算系统月末结账 (微课视频: **WZ080106**)

① 在存货核算系统中,执行"业务核算"|"月末结账"命令,打开"结账"对话框。

② 单击"月结检查"按钮,系统进行月结前的检查工作,完成后弹出"检测成功!"信息提示框,如图 8-7 所示。

图 8-7　存货核算月结检测

③ 单击"确定"按钮返回。

④ 单击"结账"按钮,系统弹出"月末结账完成!"信息提示框,单击"确定"按钮返回。

7. 账套备份

月末结账全部完成后,将账套备份至"8-1 月末结账"文件夹中。

巩固提高

判断题:

1. 存货核算系统可以单独使用。 (   )

2. 采用全月平均法计价的存货需要经过期末处理才能核算本月出库成本。 (   )

选择题:

1. 库存管理系统结账前,以下哪些模块需要先行结账?(   )

　　A. 采购管理　　　　B. 销售管理　　　　　C. 存货核算　　　　D. 总账

2. 以下哪个模块需要进行期末处理?(   )

　　A. 采购管理　　　　B. 销售管理　　　　　C. 库存管理　　　　D. 存货核算

问答题：

1. 财务业务一体化集成应用时，期末结账的合理顺序是什么？
2. 取消采购管理结账的前提是什么？

实操题：

尝试取消供应链月末结账。

附录

供应链管理综合实训

实验一　系统管理

实验内容

1. 增加用户。
2. 建立企业账套(启用采购管理、销售管理、库存管理和存货核算)。
3. 对用户进行授权。
4. 账套输出。

实验准备

已经正确安装用友 U8 V10.1 管理软件。

实验资料

1. 用户及其权限

根据企业目前的岗位分工,整理与用友 U8 供应链管理相关的用户及其权限,如附表 1 所示。

附表1　用户及其权限表

操作员编号	操作员姓名	口令	所属角色	需要给用户设置的权限
111	周健	1	账套主管	账套主管自动拥有所有操作权限
222	张涛	2	无	采购管理、库存管理、存货核算、应付款管理
333	管虎	3	无	销售管理、库存管理、存货核算、应收款管理

2. 账套信息

1) 建账信息

账套号：888；

账套名称：供应链账套；

启用会计期：2021年1月1日。

2) 单位信息

单位名称：北京星宇商贸有限公司；

单位简称：星宇商贸；

单位地址：北京市东城区望京路151号；

法人代表：张军；

税号：911000110102668881。

3) 核算类型

记账本位币：人民币(RMB)；

企业类型：商业；

行业性质：2007年新会计制度科目；

账套主管：111周健；

按行业性质预置会计科目。

4) 基础信息

该企业有外币核算，进行经济业务处理时，需要对存货、客户、供应商进行分类。

5) 分类编码方案

科目编码级次：4-2-2-2

部门编码级次：2-2

客户分类编码级次：2-2

供应商分类编码级次：2-2

存货分类编码级次：2-2

收发类别编码级次：1-2

结算方式编码级次：1-2

6) 设置数据精度

该企业对存货数量、存货单价、开票单价、件数、换算率等小数位数约定为2位。

7) 系统启用

该企业启用 888 账套的"采购管理""销售管理""库存管理""存货核算"子系统,启用日期为 2021 年 1 月 1 日。

3. 输出账套

在 D 盘建立"供应链账套备份"文件夹,在该文件夹中新建"实验一 系统管理"子文件夹,将所建 888 账套输出至该子文件夹中。以下各实验同理。

实验二　基础档案设置

📢 实验内容

1. 在企业应用平台中启用 U8 子系统。
2. 设置机构人员。
3. 设置客商信息。
4. 设置存货。
5. 设置财务。
6. 设置收付结算。
7. 设置业务。
8. 账套输出。

📢 实验准备

已经完成实验一的操作,或者从教学资源中引入"实验一 系统管理"账套备份数据。将系统时间调整为 2021 年 1 月 1 日,如果不调整系统时间,则需要在每次登录账套时将操作日期修改为业务日期。如果操作日期与账套建账时间跨度超过 3 个月,则该账套在演示版状态下不能再执行任何操作。

📢 实验资料

1. 启用 U8 子系统

由账套主管在企业应用平台中启用总账、应收款管理和应付款管理,启用日期为 2021 年 1 月 1 日。

2. 基础档案—机构人员

1) 部门档案(如附表 2 所示)

附表 2　部门档案

部门编码	部门名称
01	公司总部
0101	经理办公室
0102	行政办公室
02	财务部
03	销售部
0301	销售一部
0302	销售二部
04	采购部
05	仓储部
06	运输部

2) 人员档案(如附表 3 所示)

附表 3　人员档案

人员编码	人员姓名	性别	雇佣状态	人员类别	行政部门	是否业务员	是否操作员
001	周健	男	在职	正式工	经理办公室	是	否
002	张军	男	在职	正式工	行政办公室	是	否
003	张涛	男	在职	正式工	财务部	是	否
004	宋杰	男	在职	正式工	销售一部	是	否
005	孙建华	男	在职	正式工	销售二部	是	否
006	吴小蕾	女	在职	正式工	采购部	是	否
007	李莉	女	在职	正式工	仓储部	是	否
008	王兴亮	男	在职	正式工	运输部	是	否

3. 基础档案—收付结算

1) 结算方式

1 现金结算；2 支票结算(201 现金支票，202 转账支票)；3 商业汇票(301 商业承兑汇票，302 银行承兑汇票)；4 电汇。

2) 付款条件(如附表 4 所示)

附表4　付款条件

付款条件编码	信用天数	优惠天数 1	优惠率 1	优惠天数 2	优惠率 2	优惠天数 3	优惠率 3
01	30	10	4	20	2	30	0
02	60	20	2	40	1	60	0
03	60	30	2	45	1	60	0

3) 本单位开户银行

编码：01；银行账号：110001015678；开户银行：中国工商银行北京分行。

4. 基础档案—客商信息

1) 客户分类(如附表 5 所示)

附表5　客户分类

一级分类编码和名称	二级分类编码和名称
01 批发商	0101 北京批发商
	0102 上海批发商
02 零售商	0201 山东零售商
	0202 河南零售商
03 零散客户	

2) 供应商分类(如附表 6 所示)

附表6　供应商分类

一级分类编码和名称	二级分类编码和名称
01 鞋商	0101 批发商
02 箱包商	0201 批发商
03 手机商	0301 批发商
	0302 代销商

3) 客户档案(如附表 7 所示)

附表7　客户档案

客户编码	客户名称	客户简称	所属分类码	税　号	信用额度(万元)	付款条件	开户银行	银行账号	默认	分管部门	专管业务员
001	北京燕莎百货公司	北京燕莎	0101	91010111177788191A	300	01	中国建设银行北京分行	11007788	是	销售一部	宋杰

客户编码	客户名称	客户简称	所属分类码	税　　号	信用额度(万元)	付款条件	开户银行	银行账号	默认	分管部门	专管业务员
002	郑州丹尼斯百货公司	郑州丹尼斯	0202	910202226668883435	600	02	中国工商银行郑州分行	21338899	是	销售二部	孙健华
003	青岛市华光百货公司	青岛华光	0201	91099988833883212A	500	03	中国银行青岛分行	12345678	是	销售二部	孙健华
004	上海明兴贸易公司	上海明兴	0102	91021555599996768B	100		中国建设银行上海分行	22117788	是	销售一部	宋杰
005	零散客户	零散客户	03							销售一部	宋杰

4) 供应商档案(如附表8所示)

附表8　供应商档案

供应商编码	供应商名称	供应商简称	所属分类	税号	税率	开户银行	银行账号	分管部门	专管业务员
001	上海明辉鞋业有限公司	上海明辉	0101	910213322118800322	13%	中国工商银行上海分行	21118899	采购部	吴小蕾
002	北京兰宇箱包有限公司	北京兰宇	0201	0215588996683589D	13%	中国建设银行北京分行	02106688	采购部	吴小蕾
003	上海伊梦电子科技公司	上海伊梦	0301	010559988773578789	13%	中国建设银行浦东支行	11055899	采购部	吴小蕾
004	北京宏丰电子科技公司	北京宏丰	0302	01022331199788723F	13%	中国银行中关村支行	01008899	采购部	吴小蕾

5. 基础档案—存货

1) 存货分类(如附表 9 所示)

附表 9　存货分类

存货分类编码	存货分类名称
01	商品
0101	鞋
0102	箱包
0103	手机
02	劳务
0201	劳务费用

2) 计量单位组及计量单位(如附表 10 所示)

附表 10　计量单位组及计量单位

计量单位组	计量单位	换算率
01 自然单位 无换算率	01　双 02　个 03　部 04　箱 05　千米	无
02 换算 1 组 固定换算率	8　双 801　盒 802　箱	1 盒=1 双 1 箱=20 盒
03 换算 2 组 固定换算率	9　个 901　包 902　大包	1 包=10 个 1 大包=10 包

3) 存货档案(如附表 11 所示)

附表 11　存货档案

存货分类 一级	存货分类 二级	存货编码 及名称	计量 单位组	主计量 单位	采购 默认 单位	库存 默认 单位	税率	属性	参考 成本 (元)	参考 售价 (元)	计划价/ 售价(元)
01 商品	0101 鞋	001 明辉 女正装鞋	换算 1 组	双	箱	箱	13%	内销、外购	350	500	
		002 明辉 女休闲鞋	换算 1 组	双	箱	箱	13%	内销、外购	400	650	

(续表)

存货分类		存货编码及名称	计量单位组	主计量单位	采购默认单位	库存默认单位	税率	属性	参考成本(元)	参考售价(元)	计划价/售价(元)
一级	二级										
01 商品	0101 鞋	003 明辉女凉鞋	换算1组	双	箱	箱	13%	内销、外购	200	400	
		004 明辉男正装鞋	换算1组	双	箱	箱	13%	内销、外购	500	800	
		005 明辉男休闲鞋	换算1组	双	箱	箱	13%	内销、外购	450	650	
		006 明辉男凉鞋	换算1组	双	箱	箱	13%	内销、外购	300	450	
	0102 箱包	007 兰宇女式钱包	换算2组	个	大包	大包	13%	内销、外购	120	200	
		008 兰宇女式单肩包	换算2组	个	大包	大包	13%	内销、外购	550	850	
		009 兰宇男式钱包	换算2组	个	大包	大包	13%	内销、外购	150	200	
		010 兰宇男式手提包	换算2组	个	大包	大包	13%	内销、外购	850	1300	
	0103 手机	011 伊梦普通机	自然单位	部			13%	内销、外购、委托代销	2000	2500	
		012 伊梦商务机	自然单位	部			13%	内销、外购、委托代销	3500	4000	
		013 宏丰学生机	自然单位	部			13%	内销、外购	1800	2200	2200
		014 宏丰商务机	自然单位	部			13%	内销、外购	3700	4200	4200
02 劳务	0201 劳务费用	015 运输费 9	自然单位	千米			9%	内销、外购、应税劳务			
		016 运输费 0	自然单位	千米			0	内销、外购、应税劳务			

注：参考成本、参考售价和售价均为不含税价。

6. 基础档案—财务

1) 设置凭证类别(如附表 12 所示)

附表 12　凭证类别

类别字	类别名称	限制类型	限制科目
收	收款凭证	借方必有	1001,1002
付	付款凭证	贷方必有	1001,1002
转	转账凭证	凭证必无	1001,1002

2) 设置会计科目(如附表 13 所示)

附表 13　会计科目

会计科目编码	会计科目名称	辅助核算	备注
190101	待处理流动资产损溢		增加
190102	待处理固定资产损溢		增加
220201	应付货款	供应商往来	增加
220202	暂估应付款		增加
222101	应交增值税		增加
22210101	进项税额		增加
22210103	进项税额转出		增加
22210105	销项税额		增加
410415	未分配利润		增加
1121	应收票据	客户往来	修改
1122	应收账款	客户往来	修改
1123	预付账款	供应商往来	修改
1321	受托代销商品		修改科目名称
2201	应付票据	供应商往来	修改
2202	应付账款	供应商往来	修改
2203	预收账款	客户往来	修改
2314	受托代销商品款		修改科目名称

7. 基础档案—业务

1) 仓库档案(如附表 14 所示)

附表 14　仓库档案

仓库编码	仓库名称	计价方式
01	明辉鞋仓	先进先出法
02	兰宇箱包仓	全月平均法
03	手机仓	售价法
04	代销仓	先进先出法

2) 收发类别(如附表 15 所示)

附表 15　收发类别

一级编码和名称	二级编码和名称	收发标志
1 入库	101 采购入库	收
	102 采购退货	
	103 盘盈入库	
	104 受托代销入库	
	105 其他入库	
2 出库	201 销售出库	发
	202 销售退货	
	203 盘亏出库	
	204 委托代销出库	
	205 其他出库	

3) 采购类型和销售类型(如附表 16 所示)

附表 16　采购类型和销售类型

采购类型			销售类型		
名称	入库类别	是否默认值	名称	出库类别	是否默认值
01 厂商采购	采购入库	是	01 批发销售	销售出库	是
02 代销采购	受托代销入库		02 门市零售	销售出库	
03 采购退回	采购退货		03 销售退回	销售退货	

4) 费用项目(如附表 17 所示)

附表 17　费用项目

费用项目编码	费用项目名称
01	运输费
02	装卸费
03	包装费
04	业务招待费

5) 发运方式(如附表 18 所示)

附表 18　发运方式

发运方式编码	发运方式名称
01	公路运输
02	铁路运输
03	水运
04	航空运输

6) 非合理损耗类型

非合理损耗类型编码：01。

非合理损耗类型名称：运输部门责任。

实验三　单据设置

🔊 实验内容

1. 单据格式设计。
2. 单据编号设置。
3. 账套输出。

🔊 实验准备

完成实验二的操作后，由 111 操作员(密码为 1)登录 U8 企业应用平台进行单据设置。

🔊 实验资料

1. 设计采购单据格式

为单据"采购订单""到货单""采购专用发票"增加表体栏目"换算率""采购单位"和"件数"。

2. 设计库存单据格式

为单据"采购入库单"增加表体栏目"换算率""库存单位"和"件数"。

3. 设置发票编号方式

设置销售专用发票和采购专用发票编号方式为"完全手工编号"。

实验四　供应链初始设置

🔊 实验内容

1. 设置系统选项。
2. 设置自动凭证科目。

3. 录入供应链系统期初余额并进行期初记账。

4. 账套输出。

📢 实验准备

完成实验三的操作后，由 111 操作员(密码为 1)登录 U8 系统进行供应链系统初始化的设置。

📢 实验资料

1. 设置系统选项(没有特别指明的保持系统默认)

1) 设置采购管理系统选项

- 启用受托代销
- 允许超订单到货及入库
- 单据默认税率：13%

2) 设置销售管理系统选项

销售管理选项设置如附表 19 所示。

附表 19　销售管理选项

选项卡	选项设置
业务控制	有零售日报业务
	有委托代销业务
	有分期收款业务
	有直运销售业务
	销售生成出库单
	报价不含税
其他控制	新增发货单参照订单生成
	新增退货单参照发货单生成
	新增发票参照发货单生成

3) 设置库存管理系统选项

库存管理选项设置如附表 20 所示。

附表 20　库存管理选项

选项卡	选项设置
通用设置	采购入库审核时改现存量
	销售出库审核时改现存量
	其他出入库审核时改现存量

（续表）

选项卡	选项设置
专用设置	自动带出单价的单据包括销售出库单、其他出库单和调拨单
预计可用量控制	不允许超预计可用量出库
预计可用量设置	出入库检查预计可用量

4) 设置存货核算系统选项

存货核算选项设置如附表 21 所示。

附表 21　存货核算选项

选项卡	选项设置
核算方式	核算方式：按仓库核算 销售成本核算方式：销售发票 委托代销成本核算方式：按普通销售核算 暂估方式：单到回冲 零出库成本选择：参考成本 红字出库单成本：参考成本
控制方式	结算单价与暂估单价不一致需要调整出库成本

5) 设置应付款管理系统选项

应付款管理系统选项设置如附表 22 所示。

附表 22　应付款管理系统选项

选项卡	选项设置
常规	单据审核日期依据：单据日期 自动计算现金折扣：是
凭证	受控科目制单方式：明细到单据 采购科目依据：按采购类型

6) 设置应收款管理系统选项

应收款管理系统选项设置如附表 23 所示。

附表 23　应收款管理系统选项

选项卡	选项设置
常规	单据审核日期依据：单据日期 坏账处理方式：应收余额百分比法
凭证	受控科目制单方式：明细到单据 销售科目依据：按销售类型

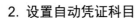

2．设置自动凭证科目

1）应付款管理系统初始设置

基本科目设置：应付科目 220201，预付科目 1123，采购科目 1402；税金科目 22210101，商业承兑科目 2201，银行承兑科目 2201。

结算方式科目设置：现金支票、转账支票、电汇结算方式科目为 1002。

2）应收款管理系统初始设置

基本科目设置：应收科目 1122，预收科目 2203，销售收入科目 6001，税金科目 22210105，销售退回科目 6001，银行承兑科目 1121，商业承兑科目 1121。

结算方式科目设置：现金支票、转账支票、电汇结算方式科目为 1002。

坏账准备设置：提取比率1%，坏账准备期初余额为0，坏账准备科目1231，对方科目6701。

3）存货核算系统科目设置

(1) 存货科目。

存货科目设置如附表 24 所示。

附表 24　存货科目

仓库编码及名称	存货科目编码及名称	差异科目编码及名称	分期收款发出商品科目编码及名称	委托代销发出商品科目编码及名称	直运科目编码及名称
01 明辉鞋仓	1405 库存商品		1406 发出商品	1406 发出商品	1405 库存商品
02 兰宇箱包仓	1405 库存商品		1406 发出商品	1406 发出商品	1405 库存商品
03 手机仓	1405 库存商品	1407 商品进销差价	1406 发出商品	1406 发出商品	1405 库存商品
04 代销仓	1321 受托代销商品				

(2) 对方科目。

对方科目设置如附表 25 所示。

附表 25　对方科目

收发类别编码及名称	对方科目编码及名称	暂估科目编码及名称
101 采购入库	1402 在途物资	220202 暂估应付款
102 采购退货	1402 在途物资	
103 盘盈入库	190101 待处理流动资产损溢	
104 受托代销入库	2314 受托代销商品款	2314 受托代销商品款
201 销售出库	6401 主营业务成本	
202 销售退货	6401 主营业务成本	
203 盘亏出库	190101 待处理流动资产损溢	
204 委托代销出库	6401 主营业务成本	

3. 供应链期初数据

1) 采购管理系统(采购系统价格均为不含税价)

期初采购入库单:

(1) 2020 年 12 月 8 日,明辉男正装鞋 240 双,单价为 500 元,入明辉鞋仓,购自上海明辉鞋业有限公司。

(2) 2020 年 12 月 18 日,明辉女正装鞋 100 双,单价为 350 元,入明辉鞋仓,购自上海明辉鞋业有限公司。

受托代销期初数:

(1) 2020 年 12 月 10 日,伊梦普通机 10 部,单价为 2 000 元,入代销仓,上海伊梦电子科技公司委托代销。

(2) 2020 年 12 月 28 日,伊梦商务机 8 部,单价为 3 500 元,入代销仓,上海伊梦电子科技公司委托代销。

2) 销售管理系统期初数(销售系统价格均为不含税价)

期初发货单:

(1) 2020 年 12 月 8 日,明辉男凉鞋 150 双,单价为 450 元,从明辉鞋仓发货;批发销售给北京燕莎百货公司。

(2) 2020 年 12 月 10 日,兰宇男式钱包 300 个,单价为 200 元,从兰宇箱包仓发货;批发销售给郑州丹尼斯百货公司。

期初分期收款发出商品:

2020 年 12 月 15 日,明辉男休闲鞋 200 双,单价为 650 元,从明辉鞋仓发货,批发销售给上海明兴贸易公司。

3) 库存管理系统、存货核算系统期初数(如附表 26 所示)

附表 26   库存系统和存货系统期初数

仓库名称	存货编码和名称	数量	单价/元	金额/元	期初差异	差价科目
明辉鞋仓	001 明辉女正装鞋	150	350	52 500	—	
	002 明辉女休闲鞋	600	400	240 000	—	
	003 明辉女凉鞋	100	200	20 000	—	
	004 明辉男正装鞋	280	500	140 000	—	
	005 明辉男休闲鞋	200	450	90 000	—	
	006 明辉男凉鞋	200	300	60 000	—	
兰宇箱包仓	007 兰宇女式钱包	300	120	36 000	—	
	009 兰宇男式钱包	500	150	75 000	—	
代销仓	011 伊梦普通机	10	2 000	20 000	—	
	012 伊梦商务机	10	3 500	35 000	—	
手机仓	013 宏丰学生机	10	1 800	18 000	4 000	1407 商品进销差价
	014 宏丰商务机	6	3 700	22 200	3 000	

注:存货期初差异计入"商品进销差价"账户。

4) 总账系统科目余额

总账系统期初余额(如附表27所示)

附表27　总账系统期初余额

单位：元

资　产			负债和所有者权益		
科　　目	方　　向	金　　额	科　　目	方　　向	金　　额
1001 库存现金	借	8 000	2201 短期借款	贷	200 000
1002 银行存款	借	385 200	220202 暂估应付款	贷	155 000
1321 受托代销商品	借	48 000	2314 受托代销商品款	贷	48 000
1405 库存商品	借	753 700	2501 长期借款	贷	500 000
1406 发出商品	借	146 900	4001 实收资本	贷	1000 000
1407 商品进销差价	贷	7 000	4101 盈余公积	贷	150 800
1601 固定资产	借	880 000	410415 未分配利润	贷	40 000
1602 累计折旧	贷	121 000			
合计	借	2 093 800	合计	贷	2 093 800

实验五　普通采购业务

📢 实验内容

1. 单货同行的普通采购业务处理。
2. 暂估入库结算采购业务处理。
3. 无订单到货的普通采购业务处理。
4. 账套输出。

📢 实验准备

引入"实验四　供应链初始设置"账套备份数据。以 111 操作员(密码为 1)的身份登录 888 账套进行采购业务处理。

📢 实验资料

1. 单货同行的普通采购业务处理

2021 年 1 月 1 日，采购人员向主管申请：向上海明辉鞋业有限公司提出采购请求，请求采购女正装鞋 200 双(10 箱)，对方报价 350 元/双；明辉女休闲鞋 400 双(20 箱)，对方报价 400 元/双；女凉鞋 600 双(30 箱)，对方报价 200 元/双。需求日期为 2021 年 1 月 3 日。

2021 年 1 月 1 日，采购主管批准采购请求，与上海明辉鞋业正式签订订货合同，内容同上，商定本月 3 日到货。

2021 年 1 月 3 日，本公司收到上海明辉鞋业有限公司发来的鞋和专用发票，发票号为 ZY184101。发票载明女正装鞋 200 双，单价 350 元；女休闲鞋 400 双，单价 400 元；女凉鞋 600 双，单价 200 元，增值税税率为 13%。经检验质量全部合格，入明辉鞋仓，财务部门确认该笔采购业务入库成本和应付款项。

2021 年 1 月 3 日，财务部门开出转账支票(票号为 1701)，金额 400 000 元，其中货款 395 500 元，余款转为预付款。

2. 暂估入库结算采购业务处理

2021 年 1 月 3 日，本公司收到上海明辉鞋业有限公司开具的 2020 年 12 月 8 日已入库业务的专用发票，发票号为 ZY184102。发票上载明明辉男正装鞋 240 双，单价 480 元，增值税税率为 13%。本公司当即支付货款和税款(现金支票号为 XJ1801)。

3. 无订单到货入库的普通采购业务处理

2021 年 1 月 3 日，本公司收到北京宏丰电子科技公司的专用发票，发票号为 ZY184103。发票载明宏丰学生机 20 部，单价 1 800 元；宏丰商务机 50 部，单价 3 700 元，增值税税率为 13%，货已全部验收入库，尚未支付货款。

实验六　采购运费及采购折扣处理

🔊 实验内容

1. 采购运费处理。
2. 采购折扣处理。
3. 账套输出。

🔊 实验准备

引入"实验五 普通采购业务"账套备份数据。以 111 操作员(密码为 1)的身份进行采购业务处理。

📢 实验资料

1. 采购订货

2021 年 1 月 3 日，本公司向北京兰宇箱包有限公司订购兰宇女式单肩包 2000 个(20 大包)，单价 550 元，要求本月 5 日到货。合同约定，10 天之内付清余款，价格优惠 4%；20 天之内付款，价格优惠 2%。

2. 采购运费

2021 年 1 月 5 日，本公司收到北京兰宇箱包有限公司发来的兰宇女式单肩包和专用发票，单肩包入箱包仓，发票号为 ZY184201。发票载明兰宇女式单肩包 2000 个(20 大包)，单价 550 元，增值税税率为 13%。同时附有一张运杂费发票，发票号为 Y18421，发票载明运输费 2 000 元，税率 9%，价税合计 2 180 元。订货合同约定运输费由本公司承担，供应商已代为支付。经检验，单肩包质量合格(入兰宇箱包仓)，财务部门确认采购成本和该笔应付款项。

3. 采购折扣

根据合同中约定的付款条件，本公司在收货后10日之内付款可以享有4%的折扣(1 243 000×4%=49 720)，财务部门只需支付1 193 280元(1 243 000－49 720)。2021年1月6日，财务部门开具转账支票，向北京兰宇箱包有限公司支付1 193 280元。

实验七　采购溢余短缺处理

📢 实验内容

1. 预付货款及核销处理。
2. 合理损耗处理。
3. 非合理损耗处理。
4. 账套输出。

📢 实验准备

引入"实验六 采购运费与采购折扣处理"账套备份数据。以 111 操作员(密码为 1)的身份进行采购业务处理。

📢 实验资料

1. 预付订金

2021 年 1 月 6 日，本公司向北京兰宇箱包有限公司订购兰宇男式手提包 1000 个，单价 850 元。合同约定到货日期为 1 月 8 日，对方要求预付货款 50%。

同日，财务部开具转账支票，支票号为 Z18401，支付 50%货款，计 480 250 元。

2. 合理损耗

2021 年 1 月 8 日，本公司收到北京兰宇箱包有限公司发来的兰宇男式手提包和专用发票，发票号为 ZY184302。专用发票上载明兰宇男式手提包 1000 个(10 大包)，单价 850 元，增值税税率为 13%。本公司在验收入库(兰宇箱包仓)时发现手提包损坏了 1 大包(100 个)，属于合理损耗。本公司确认后立即付款 50%(电汇号为 DH00887666)。

3. 非合理损耗

2021 年 1 月 8 日，本公司收到 2020 年 12 月 18 日暂估业务的专用发票，发票号为 ZY184303。发票上载明明辉女正装鞋 105 双，单价 350 元，短缺的 5 双为非合理损耗。已查明损耗属于运输部门责任，运输部门同意赔偿 1 977.5 元(尚未收到)。

实验八　受托代销业务

📢 实验内容

1. 受托代销结算。
2. 受托代销收货。
3. 账套输出。

📢 实验准备

引入"实验七 采购溢余短缺处理"账套备份数据。以 111 操作员(密码为 1)的身份进行受托代销业务处理。

📢 实验资料

1. 受托代销结算

2021 年 1 月 10 日，本公司代上海伊梦电子科技公司销售伊梦普通机 10 部、商务机 8

部，结算并收到专用发票，发票号为 ZY00055，结算单价分别为 2000 元和 3500 元。

2. 受托代销到货及入库

本公司受托代销上海伊梦电子科技公司的手机。2021 年 1 月 10 日，公司收到上海伊梦电子科技公司发来的伊梦普通机 20 部、伊梦商务机 15 部，单价分别为 2 000 元和 3 500 元。

实验九　采购退货业务

📢 实验内容

1. 入库前退货。
2. 入库后结算前退货。
3. 结算后退货。
4. 账套输出。

📢 实验准备

引入"实验八　受托代销业务"账套备份数据。以 111 操作员(密码为 1)的身份进行采购退货业务处理。

📢 实验资料

1. 办理入库前部分退货

2021 年 1 月 10 日，本公司收到北京宏丰电子科技公司发来的宏丰商务机 50 部，单价 3 700 元。

2021 年 1 月 11 日，本公司验收入库时发现 10 部商务机存在质量问题，与对方协商，退货 10 部，对验收合格的手机办理入库手续。

2. 已入库、开票，结算前全部退货

2021 年 1 月 11 日，本公司收到向上海明辉鞋业有限公司订购的明辉女凉鞋 200 双，单价 200 元，办理到货及入库手续；同日收到专用发票(ZY1845201)一张，但尚未结算。

2021 年 1 月 12 日，本公司发现 11 日入库的 10 双女凉鞋存在质量问题，与对方协商，该批女凉鞋全部退回。对方开具红字专用发票(ZY1845202)。

3. 已入库未开票，结算前部分退货

2021 年 1 月 12 日，本公司向北京兰宇箱包有限公司订购了 500 个兰宇女式钱包，单

价为 120 元，要求本月 13 日到货。

1 月 13 日，500 个女式钱包全部到货，公司为其办理了验收入库手续。

1 月 15 日，公司发现 20 个钱包有质量问题，经协商，对方同意退货。

1 月 15 日，对方按实际入库数量 480 个开具采购专用发票一张，发票号为 ZY184301。公司进行采购结算。

4. 采购结算后退货

2021 年 1 月 15 日，本公司发现本月 3 日入库的 2 部宏丰学生机(单价 1800 元)、5 部商务手机(单价 3700 元)存在质量问题，要求退货。经与北京宏丰电子科技公司协商，对方同意退货并开具红字专用发票一张，发票号为 ZY184401。

实验十　先发货后开票的普通销售业务

📣 实验内容

本实验业务均为先发货后开票的普通销售业务。

1. 现结销售业务的处理。
2. 形成应收销售业务的处理。
3. 代垫费用销售业务的处理。
4. 一次销售分批发货开票的销售业务的处理。
5. 账套输出。

📣 实验准备

引入"实验九　采购退货业务"账套备份数据。以 111 操作员(密码为 1)的身份进行普通销售业务处理。

📣 实验资料

1. 先发货后开票的普通销售业务——现结销售

2021 年 1 月 15 日,本公司收到北京燕莎百货公司电汇款 76 275 元(电汇号为 DH02001899),系支付 2020 年 12 月 8 日购买明辉男凉鞋的价税款。本公司开具销售专用发票(ZY185101),确认收入并结转销售成本。

2. 先发货后开票的普通销售业务——形成应收

2021 年 1 月 16 日，本公司给郑州丹尼斯百货公司开具 2020 年 12 月 10 日销售的 300

个兰宇男式钱包的销售专用发票(ZY185102)，款项尚未收到。

3. 先发货后开票的普通销售业务——代垫运费

2021年1月16日，青岛市华光百货公司打算订购宏丰商务机50部，本公司的报价为无税单价4300元。

1月16日，本公司与青岛市华光百货公司协商，商定宏丰商务机销售单价为4200元，订货数量减为45部。对方要求本月18日发货。

1月18日，本公司从手机仓发货，并以现金代垫运费500元；同日开具销售专用发票，发票号为ZY185103，货款尚未收到。

4. 先发货后开票的普通销售业务——一次订货分批发货、分存货开票

2021年1月16日，北京燕莎百货公司有意向本公司订购明辉女正装鞋100双和明辉女休闲鞋400双。本公司的报价是无税单价分别为500元和650元。

1月17日，北京燕莎百货公司同意本公司的报价，并决定追加订货，明辉女正装鞋追加50双，明辉女休闲鞋追加100双。对方要求分存货开具销售发票。本公司同意对方的订货要求。

1月18日，本公司从明辉鞋仓向北京燕莎百货公司发出明辉女正装鞋100双和明辉女休闲鞋100双，本销售项目发生业务招待费300元，以现金支付。次日，公司开具两张销售专用发票，女休闲鞋发票号为 ZY185104；女正装鞋发票号为 ZY185105。对方电汇(DH0077889)款项 73 450 元已经收到，系付100双女休闲鞋的价税款。100双明辉女正装鞋款项暂欠。本公司确认出库成本。

实验十一　先开票后发货的普通销售业务

📢 实验内容

本实验业务均为先开票后发货(开票直接发货)的普通销售业务。

1. 一次开票全部出库。
2. 一次开票分批出库。
3. 账套输出。

📢 实验准备

引入"实验十　先发货后开票的普通销售业务"账套备份数据。以111操作员(密码为1)的身份登录888账套进行销售业务处理。

📢 实验资料

1. 开票直接发货

2021 年 1 月 20 日，北京燕莎百货公司派采购员到本公司订购明辉女凉鞋 100 双，经协商，双方商定的无税单价为 400 元。本公司开具销售专用发票(ZY185201)，同时收到对方的转账支票(ZZ0011278)，金额为 46 800 元。采购员当日提货(明辉鞋仓)。

2. 一次开票分批出库

2021 年 1 月 20 日，上海明兴贸易公司采购员到本公司采购兰宇男式钱包 300 个，双方协商无税单价为 200 元。本公司立即开具销售专用发票(ZY185202)，于 20 日和 22 日分两批将这些钱包出库(兰宇箱包仓)，每次提货 150 个。

3. 开票直接发货，确认出库成本

2021 年 1 月 22 日，郑州丹尼斯百货公司有意向本公司订购明辉女休闲鞋 200 双，经双方协商，以无税单价 650 元成交。同日，本公司收到对方的电汇(DH001899)，当即开具销售专用发票(ZY185203)。

1 月 22 日，本公司给郑州丹尼斯百货公司发货(明辉鞋仓)，并确认明辉女休闲鞋出库成本。

4. 开票部分发货

2021 年 1 月 22 日，青岛市华光百货公司向本公司订购明辉男休闲鞋、明辉男凉鞋各 100 双。双方协商订购价为男休闲鞋 650 元/双，男凉鞋 450 元/双。本公司于 22 日开具销售专用发票(ZY185204)，对方于当日提男休闲鞋 100 双，男凉鞋尚未提货。

实验十二　销售退货业务

📢 实验内容

1. 尚未出库的退货。
2. 已发货未开票的退货。
3. 已收款的退货。
4. 已结转销售成本的退货。
5. 账套输出。

🔊 实验准备

引入"实验十一 先开票后发货的普通销售业务"账套备份数据。以 111 操作员(密码为 1)的身份进行销售退货业务处理。

重新设置销售选项为"销售生成出库单"。

🔊 实验资料

1. 尚未出库的退货业务

2021 年 1 月 24 日,青岛市华光百货公司提出退回明辉男凉鞋 100 双,无税单价为 450 元(本月 22 日已经开票、生成发货单,但尚未出库)。本公司同意并开具红字销售专用发票,票号为 ZY185301。

2. 已发货未开票的退货业务

2021年1月24日,本公司向上海明兴贸易公司发出宏丰商务机10部,无税单价为4 200元。

1 月 25 日,对方因为宏丰商务机的质量问题全部退货(收到,入手机仓)。本公司同意退货,该批手机于 1 月 24 日发货,尚未开具发票。

3. 已收款的退货业务

2021 年 1 月 25 日,北京燕莎百货公司要求退货,退回明辉女凉鞋 10 双(明辉鞋仓),无税单价为 400 元。本公司已于本月 20 日开具该女凉鞋的销售专用发票并收款。本公司同意退货,开具红字销售专用发票,发票号为 ZY185303,同时办理退款手续(开出一张现金支票,支票号为 XJ010)。

4. 已收款并结转销售成本的退货业务

2021 年 1 月 25 日,郑州丹尼斯百货公司因质量问题要求退回明辉女休闲鞋 20 双,无税单价为 650 元。本公司已于本月 22 日开具该休闲鞋的销售专用发票并收款,22 日发货并结转销售成本(单位成本 400 元)。本公司同意退货,开具红字销售专用发票,发票号为 ZY185304,同时办理退款手续(电汇号为 DH001999),金额为 14 690 元,当日收到退回的女休闲鞋。

实验十三 直运销售业务

🔊 实验内容

1. 直运销售业务处理。

2. 账套输出。

🔊 实验准备

引入"实验十二 销售退货业务"账套备份数据。以 111 操作员(密码为 1)的身份登录进行直运销售业务处理。

🔊 实验资料

1. 直运销售订货

2021 年 1 月 25 日,北京燕莎百货公司向本公司订购宏丰学生机、宏丰商务机各 20 部,公司给出的报价分别为 2200 元/部和 4200 元/部。

2. 直运采购

2021 年 1 月 25 日,本公司向北京宏丰电子科技公司订购宏丰学生机、宏丰商务机各 20 部,单价分别为 1800 元和 3700 元。公司要求对方本月 26 日将货物直接发给北京燕莎百货公司。

3. 直运采购发票

2021 年 1 月 26 日,本公司收到北京宏丰电子科技公司的专用发票,发票号为 ZY185401。发票载明宏丰学生机、宏丰商务机各 20 部,单价分别为 1800 元和 3700 元,增值税税率为 13%。货物已经被发给北京燕莎百货公司。

4. 直运销售发票

2021 年 1 月 26 日,本公司给北京燕莎百货公司开具销售专用发票(发票号为 ZY185402),发票载明宏丰学生机、宏丰商务机各 20 部,单价分别为 2200 元和 4200 元,增值税税率为 13%,尚未收到款项。

5. 直运单据记账并结转成本

本公司将以上直运业务单据记账并结转成本。

实验十四　分期收款销售业务

🔊 实验内容

1. 填制分期收款销售订单。
2. 生成分期收款发货单。

3. 开具分期收款销售发票。

4. 确认收入和应收账款。

5. 账套输出。

📢 实验准备

引入"实验十三　直运销售业务"账套备份数据。以 111 操作员(密码为 1)的身份登录 888 账套进行分期收款销售业务处理。

📢 实验资料

1. 分期收款销售业务 1

2021年1月26日，上海明兴贸易公司向本公司订购300个兰宇女式钱包、150个兰宇男式钱包，本公司给出的报价均为205元/个。经双方协商，以200元/个成交，双方签订销售合同。双方约定，本公司一次发货，分3期收款。本公司当日全部发货。

1 月 26 日，本公司开具销售专用发票(ZY185501)，确认价税款。

1 月 27 日，本公司收到上海明兴贸易公司电汇(DH0215555)，支付第 1 期款项 33 900 元。

2. 分期收款销售业务 2

2021年1月27日，上海明兴贸易公司向本公司订购10部宏丰商务机，无税单价为4200元，双方签订销售合同，合同约定分两次收款。

1月28日，本公司给上海明兴贸易公司发出10部宏丰商务机，且开具销售专用发票(ZY185502)，并结转销售成本。同日公司收到上海明兴贸易公司的电汇(DH0216666)，金额为23 730元，系支付第1期分期收款业务的款项。

实验十五　零售日报业务

📢 实验内容

1. 填制销售日报。

2. 生成销售发货单。

3. 生成销售出库单。

4. 确认、收取销售款项。

5. 确认销售成本。

6. 账套输出。

📢 **实验准备**

引入"实验十四 分期收款销售业务"账套备份数据。以 111 操作员(密码为 1)的身份登录 888 账套进行零售日报业务处理。

📢 **实验资料**

1. 零售日报——先进先出法核算存货

2021 年 1 月 28 日,门市部累计向零散客户销售明辉鞋仓明辉女休闲鞋 200 双,单价为 650 元;明辉男休闲鞋 50 双,单价 650 元;明辉男凉鞋 100 双,单价为 450 元。本销售全部为赊销。

2. 零售日报——全月平均法核算存货

2021 年 1 月 28 日,门市部累计向零散客户销售兰宇箱包仓的女式钱包 200 个,单价为 200 元;男式钱包 30 个,单价 220 元。本销售全部为赊销。

3. 零售日报——售价法核算存货

2021 年 1 月 28 日,门市部累计向零散客户销售手机仓中的宏丰学生机 10 部,单价为 2 500 元。本销售全部为现销(现金支票 XJ112255),金额为 28 250 元,款项全额收讫。

实验十六　调拨与盘点

📢 **实验内容**

1. 调拨业务处理。
2. 盘点业务处理。
3. 账套输出。

📢 **实验准备**

引入"实验十五 零售日报业务"账套备份数据,以 111 操作员(密码为 1)的身份登录 888 账套进行调拨与盘点业务处理。

🔊 实验资料

1. 仓库调拨—转出

2021 年 1 月 28 日，由于明辉鞋仓漏水，本公司将所有女正装鞋转移到兰宇箱包仓，以方便维修，由仓储部负责转移。

2. 仓库盘点

2021 年 1 月 30 日，仓储部李莉对明辉鞋仓中的所有存货进行盘点，仓库中的实际数量如附表 28 所示。

附表 28　仓库中的实际数量

仓库名称	存货名称	主计量单位	辅计量单位	换算率	分类名称	现存数量
明辉鞋仓	明辉女休闲鞋	双	箱	20	鞋	520
明辉鞋仓	明辉女凉鞋	双	箱	20	鞋	600
明辉鞋仓	明辉男正装鞋	双	箱	20	鞋	280
明辉鞋仓	明辉男休闲鞋	双	箱	20	鞋	50
明辉鞋仓	明辉男凉鞋	双	箱	20	鞋	100

3. 存货盘点

2021 年 1 月 30 日，仓储部对兰宇箱包仓中的存货兰宇男式钱包进行盘点，该钱包的实际库存数量为 22 个。经核查，兰宇男式钱包的参考成本为 150 元/个。

实验十七　其他出入库

🔊 实验内容

1. 其他入库处理。
2. 其他出库处理。

🔊 实验准备

引入"实验十六　调拨与盘点"账套备份数据，以 111 操作员(密码为 1)的身份登录 888 账套进行其他出入库业务处理。

1. 存货损耗处理

2021 年 1 月 30 日，经查由于仓库管理员李莉保管不善，造成明辉鞋仓中 5 双明辉女凉鞋严重损坏，无法出售。经领导批示，损失由李莉承担，明辉女凉鞋参考成本为 200 元/双。

2. 收到赠品

2021 年 1 月 30 日，北京兰宇箱包有限公司研发了新款"女式时尚手包"，单价为 880 元，赠送给本公司 10 个。本公司将其入兰宇箱包仓。

实验十八　存货核算

📢 实验内容

1. 了解暂估入库单价格的检查方法和暂估价的几种录入方法。
2. 了解仓库中存货价格的调整方法或者单据中存货价格的调整方法。
3. 了解暂估处理的流程和方法。
4. 了解特殊单据、直运业务单据和正常单据的记账作用。
5. 了解各种单据记账的流程。
6. 账套输出。

📢 实验准备

引入"实验十七 其他出入库"账套备份数据，以 111 操作员(密码为 1)的身份进行存货核算业务处理。

📢 实验资料

1. 暂估入库业务办理

2021 年 1 月 30 日，本公司收到北京宏丰电子科技公司的 30 部宏丰商务机，为其办理入库，发票未收到。

2. 暂估入库存货单价录入

2021 年 1 月 31 日，本公司检查是否有入库单上存货无价格，并给这些单据录入价格。

1月30日，入库的30部宏丰智能手机，单价为3700元。

3. 调整存货成本

2021年1月31日，本公司经核查明辉鞋仓中明辉女凉鞋存货价格偏低，现单价为200元，经过调研和批准，将其单价调整为220元；查看明辉女凉鞋的现存量，并调整存货成本。

4. 单据记账

(1) 2021年1月31日，本公司进行特殊单据记账，将所有的特殊业务单据进行记账。
(2) 2021年1月31日，本公司进行正常单据记账，将所有的正常业务单据进行记账。
(3) 2021年1月31日，本公司进行发出商品记账，将所有的发出商品进行记账。

实验十九　供应链系统期末处理

📢 实验内容

1. 采购管理、销售管理、库存管理月末结账。
2. 存货核算系统期末处理。

📢 实验准备

引入"实验十八　存货核算"账套备份数据，以111操作员(密码为1)的身份进行供应链系统期末处理。

📢 实验资料

1. 2021年1月31日，采购管理月末结账。
2. 2021年1月31日，销售管理月末结账。
3. 2021年1月31日，库存管理月末结账。
4. 2021年1月31日，存货核算期末处理。
对明辉鞋仓、兰宇箱包仓、手机仓和代销仓分别进行期末处理。
5. 将除其他出入库单之外的所有单据生成凭证。
6. 存货核算月末结账。
7. 查询收发存汇总表。
8. 查询本月销售流水账。